高等院校国际贸易专业
精品系列教材

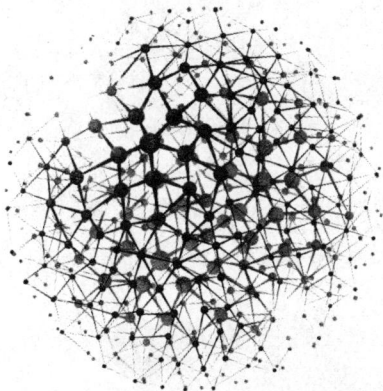

主编 王威 李莉

国际商务谈判

International Business Negotiations

厦门大学出版社
XIAMEN UNIVERSITY PRESS

国家一级出版社
全国百佳图书出版单位

高等院校国际贸易专业精品系列教材

总　主　编：刘小军
副总主编：王中华　刘辉群
编委会成员：（按拼音排序）
　　　　　樊永岗　付信明　过晓颖　姜达洋　李锦江
　　　　　刘辉群　刘小军　任永菊　汪小雯　王炳才
　　　　　王　威　王玉婧　王中华　赵常华　周桂荣

前 言

随着我国改革开放的深化,中国不断融入经济全球化,我国各类企业和世界各国、各地区之间的商务往来形式日趋多元化。为培养适合国际商务发展要求的合格人才,自 20 世纪 80 年代开始,国际商务谈判课程逐步进入高等院校课堂。目前,国际商务谈判课程被很多学校列入教学计划。国际商务谈判的理论和实践越来越受到关注,掌握国际商务谈判的基本知识已成为从事国际商务必备的基本能力。国际商务谈判课程旨在使学生在国际商务活动中掌握良好的国际商务谈判技巧和策略,具备国际商务谈判道德修养、得体的言谈举止、良好的待人接物行为等,这对于谈判人员以良好的个人形象立足于社会,取得谈判的成功,有着非常重要的作用。

国际商务谈判是一门理论性、实践性和艺术性极强的课程,也是一门融知识与技能于一体的课程。它需要从大量的国际谈判实践中总结规律,提炼技巧,对谈判者的个体修养有一定要求。国际商务谈判课程要求学生在学习的过程中将谈判理论知识和谈判实践技能有效结合,因此本教材在解析每个环节的教学任务时,与强调课堂教学的引导和互动的要求相适应,注重提供适应多种互动形式进行谈判教学的素材。基于"学以致用"的原则,本教材通过对各个任务的练习和实训,使学生学会分析和思考,提高商务谈判能力和素养。

国际商务谈判旨在为未来的经理人打开国际商务谈判之门,旨在帮助读者掌握国际商务谈判策略技巧,以解决职业生涯中可能遇到的交易磋商问题——从求职到有效谈判再到战略层面的国际商务谈判。本书可作为经管类、商贸类专业课程的补充教材,也可供有管理经验的社会读者使用。

本教材主要阐明国际商务谈判的基础知识,通过系统的知识学习,辅之以案例、习题、专业词汇,提高学生分析问题和解决问题的能力。本书写作分工如下:全书由王威、李莉担任主编,并负责全书的统稿和定稿工作。第一章至第三章由李莉编写,第四章由李莉、曹广晔编写,第五章、第六章由李莉编写,附录一、附录二和附录三由李莉、罗睿编写,附录四由王威编写。在编写过程中,本书参阅了大量的文献资料,得到了有关单位、专家、老师的指导、支持与帮助,在此一并表示感谢。国际商务谈判涉及面广、综合性强,由于时间仓促、水平有限,书中难免存在疏漏,敬请专家、读者多提宝贵意见。

编者

2013 年 12 月

目 录

第一章　绪论

重点与难点

> * 国际商务谈判的定义
>
> * 国际商务谈判的特点
>
> * 国际商务谈判的分类
>
> * 国际商务谈判的原则
>
> * 文化差异的定义

　　随着经济全球化以及文化多样化趋势的发展，各国间的经济贸易往来日益增强，国与国之间的商务谈判也在不断增多。在各国发展本国经济并积极地与其他国家进行跨国经济合作、参与经济谈判的同时，隐藏在背后的文化差异也渐渐地凸显出来。文化差异从思想、行为、语言等多个方面影响着国际商务谈判的进程，成为谈判能否成功的重要条件。

　　本章的主要目的是通过介绍国际商务谈判及文化差异的基本概念，让读者初步了解国际商务谈判与文化差异。

第一节　国际商务谈判的发展

　　"二战"后，国际形势发生了翻天覆地的变化，殖民主义体系逐渐土崩瓦解，大量亚非拉国家走上民族独立的道路，联合国的成立让国际谈判成为和平解决国际争端的重要手段。随着世界经济、政治格局的不断发展变化，国际谈判也在逐步发展完善，并渐渐深入到经济、贸易、商务等领域，显示出其无可取代的地位及重要作用。

一、国际商务谈判的产生

国际商务谈判最早是为了解决争议而产生的,是解决争议的有效手段之一。人类社会的发展与进步使战争被竞争所取代,对话取代对抗,交流、沟通与协商成为人类社会发展的必然趋势。关于谈判比较系统的研究,大部分起源于欧美国家,学者们一般认为,首部关于谈判的著作由卡里叶写于1714年,他从外交的角度论述了谈判活动。此后,谈判不但成为一个科学研究课题,也在互相探讨中随着富有成效的辩论,逐步被人们所熟识。

关于商务谈判的研究,西方国家起步较早,美国早在20世纪60年代初就成立了有关谈判的学会,各大公司相继建立自己的谈判研究机构。相关资料表明,在发达国家中有10%的人每天直接或间接地从事着谈判工作。在英、美等国家,专职的商务谈判人员就占到全国人口的5%以上。随着经济全球化的日益深入发展,我国参与世界经济活动的步伐不断加快,对国际商务谈判的认识及重视程度也在不断加深。

二、国际商务谈判的发展

当今世界国际商务谈判的共同主题是和平与发展,尤其在竞争日趋激烈的今天,国际往来更加强调合作,竞争中求合作,合作中促竞争,这为国际商务谈判活动提供了更为广阔的发展空间。国际商务谈判是经济交往中一个重要的组成部分,在很大程度上决定着企业的发展状态,也就是说,商务谈判已成为商务活动中一个十分重要的"战略制高点",成为国际经济发展中不可或缺的重要组成部分。

伴随着商务谈判的不断发展,与谈判相关的理论、策略、程序等也在不断形成及完善,这就为这门学科奠定了坚实的理论基础。世界经济交往中谈判的不断深入使人们不断积累及总结谈判的实践经验,进而丰富了谈判理论,更进一步地推动了谈判这门学科的发展。如今国际商务谈判已经成为理论与实践并重的科学,它将政策性、知识性、艺术性融于一体。从理论上看,其综合性很强,涉及经济、政治、文化、市场、营销、管理学、会计、心理学、语言等多方面知识内容,汇集运用了很多学科的基础知识及科研成果。从实践上看,它还是一门讲实用、重在解决实际问题的应用型学科。

第二节 国际商务谈判概况

国际商务谈判指在不同国家及地区从事商务活动的当事人,为了满足各自需要,通过信息交流及磋商争取达到意见一致的行为以及过程。国际商务谈判是对外贸易交往中极其重要的一环,因此,准确地认知国际商务谈判是十分重要的。对每个谈判者及谈判队伍而言,只有在准确全面地了解国际商务谈判概况及各项规则的基础上进行谈判,才可以顺应时代的潮流,开创谈判的新局面。

一、国际商务谈判的定义

(一)谈判

谈判,是指参与各方基于某种需要,相互进行信息交流,磋商协议,通过协调赢得或维护各自利益的行为过程。

谈判利益主体的一方,通常是外国政府、企业或公民,另一方是本国的政府、企业或公民。国际商务谈判是对外经济贸易工作中不可缺少的一个重要环节。谈判是一个过程,在此过程中,甲乙双方就共同关心的话题进行磋商,协调各自的经济、政治等利益,谋求妥协,从而使谈判双方都感觉是在有利条件下达成协议。谈判的目的是"协调利害冲突,实现共同利益"。在当今国际社会中,许多贸易往往需要经过艰难烦琐的谈判。虽然有不少人认为交易提供的商品质量是否优质、技术是否先进或商品价格是否低廉等问题决定了谈判的成败,但事实上谈判的成功与否也在一定程度上影响了交易的成败。谈判是协调各方关系的重要手段,广泛应用于政治、经济、军事、外交等方面。

(二)商务谈判

商务谈判是指主要集中在经济领域,参与谈判各方为了协调、改善彼此的经济关系,满足贸易往来的需求,围绕投标物的交易条件,彼此通过信息交流、协议磋商达到交易目的的行为过程。商务谈判是市场经济条件下流通领域最普遍的活动之一。它包括商品买卖、投资、技术贸易、经济合作及劳务输出输入等。

(三)国际商务谈判

国际商务谈判是指在国际商务活动中,不同国家或不同地区的商务活动当事人为了达成某笔交易,彼此之间通过信息交流,就交易的各种事项进行协商的行为过程。国际商务谈判不仅是国际商务活动的重要组成部分,也是国际商务理论的主要内容,是国内商务谈判的延伸及扩展。在某种程度上,国际商务谈判是对外经济贸易活动中普遍存在的、为了解决不同国家的商业机构之间不可避免的利害冲突、实现共同利益的一种必不可少的手段。

由于谈判双方的立场不同,所追求的目标也在不同程度上存在差异,因此,国际商务谈判过程中充满了复杂的利害冲突及矛盾。

二、国际商务谈判的特点及重要性

(一)共性

1.与一般谈判相似,国际商务谈判以经济利益为目的。我们进行各种各样的谈判,目的是实现一定的目标及利益。虽然国际商务谈判的目的集中而鲜明地指向经济利益,参与谈判的双方都要受到政治、外交等外部因素的限制,但谈判者考虑的却是如何在现有政治、外交关系格局等限制因素下获取更多的经济利益。

2.以价格作为谈判的核心。尽管商务谈判中涉及的项目及要素不只是价格,价格仅仅是谈判内容的一小部分,谈判者的需求及利益也并不仅仅表现在价格上,但大部分的商务谈判都以价格作为谈判的核心内容。这是因为价格的高低最直接也最集中地表明了谈判双方的利益如何分割,还因为谈判双方在其他条件,诸如质量、数量、付款形式、付款时间等利益要素的得失在很多情况下都可以折算成一定的价格,并通过价格的升降体现或给予补偿。

3.注重合同条款的严密性及准确性。商务谈判的结果是通过双方协商一致的协议或合同体现的,合同条款实质上反映了谈判各方的权利及义务,因此合同条款的严密性及准确性就成为谈判获得各种利益的前提。若在拟定合同条款时谈判者掉以轻心,不注重合同条款的完整性、严密性、合理性、合法性,就容易被谈判对手在条款措辞上略施小计而落入陷阱,从而把到手的利益丧失殆尽,严重者还要为此付出沉重的代价。因此我们在商务谈判中,不仅要重视口头上的承诺,更要重视条款的严密性及准确性。

(二)特殊性

1.以国际商法为准则。因为国际商务谈判的结果会引致资产跨国转移,因此就必然涉及国际贸易、结算、保险、运输等一系列问题。为此,国际商务谈判中必须要以国际商法为准则,以国际惯例为基础。谈判人员要熟悉各种国际惯例,熟悉谈判对方所在国的法律条款、国际经济组织的各种规定及国际法。这一系列问题是一般国内商务谈判无法涉及的,在国际商务谈判中要引起特别重视。

2. 政治性强。国际商务谈判不仅是一种商务交易谈判,也是一项国际交往活动,其具有较强的政策性。谈判双方的商务关系是两国或两个地区间经济关系的一部分,通常会涉及国家间的政治关系及外交关系,为此谈判中国家或地区的政府通常会影响商务谈判。与一般谈判不同,国际商务谈判必须严格贯彻、执行国家的有关方针政策及外交政策,与此同时,还要注意别国政策,并严格执行对外经济贸易中的一系列法律及规章制度。

3. 要坚持平等互利的原则。在国际商务谈判中,我们应该坚持平等互利的原则,不强加于人,也不接受不平等谈判条件。我国是社会主义国家,平等互利是我国对外政策中的重要原则。所谓平等互利,是指国家不分大小,不论贫富强弱,在相互关系中都应当遵循一律平等的原则。在贸易中,要根据双方的需求及要求制定公平合理的价格,互通有无,让双方都有利可获,以此促进彼此经济发展。在进行国际商务谈判时,不论国家贫富、客户大小,只要对方有诚意就要一视同仁,我们既不可强人所难,同时也不可接受对方无理的要求。面对某些外商利用垄断地位抬价及压价,我们要不卑不亢,据理力争。然而面对某些发展中国家或经济落后地区时,我们也不可以势压人,要体现平等互利的原则。

4. 与一般谈判相比,国际商务谈判的难度更大。国际商务谈判的谈判者代表着不同国家及地区的利益,因为存在不同的社会文化及经济政治背景,不同国家间的价值观、思维方式、行为方式、语言及风俗习惯各不相同,这让影响谈判的因素变得更加复杂,谈判的难度更大。在实际谈判过程中,谈判对手的情况也千变万化,他们作风各异:有人热情洋溢,也有人沉默寡言;有人果敢决断,也有人多疑多虑;有的是善意合作者,也有的是故意寻衅者;有谦谦君子,当然也有傲慢自大、盛气凌人、自命不凡者。以上种种表现,都与一定的社会文化、经济政治密切相关。谈判中的不同表现反映了不同谈判者不同的价值观以及不同的思维方式。因此,做一个出色的谈判者必须将广博的知识及高超的谈判技巧并用,不但要在谈判桌上因人而异,将理论运用自如,更要在谈判前注意资料的准备、信息的采集,让谈判按预定方案有序顺利地进行。

5. 谈判内容广泛复杂。因为当今国际市场上变化多端,竞争激烈,因此我们要特别重视调查研究工作,以了解国外的经济情况及市场情况。

（三）重要性

国际商务谈判是国际货物买卖过程中一个必不可少的环节，同时也是签订买卖合同的必经阶段。国际商务谈判的内容不仅包括商务及技术方面的相关问题，也包括法律政策问题。国际谈判是一项集政策性、策略性、技术性及专业性于一身的活动。国际商务谈判的谈判结果决定着合同条款的具体内容，进一步确定合同双方当事人的权利及义务，所以买卖双方都非常重视。在国际货物买卖中，谈判是一项非常复杂的工作，比国内贸易中的洽谈交易要复杂很多。这是因为交易双方属于不同的国家、地区，彼此之间存在不同的社会制度、政治制度、法律体系、贸易习惯等差异，不仅有不同的文化、价值观念、宗教信仰及民族习惯，还存在着语言及文字沟通方面的困难。

在谈判过程中，交易双方的立场及追求的具体目标各不相同，因此往往存在充满复杂的利害冲突及反复讨价还价的情况，为此参加商务谈判人员的主要任务就是根据不同的购销意图，关注交易对手的具体情况，以此施展多种行之有效的策略，正确处理及解决双方的矛盾及冲突，谋求一致目标，达成谈判双方皆可接受的公平合理的协议。交易双方达成的协议不但直接关系着双方当事人的利益得失，还存在着法律上的约束力，不可以轻易改变，所以无论是否成交及达成协议，谈判双方都应持慎重态度。若因为失误而导致磋商失败，就会直接失去成交的机会。如果因为我方谈判人员急于求成、疏忽大意等原因，作了不该有的让步，或者是接受了不合理的成交条件，接受了有悖于法律规定的条款，使得交易磋商中出现某些错误及隐患，而这些过失通常事后难以补救，这就会使我方在经济上蒙受不该有的损失，还可能给履约造成极大困难，进而影响谈判双方关系，造成不同程度上的政治影响。

综上所述，可以看出国际商务谈判是一个很重要的环节，做好该环节的工作，正确处理好谈判中出现的各种问题，在平等互利的原则上达成公平合理、切实可行的协议具有重大的意义。

三、国际商务谈判的分类

（一）按谈判的内容划分

1.商品谈判。可以理解为货物买卖谈判，它涉及两种主要形式：现货贸易谈判、期货贸易谈判。商品谈判是商务谈判的基本类型，谈判内容一般包括商品的名称、数量、质量、日期、价格、责任、验收等条款。

2.投资谈判。以获取（或借出）资金为目的，是一种围绕资金展开谈判内容的谈判类型。有联合投资、联合开发、借贷款谈判、引进外资等。投资谈判内容通常比较复杂,且范围广,因此要求谈判人员必须熟悉有关法律法规。

3.技术谈判。技术谈判包括技术引进、技术咨询服务、技术转让等多方面内容。技术谈判要求对转让形式及价格条件、商业秘密、支付方式、使用期限等进行磋商。

4.服务贸易谈判。服务贸易谈判是目前商务活动中发展最快的一种,服务贸易涵盖运输、咨询、旅游、项目管理等方面。通常它涉及既不是货物,也不是有形企业,它是以提供某一方面的服务为特征的。伴随着第三产业的发展及国际交流的日趋频繁,服务贸易发展也越来越多样化,在谈判中所占的比重也不断加大。

(二)按谈判人员数量划分

1.一对一谈判。小项目的商务谈判常常是"一对一"式的。出席谈判的代表虽然只有一个人,但这并不意味着谈判者不需要做准备。"一对一"谈判是较难的一种谈判类型,双方谈判人员只能各自为战,基本上得不到助手的及时帮助。所以在安排参加此类谈判的人员时,首选有主见,决断力、判断力强,擅长单兵作战的人,那些性格脆弱、优柔寡断者是不容易胜任的。面对谈判人员多且规模大的谈判,根据需要有时也可在首席代表之间安排"一对一"的谈判,磋商那些关键及微妙敏感问题。

2.小组谈判。小组谈判是一种最常见的谈判类型。对于较大的谈判项目和情况比较复杂的情况,谈判各方通常多人同时参加谈判,谈判者之间存在分工和协作,他们取长补短、各尽所能,大大缩短了谈判时间,提高了谈判效率。

3.大型谈判。对于国家级、省(市)级或重大项目,必须采用大型谈判的方式,因为关系重大,有的谈判结果会影响国家的国际声望,有的关系到国计民生,有的直接影响到地方甚至国家经济发展速度、外汇平衡等,因此在谈判全过程中都要求准备充分、计划周详,不允许存在任何破绽。为此,要为谈判班子准备阵容强大、拥有各种高级专家的顾问团、咨询团或者智囊团。此类型谈判程序严密、耗时较长,常常分成若干层次及阶段进行。

(三)按地域划分

1.主座谈判(主场谈判):在自己所在地组织的谈判。主座涵盖自己所居住的国家、城市或办公所在地。总而言之,主座谈判是在不远离自己熟悉的工作及生活环境和自己做主人的情况下组织的商务谈判类型。

主座谈判给主方带来不少便利,谈判时间表、谈判资料准备及新问题的请示均比较方便,因此主座谈判者谈起来收放自如、底气十足。值得注意的是,作为东道主,主座谈判者必须懂得礼貌待客,其中包括邀请、迎送、接待、洽谈组织等方面。礼貌容易换来信赖,是主座谈判者谈判中的一张王牌,它会促使谈判对手积极思考东道主谈判者的各种要求。

2.客座谈判(客场谈判):在谈判对手所在地组织的一种谈判。此类谈判对于客方来说需要克服不少困难。到客场谈判时必须注意以下几点:

(1)要了解各地、各国的不同风俗及国情、政情,避免做出容易伤害对方感情但只要稍加注意即可防止的事情。

(2)审时度势、争取主动。在客场谈判中,处在他乡的谈判者会受到各种条件的限制,比如客居时间、上级授权的权限、信息沟通的困难等。面对对手可以施展的手段很有限,除了市场的竞争条件外,就是要让步或坚持到底。客场谈判者在这种处境中要审时度势、灵活反应、争取主动,包括分析市场、主人的地位及他们的心理变化等。有希望要坚持,无希望成功则应速战速决,谈判对方有诚意就多考虑可以给予的优惠条件,若对方无诚意则不必随便降低自己的条件。

(3)如果是在国外举行的国际商务谈判,谈判者遇到的首先是语言问题。需要配备好的翻译、代理人,不可以随便接受对方推荐的人员,以防泄露机密。

3.主客座轮流谈判:在商务交易中谈判地点互易型的谈判。谈判地点可以开始在卖方,继续谈判在买方,结束时可以在卖方也可以在买方。若使用主客座轮流谈判,说明交易是不寻常的,它有可能是大宗商品买卖,同时也可以是成套项目买卖。这类复杂的谈判拖的时间比较长,谈判者应注意以下两个方面的问题:

(1)及时确定阶段利益目标,争取在不同阶段取得最佳谈判效益。使用主客场轮流谈判说明交易有一定的复杂性,每次更换谈判地必然有新的理由及目标。谈判人员在利用有利条件、寻找有利条件、创造有利条件时,要围绕阶段利益目标实现的可能性进行考虑。在让与争中,在成功与失败之中掌握分寸、时机。一个没有阶段利益目标的谈判者称不上一个优秀谈判者。阶段利益目标的谈判意识,通常以"循序渐进、磋商解决"的方式为基础,以"把生意人的钱袋扎得紧"为座右铭。我们要像日本人那样笑着打开您的钱包。

(2)坚持主谈判者的连贯性,做到换座不换帅。在谈判交易中易人特别是易主是非常不利于谈判的,但在实际运用中这种情况却经常发生。有可能是因为公司的调整、人员的变迁、时间安排等常见客观原因,也有可能是出于谈判策略的考虑,例如主谈人的上级认为他谈判结果不好或者是表现不够出色,为了下一阶段的利益目标考虑而易帅。无论属于哪种情况,易帅都容易在主客轮流谈判中带来不利影响,会给对方带来损失及不快。更换新的主谈人也不可能完全达到既定目标。因为原有谈判已经展开,原基础条件已定,之前的许多言论已有记载。对方并不会因您易帅而改变立场。易帅能否争取到比之前更好的结果,这也无法确定。有效避免主帅更迭的极佳方法就是在主客场轮流谈判中备好主帅及副帅,有两个主谈人就可以应付各种可能出现的情况,确保谈判的连贯性。

(四)按谈判理论、评价标准划分

1.让步型谈判法

让步型谈判者希望避免冲突,而且随时准备为达成协议而让步,渴望通过谈判签订一个皆大欢喜的协议。采用这种谈判方法的人,大多不是把对手当作敌人,而是当作朋友来看待。他们主要的目的是要达成协议而不是获取胜利。因此,在让步型谈判中,谈判者一般的做法是:提议、让步、保持友善、信任对方,以及为避免冲突而屈服于对方。

如果在一场谈判中谈判双方都可以以宽容让步的心态进行谈判,这样达成协议的可能性、达成协议的速度及谈判的成本与效率都会比较令人满意,双方的关系也会因此得到进一步的加强。然而,由于利益的驱动、价值观及谈判者个性方面的不同,并不是所有人在谈判中都会采用这种谈判方法。同时,这种方法并不一定是明智合适的,在遇到强硬的谈判者时这类方式极易遭到失败。因而在实际运用中,采取让步型谈判的人十分罕见,只限于双方的合作关系非常友好,双方想要建立长期的业务往来关系的情况。

2.立场型谈判法

立场型谈判者把任何情况都看作是一场意志力的竞争及博弈,他们认为在这样的竞争中,立场越强硬最后的收获就越多。在立场型谈判中,双方愿意把主要注意力都投入到如何维护自己的立场及否定对方的立场上,常常忽视谈判双方在谈判中真正需要的是什么,忽视找到一个兼顾双方需求的解决方法的需要。立场型谈判者往往在谈判过程开始时就会提出一个极端的立场,进而固执地坚持。通常只有在谈判难以为继、迫不得已的情况下,他们才会作出极小的让步。如果谈判双方都采取这种态度及方针,就必然会导致双方的关系紧张,极易增加谈判的时间及成本,还会降低谈判的效率。即使某一方会一直屈服于对方而被迫让步最终签订协议,他内心的不满也是显然的。毕竟在这场谈判中,他所需要的没有得到应有的满足。这也容易导致他在以后协议履行过程中产生消极行为,甚至是想方设法破坏协议的执行。从这个角度讲,在立场型谈判中是没有真正的赢家的。

总之,因为立场型谈判非常容易使双方陷入立场性政治的泥潭中而难以自拔,而且往往存在不尊重对方的需求及不会积极寻求双方利益的共同点的问题等,所以一般较难达成协议。

3.原则型谈判法

原则型谈判法要求双方谈判者首先要把对方当作与自己并肩合作的同事而不是作为敌人来对待。这就是说,首先要注意与对方的人际关系。与立场型谈判相比较,原则型谈判需要注意调和双方的利益而非双方的立场。这样做通常可以找到既符合自己的利益,又符合对方利益的替代性立场。这种谈判法要求谈判双方都要尊重对方的基本需要,寻求双方利益上的共同点,设想各种可以让双方各有所获的方案。当双方的利益发生冲突时,要坚持公平的标准来做决定,而不是通过双方意志力的比赛来一决胜负。

原则型谈判者认为,在谈判双方对立立场的背后,必然存在着某种共同性利益及冲突性利益。我们常常因为对方的立场与我方的立场相对立便认为对方的全部利益与我方的一切利益都是冲突的。然而,事实上在很多谈判中,深入分析双方对立立场背后隐含或代表的利益后,便会发现双方共同性的利益要多于冲突性的利益。如果双方可以认识到并重视其中的共同性利益,调节冲突性利益也就会比较容易了。原则型谈判法强调的是通过谈判所取得的价值,这个价值不仅包括经济上的价值,也包括人际关系的价值,这是一种激励性的又富有人情味的谈判,为世界各国的谈判研究人员及实际谈判人员所推崇。

上述三种方法都是比较理论化的谈判方法,但现实中的谈判往往与上述三种方法有所差别,有的则是三种方法的综合。影响及制约上述方法运用的因素有以下四个方面:

(1)今后与对方继续保持业务关系的可能性。如果谈判一方想与另一方保持长期的业务关系,并且具有这样的可能性,那么就不可以采取立场型谈判法,而要采取比较注意建立及维护双方关系的原则型谈判法与让步型谈判法;如果双方建立的是一次性的、偶然的业务联系,就可以考虑采用立场型谈判法。

(2)对方谈判者的谈判实力与己方谈判者的谈判实力的对比。如果双方实力接近,采用原则性谈判法;如果己方的谈判实力要比对方强很多,就可以考虑适当采用立场型谈判法。

（3）该笔交易的重要性。如果交易非常重要，就可以考虑采用原则性谈判法或者立场型谈判法。

（4）谈判时在人力、物力、财力及时间方面的限制。若谈判的花费很大，在人力、物力、财力等方面支出较多，或者谈判时间过长，就必然难以负担，此时应考虑采用让步型谈判法或者原则性谈判法。

（五）从其他角度进行划分

商务谈判的类型还可以根据谈判内容的透明度分为公开谈判及秘密谈判；根据谈判桌形谈判可分为长桌谈判及圆桌谈判。长桌谈判是由双方参加的对等谈判，而圆桌谈判则是由多方参加的对等谈判。按谈判时间的长短可将谈判分为马拉松式谈判及"闪电"式谈判。

四、国际商务谈判的原则

（一）平等性原则

坚持平等性原则是国际商务谈判得以顺利进行以及取得成功的重要前提。平等性原则是指在各商务活动中，双方实力不分伯仲，在相互的关系中能反映出平等地位；商务交换中，可以自愿让渡商品，等价交换。一般在国际经济的往来中，企业间的洽谈协商活动不仅能反映企业与企业的关系，而且体现了国家与国家之间的关系，要求彼此在尊重各自权利以及国格的基础上，要平等地进行贸易和经济合作事务。国际商务谈判中，平等性原则往往要求包括下面几方面的内容：

1. 谈判各方的地位平等。国家不分大小与贫富，企业不论实力和强弱，个人不管权势的高低，在经济贸易谈判中的地位一律平等。不可以颐指气使、盛气凌人，将自己的观点和意志强加给对方。谈判的各方要尊重对方的主权和愿望，根据彼此的需要和能力，在自愿的基础上开始谈判。对于利益和意见有分歧的问题，应该通过友好协商来妥善解决，不可以强人所难。切不可使用要挟、欺骗的手段使自己达到交易的目的，也不可以接受对方带强迫性的意见以及无理的要求。使用强硬、胁迫手段，只会导致谈判的破裂。

2. 谈判各方权利和义务平等。各国之间的商务往来谈判中权利和义务是平等的，不但应该平等地享受权利，也要能够平等地承担义务。所谓谈判者的权利与义务，其表现在谈判各方一系列的交易条件上，其中包括涉及各方贸易利益的价格、关税、方案、资料、保险、运输等。比如在世界贸易组织中，两国之间的贸易和谈判，要按照相关规则公平并合理地削减关税、特别限制或取消非关税壁垒。谈判的每一方，都是自己的利益占有者，都有权在谈判中得到自己需要的,都有权要求达成等价有偿、各有所得、互惠互利的公平交易。价格则是商贸谈判交易条件中的集中表现,谈判中各方的讨价还价固然免不了,但应按照公平合理的价格去进行协商,对于进口出口商品的作价,应以国际市场的价格水平来平等商议,要做到随行就市,使双方都获利。为了弥合在价格及其他交易条件上产生的分歧,顺利解决谈判中产生的争执,就需要以公平的标准在不同意见中进行判定,公平的标准是谈判各方所共同认定的标准。谈判的信息资料方面,对于谈判者既有获取真实资料的权利,又有对对方提供真实资料的义务。谈判方案及其他条件的提出、选择以及接受,都应该符合权利和义务对等的原则。因此谈判者享受权利越多,相应地需要承担的义务就越多,反之亦然。

3.谈判各方签约和践约平等。商务谈判的结果,是签订贸易以及合作协议或合同。其中协议条款的拟订必须要公平合理,才有利于谈判中各方目标的实现,使各方的利益都可得到最大限度满足。"签约和践约要使每一方都是胜者",学者尼尔伦伯格这句话充分体现了谈判平等性要求,可以说这是谈判成功的至理名言。谈判合同一旦成立,谈判各方面必须"言必信,行必果","重合同,守信用",认真遵守,严格执行。在签订合同时不能附加任何不合理条件,另外履行合同时也不可以随意违约或者单方面毁约,否则就会损害对方利益。

(二)互利性原则

在国际商务谈判过程中,平等是互利的前提,互利是平等的目的。因此平等与互利是有机统一、密切联系的两个方面。打仗、下棋、赛球,结局一般是一胜一负,但在国际商务谈判中不会以胜负告终,要兼顾各方的利益。为此,应该做到以下几点:

1.投其所需。国际商务谈判过程,说到底就是为了说服对方而得到对方的帮助和配合来实现自己的利益目标,或者说通过协商从对方获取自己所需要的东西。

首先,应该将自己置身在对方的立场上设身处地地为对方着想。将对方的利益看作和自己的利益同样重要,对其需要、愿望与担忧表示理解和同情,富于人情味,建立情感上的认同关系,从心理上使对方接纳自己。要记住:谈判虽为理性之"战",但谈判桌上为人所动的是"情",常是"情"先于"理"。

其次,需了解对方在商务谈判中利益的要求是什么。谈判立场往往是具体明确的,而利益却隐藏在立场后面,出于戒心,对方不会轻易地表白,即使显露了,也是很有分寸的。因而,想要了解对方的需求,就应该巧妙地暗探,策略地询问,机智地捕捉"弦外之音",敏锐地体味"话中之话"。

最后,在对对方有所知的基础上有的放矢地满足对方需求。这是之前行为的目的,是最重要的一环。商务谈判中考虑并照顾对方利益,会激起对方的积极反应,促进互相推动、互相吸引的谈判格局的形成。自己主动的利他之举,能唤起对方投来注意和关心。谈判各方都有在其谈判中努力实现的利益目标,由此,为对方着想就应根据对方的利益目标满足其基本需要。当遇到目标要求不一致的情况时,要尽可能寻求双方利益的相容点来投其所需。此外,还需注意对方的非经济利益需求,如归属感、安全感、认同感、荣誉感、自尊感等,若这类需求能满足,有时会产生一些意想不到的效果,使谈判的实质性问题能轻而易举地得到解决,让自己受益无穷。莎士比亚说:"人们满意时,会付高价钱。"高明的谈判者自然明白其中奥妙。

2.求同存异。在谈判各方利益要求完全一致时,就无须谈判了,因为进行谈判的前提是各方条件、意见、利益等存在分歧。国际商务谈判实际上是通过协商弥合分歧让各方利益目标趋于一致从而在最后达成协议的过程。要是因为互不相让、争执升级而使分歧扩大,则容易导致谈判破裂。使一切分歧的意见皆求得一致,在谈判中既不可能也无必要。因此,互利的重要要求就是要求同存异,求大同,存小异。谈判各方应该谋求共同利益,妥善解决并尽量忽略非实质性差异。这是商务谈判成功的重要条件。

首先,把谋求共同利益放在第一位。国际商务谈判中,各方之"同",是谈判顺利进行以及达到预期目的的基础,由分歧到分歧等于无效谈判。谈判中的分歧一般表现为利益上的分歧以及立场上的分歧。参与谈判的每一方都追求自身利益,由于价格观念、所处地位及处理态度的不同,对待利益的立场就不同。需要指出的是,谈判的各方从固有立场出发,是难以取得一致的,只有瞄准利益,才可能找到共同之处。而且,在国际商务谈判中的目的是求得各方的利益之同,而并非立场之同。所以,要把谈判的重点以及求同的指向放在各方利益上,而不是对立立场上,以谋求共同的利益为目标。这是求大同,即求利益之同。

然而,求利益之同不容易求到完全相同,只要总体上以及原则上达到一致即可,这就是对求大同的进一步理解。求同是实现互利的重要内容,若谈判者只追求自己的利益,不考虑对方的利益,不注重双方共同利益,势必会扩大对立,中断谈判,导致各方都不会有所得。一个成功的商务谈判,不是使对方一败涂地,而是各方达成互利协议。如果谈判双方都能本着谋求共同利益的态度参与谈判,那么各方都可以不同程度地达到自己的目的。林肯曾经颇有感触地说:

"我展开并赢得一场谈判的方式,是先找到一个共同的赞同点。"谈判的前提是"异",但谈判的良好开端则是"同",谈判的推动力以及谈判的归宿在于"同"。

其次,要努力发现各方之"同"。国际商务谈判的过程实际上是一种交换利益的过程,这种交换在谈判达成的协议中才能明确地表现出来。在谈判之初,各方利益要求还不明朗或者不甚明朗,精明的谈判者可以随着谈判逐步深入,从各种意见碰撞中积极地寻找到各自利益的相容点或者共同点,然后据此进一步地探求彼此基本的利益结合点。谈判各方的利益纵然有诸多的相异之处,但总能找到某种相同或吻合之点,否则一开始就缺乏谈判的基础。为了引导对方表露其利益要求,应该在谈判中主动并有策略地说明己方利益。只要不表现出轻视或者无视对方利益,就可以以坚定的态度陈述自己的利益。坚持互利的原则内在地包含了坚持自己的利益,只是要将这种自我的坚持奠定在对对方利益认可和容纳的基础之上。排斥、忽视对方的利益以及隐藏、削弱自身利益,都不利于寻求到相互之间的共同之处,妨碍谈判目标的正常实现。解释自己的利益时,力求具体化、情感化、生动化,以增强感染力,唤起对方的关注。协调不同要求以及意见的过程中,应该以对方最小的损失来换取自己最大的收获,而不是相反。

最后,将分歧以及差异限定在合理范围内。求大同的同时意味着存小异,而存小异折射着谈判的各方互利性。绝对的无异不现实,而差异太大又难互利。对商务谈判而言,"小异"不仅是个数量概念,而且有重要的质的含义。其在质的要求上有两个方面,第一是谈判各方的非利益之异,第二是若存在利益上差异则应该是非基本利益之异。这就是互利性要求的内在规定,是在谈判协议中保留分歧的原则界限。而谈判各方不同的利益需要,又可以分为相容性需要以及排斥性需要。要是属于排斥性的,若不与上述原则的要求相悖,则允许存在谈判协议之中;若是相容性的,就可以各取所需,互相满足,互为补充。

3. 妥协让步。国际商务谈判中,互利既表现在"互取"上,又表现在"互让"上。互利完整的含义,应当包括促进谈判各方利益目标的实现,同时实现"有所为"和"有所不为"两个方面。不仅要坚持、维护己方利益,还要考虑、满足对方利益,兼顾双方的利益,谋求共同的利益,即"有所为";对难以协调的非基本利益的分歧,面对不妥协和不利于达到谈判协议的局面,做出必要的让步,即"有所不为"。谈判中得利和让利是辩证统一的。妥协可避免冲突,让步可防止僵局,妥协让步的实质是以退为进,促使谈判顺利进行并达成协议。

(三)友好协商原则

国际商务谈判中,双方必然会就协议或合同条款发生这样或那样的争议,不管争议内容或分歧的程度如何,双方都应以友好协商的原则谋求解决。切忌使用欺骗、要挟或其他强硬手段。如果遇到几经协商仍无法获得一致意见的重大分歧,那么宁肯中止谈判、另选对象,也不可违反友好协商原则。做出中止谈判的决定要十分慎重,需要全面分析谈判对手的实际情况,看他是否缺乏诚意,或者是不是确实不能够满足我方的最低要求条件,不得不放弃谈判。只要还有一线希望就应本着友好协商的精神,尽力达成协议。谈判虽不可轻易进行,但也切忌草率终止。

(四)时间性原则

时间价值体现在质和量两方面。所谓质即要抓住时机,该出手的时候就出手;所谓量则是指谈判中快者败,慢者胜。在谈判中切忌焦躁草率,要知道慢工出细活。在谈判时装聋作哑,最后让对方问我们"您觉得应该怎样办?"从而达到自己目的的例子有很多。同时也要注意时间的结构,但凡我想要的,对方也可以给的,就先谈,多谈;但凡对方想要的,我却不可放弃的,就后谈,少谈。会谈前要先摸清对方行程的时间安排,看似不经意间的安排是与会谈无关的内容,却往往在最后使对方不得不草草签订有利己方的协定,在商务谈判中这样的例子数不胜数。

(五)信息原则

永远别嫌了解对手太多。了解对方越多,就越能抓住对方的弱点,进而可以有力地回击。

1.搜集信息,正确反应。能获取信息的途径有很多,不管是公开的,还是隐秘的。不过事实证明,90%的信息能通过合法的渠道获得,另外 10%信息可通过对 90%信息的分析获得。这就是说,一个有很强观察力的人,就可以对公开信息进行分析,进而看到隐藏于事实下的内容,由此找到自己想要的答案。

2.制造假信息,隐瞒信息。在懂得如何取得有用信息的同时,也要会制造"迷雾弹",通过制造虚假信息,迷惑对方,或是在有意无意间向对方传递一些使其恐慌的内容,让对方感到压力,进而很好地达到自己的目的。

3.要注重无声的信息。如手、眼等肢体语言,通过这些无声的信息我们能看到谈判对手的内心世界。

(六)依法办事原则

在对外谈判中最终签署的各法律文件都具有法律效力,因此,谈判当事人的发言,尤其是书面文字,必须要符合法律的规定和要求。一切文字、语言都应具有双方一直承认的明确的合法内涵。在必要时应该对特定词语加以明确地解释,写进协议文件,以免因为解释条款的分歧,而导致签约后在执行过程中发生争议。依照这一原则,主谈人重要的发言,尤其是协议文件,必须经过熟悉国际惯例、国际经济法以及涉外经济法规的律师的细致审定。

(七)谈判心理活动原则

在谈判中需要具体问题具体分析,以满足对方最基本的心理需求,而且要善于利用时机来"乘人之危,落井下石"。要揣测对方到底持怎样的想法。具体地表现在慎用负面语言;使用语言要有引导性;能用反问的绝对不用陈述,同时也要注意谈判中工作语言的一致。

(八)谈判地位原则

所谓的谈判地位是指在谈判对手心目中您的地位。在谈判中如果双方处于不平等地位,那么谈判就无法进行。提高谈判地位,可通过制造竞争、暴露专业身份、坚持到底的耐心以及放松的心态来达到。

谈判不仅仅是一门很重要的学问,更是一门艺术。每一次的谈判既是一次新的挑战,也是一次新的机遇,唯有高度的智慧、高超的技巧及无数次实战的经验,才能化险为夷,创造双赢结果。商务谈判中,只有遵守了以上原则,才能更好地争取到合作机会,达成双方满意的目的。

五、国际商务谈判的程序

在长期国际商务谈判的基础上,谈判人员应根据历史经验加之不断地实践,将谈判程序逐步确定下来,并且以此作为今后谈判工作的规范和要求。国际商务谈判的基本程序一般包括:谈判的准备阶段、谈判的开局阶段、谈判的实质阶段、谈判的结束阶段。在这四个阶段中掌握不同的谈判技巧,能在每个谈判的过程中进行有准备的、有针对性的谈判,做到胸中有数,谈判有度。

(一)谈判准备阶段

简言之,商务谈判的准备工作就是能做到知己知彼,心中有数。一场谈判能否达到预期的目的,能否获得圆满的结果,不仅取决于谈判中的有关战术、策略及技巧的灵活运用,而且有赖于谈判前充分而细致的准备。后者是前者的基础,尤其是在缺乏谈判经验时,准备工作就显得更重要了。在与经验丰富的对手谈判的时候,应更加注重谈判前的准备工作,以细致、充分、周到的准备去弥补谈判经验和技巧上的不足。

谈判的准备工作主要包括下面五个部分:

1.对谈判的环境因素分析。谈判往往涉及政治、经济、法律、社会文化等各个方面的因素,这些因素对于谈判的成功与否有着很大的影响,必须要对这些因素进行认真的分析,才能制订出相应的谈判计划。

2.信息的收集。商务谈判中,谈判人员对于谈判信息的收集、分析以及利用的合理程度,对整个谈判活动都有极大的影响。处于谈判信息优势的那一方往往会把握谈判的主动权。因此,有丰富经验的谈判者们都对各种谈判信息的运用极其重视,他们都具有敏锐洞察细微事物的观察力,并且十分注意捕捉对方的思想过程以及行为方式中的各种信息。

3.目标和对象的选择。因为整个谈判活动都是和谈判对象围绕着谈判的主题以及目标去进行的,因此,任何的谈判方案的制订都需要首先确定谈判的对象和目标,既要明确和谁谈判,也要明确通过这次谈判想要获得什么。

4.确定谈判方案。当我们了解了谈判对手、谈判环境及自身的情况之后,在进行正式激烈的谈判交锋之前,我们还需要制订一个周全而且明确的谈判计划,制订一个谈判的具体方案。谈判方案是指在谈判开始之前对谈判目标、谈判策略、谈判议程预先要做的安排,是了解谈判人员行动的纲领,在整个谈判过程中都起着很重要的作用。

5.模拟谈判。模拟谈判是谈判人员根据实际经验所做的,可随时修正谈判中可能出现的错误,提高谈判的可行性。

谈判前准备得是否充分在很大程度上决定了商务谈判的成败得失。如果准备工作充分,谈判中就能处于主动地位,谈判就能顺利进行,效果也不错;否则,仓促地应战往往会使自己陷入被动的地位,难以得到好的谈判效果。俗话说,知己知彼方可百战百胜,进行国际商务谈判之时,应事前做好充分准备,通过各种渠道收集信息,掌握谈判对手的谈判风格和谈判经验及对方公司的发展情况和实力。下列的四个案例从多个方面展示了谈判准备阶段做到充分准备的必要性。

案例 1-1

在某次交易会上,我方外贸部门与一客商洽谈出口业务。在第一轮谈判中,客商采取各种招数来摸我们的底,罗列过时行情,故意压低购货的数量。我方立即中止谈判,搜集相关情报,据了解,外国一家同类厂商发生了重大事故已导致停产,而且了解到该产品可以有新的用途。在仔细分析了这些情报以后,谈判继续进行。我方根据掌握的情报后发制人,告诉对方:我方的货源不多;产品的需求很大;日本厂商不可以供货。对方立刻意识到我方对这场交易背景的了解程度,甘拜下风,在经过一些小的交涉之后,乖乖就范,接受了我方的价格,购买了大量该产品。

案例分析：在商务谈判中，口才固然重要，但是最本质、最核心的还是对谈判信息的把握，而这种把握常常是建立在对谈判背景的把握上的。

案例 1-2

20 世纪 80 年代我国某产品的加工水平较低，为改变这种状况，国家决定为某厂引进国外某公司该产品加工设备。我国某厂的科技情报室马上对国外公司的生产技术进行了情报分析。在与该国外公司谈判时，国外公司提出要对我方转让 24 种产品技术，我方先前就对国外公司的产品技术进行了研究，从 24 种产品中挑选出 13 种产品引进，因为这 13 种产品技术已经足以构成一条先进完整的生产线。同时我方还根据对国际市场情报的掌握提出了合理的价格。这样，我方既买到了先进的设备又节约了大量的外汇。事后国外公司的董事长赞叹道："你们这次商务谈判，不仅使你们节省了钱，而且把我们公司的心脏都掏去了。"

案例分析：平时注意对情报的收集及处理，在谈判中往往能够游刃有余，获得成功——在节约成本的同时购买到核心技术和设备。

案例 1-3

1982 年，某厂准备与国外某公司以补偿贸易的形式进行为期 15 年的合作生产，规定由外方提供某产品的生产工艺及关键设备。该工艺包含了大量的专利。初次谈判对方要求我方支付专利转让费及商标费共 240 万元。我方厂长马上派人对这些专利进行了专利情报调查。调查发现其中的主要技术的专利将于 1989 年到期失效。在第二轮的谈判中，我方摆出这个证据，并提出降低转让费的要求，外商只得将转让费降至 130 万元。

案例分析：在我国的技术引进中，常常为了一些价值低廉的技术付出巨额的投资，在技术转让的谈判中往往不能单纯依靠据理力争，如果在谈判之前多掌握些合理的情报，也许结果会完全不同。

案例 1-4

我国某厂与某国外公司谈判设备购买生意时，外商报价 218 万元，我方不同意，后降至 128 万元，我方仍不同意。外商诈怒，扬言再降 10 万元，不成交就回国。我方谈判代表因为掌握了美商交易的历史情报，所以不为美方的威胁所动，坚持再降。第二天，美商果真回国，我方毫不吃惊。果然，几天后美方代表又回到中国继续谈判。我方代表亮出在国外获取的情报——美方在两年前以 98 万元将同样的设备卖给第三国客商。情报出示后,外方以物价上涨等理由狡辩了一番后将价格降至合理。

案例分析: 从某种意义上讲,谈判中的价格竞争也是情报竞争,把握对手的精确情报就可以在价格竞争中取胜。

(二)开局阶段

开局阶段,主要是指谈判双方见面以后,在进行具体交易内容的商谈之前,相互介绍、寒暄以及就谈判内容之外的话题来进行交谈的那段时间以及经过。开局阶段占用的时间较短,谈论内容也与整个谈判主题关系不大或者根本无关,但是这个阶段却很重要,因为该阶段为整个谈判过程确定了基调。

谈判的形式、内容、地点不同,其谈判气氛也就各不相同。有些谈判的气氛十分热烈、积极友好,且双方都抱着互谅互让的态度来参加谈判,通过共同的努力去签订一个双方都能满意的协议,使双方需要都可得到满足;有的谈判气氛却很冷淡、紧张、对立,双方都抱着寸土不让、寸土必争的心态参加谈判,毫不相让,针锋相对,使谈判变成了没有硝烟的战场。有的谈判节奏紧凑,简洁明快,速战速决;而有的谈判慢条斯理,咬文嚼字,旷日持久。不过,更多谈判的气氛则介于上述两个极端之间:快中有慢,热中有冷,对立中存在友好,严肃中不无轻快。一般说来,通过谈判气氛,可以初步感受到对方谈判人员的谈判个性、气质及对本次谈判的态度和准备采取的方针。

在开局阶段,究竟是要营造何种谈判气氛为宜,需根据准备采取的谈判方针和谈判策略来决定,也要以谈判对手是陌生新人还是熟识老友加以区分。就是说,谈判气氛的选择和营造应因人而异,应服务于谈判的方针、目标及策略。

国际贸易谈判中,开局的形式可以分为一致式开局、保留式开局、坦诚式开局、进攻式开局四种类型。下面分别针对各种类型列举出相关的谈判案例。

1. 一致式开局策略

一致式开局策略目的在于创造并取得谈判成功的条件。运用一致式开局策略的方式有很多,比如,在谈判开始时,以协商的口吻去征求谈判对手的意见,之后对其意见表示赞同和认可,并按其意见开展工作。运用这种方式应注意的是,用来征求对手意见的问题应是无关紧要的问题,对手在该问题的意见上不会影响到我方的利益。此外在赞成对方的意见时,态度不应过于献媚,需要让对方感觉到自己是出于尊重,而不是奉承。一致式开局策略有另一种重要途径,是在谈判开始时用问询方式或补充方式诱使对手走进您的既定安排,从而使双方达成一致以及共识。所谓问询式,是指将答案设计成问题去询问对方,例如,"您看我们把价格及付款方式问题放到后面讨论怎么样?"所谓补充方式,是指通过补充对方的意见,使自己的意见成为对方的意见。

案例 1-5

━━━○

1972 年 2 月,美国总统尼克松访华,中美双方将要展开一场具有重大历史意义的国际谈判。为了创造一种融洽和谐的谈判环境及气氛,中国方面在周恩来总理的亲自领导下,对谈判过程中的各种环境都做了精心而又周密的准备及安排,甚至对宴会上要演奏的中美两国民间乐曲都进行了精心的挑选。在欢迎尼克松一行的国宴上,当军乐队熟练地演奏起由周总理亲自选定的《美丽的亚美利加》时,尼克松总统简直听呆了,他没想到竟然可以在中国的北京听到他如此熟悉的乐曲,因为这是他平生最喜爱的并且指定在他的就职典礼上演奏的家乡乐曲。敬酒时,他特地到乐队前表示感谢,此时,国宴达到了高潮,而一种融洽而热烈的气氛同时也感染了美国客人。一个小小的精心安排,赢得了和谐融洽的谈判气氛,这不可以不说是一种高超的谈判艺术。美国总统杰弗逊曾经针对谈判环境说过这样一句意味深长的话:"在不舒适的环境下,人们可能会违背本意,言不由衷。"英国政界领袖欧内斯特·贝文则说,根据他平生参加的各种会谈的经验,他发现,在舒适明朗、色彩悦目的房间内举行的会谈,大多比较成功。

日本首相田中角荣上个世纪 70 年代为恢复中日邦交正常化到达北京,他怀着等待中日间最高首脑会谈的紧张心情,在迎宾馆休息。迎宾馆内气温舒适,田中角荣的心情也十分舒畅,与随从的陪同人员谈笑风生。他的秘书早饭茂三仔细看了一下房间的温度计,是 17.8℃。这一田中角荣习惯的 17.8℃使得他心情舒畅,也为谈判的顺利进行创造了条件。"美丽的亚美利加"乐曲、17.8℃的房间温度,都是人们针对特定的谈判对手,为了更好地实现谈判目标而进行的一致式谈判策略的运用。

2.保留式开局策略

保留式开局策略指在谈判开始时,在谈判对手提出关键性问题上不做确切的、彻底的回答,而有所保留,从而使对手感觉到神秘感,来吸引对手步入谈判。

案例 1-6

━━━○

某厂原是一家濒临倒闭的小厂,经过几年的努力,发展到产值 200 多万元的规模,产品打入某国市场,战胜了其他国家在该国经营多年的厂家,被誉为"天下第一雕刻"。有一年,该国的几位老板同一天接踵而至,到该厂订货。其中一家资本雄厚的企业要求原价包销该厂的某产品。这应该说是好消息。但该厂疑惑:这几家原来都是经销韩国、台湾地区产品的商社,为什么争先恐后、不约而同到本厂来订货?于是他们查阅了该国市场的资料,得出结论,原来本厂的木材质量上乘、技艺高超是吸引外商订货的主要原因。于是该厂采用了"待价而沽"、"欲擒故纵"的谈判策略。先不理那家大企业,而是积极抓住两家小企业求货心切的心理,把该产品与其他国家的产品做比较。在此基础上,该厂将产品当金条一样争价钱、论成色,使其价格达到理想的高度。首先与小企业拍板成交,造成那家大客商产生失去货源的危机感。那家大客商不但更急于订货,而且想垄断货源,于是大批订货,以致订货数量超过该厂现有生产力的好几倍。

本案例中该厂谋略成功的关键在于其不是盲目、消极地应对市场需求。首先,该厂产品确实好,而几家客商求货心切,在货比三家后让客商折服;其次,是巧于审势布阵。先与小客商谈,并非疏远大客商,而是牵制大客商,促其产生失去货源的危机感。这样订货数量及价格才能有大幅提高。注意,在采取保留式开局策略时不要违反商务谈判的道德原则,即以诚信为本,向对方传递的信息可以是模糊信息,但不可以是虚假信息。否则,会将自己陷于非常难堪的局面之中。

3. 坦诚式开局策略

坦诚式开局策略指以开诚布公的方式给谈判对手陈述己方观点和想法,从而让谈判打开局面。适合坦诚式开局策略的双方一般有长期的合作关系,以往合作双方都比较满意,双方对彼此比较了解,不用有太多的客套,减少很多外交辞令,节省时间,坦率直接地提出自己的要求、观点反而更可以让对方对己方产生信任感。采取这种策略时,要综合考虑多种因素,例如,自身的身份、与对方的关系、当时谈判的形势等。坦诚式开局策略有时候也可以用于谈判力弱的那一方。当己方的谈判力明显比不上对方,并且是双方所共知时,坦率表明己方的弱点,使对方加以考虑,更加表明己方在谈判上的真诚,同时也表明了对谈判的信心。

案例 1-7

〜〜〜〜〜〜〜〜〜〜〜〜〜〜〜〜〜〜〜〜〜〜〜〜〜〜〜〜◯

某中方代表在同外商谈判时,发现对方对自己的身份持有强烈的戒备心理。这种状态妨碍了谈判的进行。于是,这位领导当机立断,站起来对对方说道:"我是领导,但也懂经济、搞经济,并且拥有决策权。我们摊子小,并且实力不强,但人实在,愿意真诚与贵方合作。咱们谈得成也好,谈不成也好,至少您这个外来的'洋'先生可以交一个我这样的'土'朋友。"寥寥几句肺腑之言,打消了对方的疑惑,使谈判顺利地向纵深发展。

4.进攻式开局策略

进攻式开局策略是指通过语言或行为表达己方强硬的姿态,因而获得对方必要的尊重,并且借以制造心理优势,让谈判顺利地进行下去。使用进攻式开局策略一定要谨慎,因为谈判开局阶段时就设法显示自己实力,使谈判一开局就进入剑拔弩张的气氛中,对谈判进一步的发展极为不利。

进攻式开局策略一般只在这种情况下使用:观察到谈判对手刻意制造低调气氛,这气氛对己方的讨价还价极其不利,如果不把这气氛扭转过来,那将损害己方的切身利益。

案例 1-8

我国一家著名的汽车公司在某国刚刚"登陆"时,急需找一家该国的代理商来为其销售产品,以弥补他们不了解该国市场的缺陷。当我国汽车公司准备与该国的一家公司就此问题进行谈判时,我国公司的谈判代表路上塞车迟到了。该国公司的代表抓住这件事紧紧不放,想要以此为手段获取更多的优惠条件。我国公司的代表发现无路可退,于是站起来说:"我们十分抱歉耽误了您的时间,但是这绝非我们的本意,我们对贵国的交通状况了解不足,所以导致了这个不愉快的结果,我希望我们不要再为这个无所谓的问题耽误宝贵的时间了,如果因为这件事怀疑到我们合作的诚意,那么,我们只好结束这次谈判。我认为,我们所提出的优惠代理条件是不会在贵国找不到合作伙伴的。"代表的一席话说得该国代理商哑口无言,他们也不想失去这次赚钱的机会,于是谈判顺利地进行了下去。

本案例中,我国谈判代表采取进攻式的开局策略,阻止了该国代理商营造低调气氛的企图。进攻式开局策略可以扭转不利于己方的低调气氛,使之走向自然气氛或高调气氛。但是,进攻式开局策略也可能使谈判一开始就陷入僵局。

(三)正式谈判阶段

正式谈判阶段,又称实质性谈判阶段,是指从开局阶段结束后至最终签订协议或到谈判失败为止,双方就交易的内容和条件进行谈判的时间和过程。

正式谈判阶段通常要历经询盘、发盘、还盘、接受这四个环节。从法律角度看，每一环节之间都有本质区别。询盘以及还盘不是必经的程序，买卖双方完全可以依据实际的情况，不经询盘而直接去发盘，或者不经还盘而直接接受，然而发盘和接受是谈判获得成功以及签订合同必要的两道程序。国际商务的谈判人员只有熟练地掌握每道程序的中心问题和重点问题以及其相互衔接的关系，精通有关法律规定或者惯例，才可能在谈判时候发挥自如，运用得当，控制整个谈判过程，直至获得最后成功。

1. 询盘（inquiry）

询盘是指在外贸交易洽谈中，买卖双方中一方向另一方就某项商品的交易内容以及条件发出询问（通常多由买方向卖方发出询问），以便为下一步彼此之间进行详细而且周密的洽谈奠定好基础。询盘可以口头表示，还可以书面表示；可询问价格，也可询问其他一项或者几项交易条件。因为询盘纯属试探性接触，所以询盘的一方对可否达成协议不负任何责任，因此它既没约束性，也没固定格式。

2. 发盘（offer）

继询盘之后，一般要由被询盘的乙方来发盘。发盘又称发价，是由交易一方向另一方用书面或口头形式提出交易的条件，并表示可以按照有关条件来进行磋商，达成协议，签订合同。多数情况下，发盘是卖方向买方发出的。有时候也可以由买方主动发出，这种由买方主动做出的发盘，国际上一般称之为递盘。

3. 还盘（counter offer）

还盘指收盘人不同意发盘条件而提出修改或增加条件的表示。

4. 接受（accept）

接受是指买方或者卖方无条件同意对方在发盘中提出的条件，并且愿意按这些条件和对方达成交易、订立合同的一种肯定的表示，乙方发盘经另一方接受，则交易达成，合同宣告成立，双方就应该分别履行其所要承担的合同义务。一般以"合同"、"接受"及"确认"等术语来表示接受。作为有效的接受，就应具备相应的条件。

案例 1-9

某外国公司向中国某公司购买电石。此时，已经是他们之间交易的第五个年头，在谈价时，该方压制中方 30 美元/吨，今年又要压 20 美元/吨，即从 410 美元压到 390 美元/吨。据该方讲，他已拿到多家报价，有 430 美元/吨，有 370 美元/吨,也有 390 美元/吨。据中方了解,370 美元/吨是个体户报的价,430 美元/吨是生产力较低的工厂报的价,供货厂的厂长与中方公司的代表共 4 人组成了谈判小组,由中方公司代表为主谈。谈判前,工厂厂长与中方公司代表在价格上达成了共识,工厂可以在 390 美元价位上成交,因为工厂需要订单连续生产。公司代表讲,对外不可以说,价格水平我会掌握。公司代表又向其主管领导汇报,分析价格形势;主管领导认为价格不取最低,因为我们是大公司,讲质量,讲服务。谈判中可以灵活,但步子要小。若在 400 美元以上拿下则可以成交,拿不下时把价格定在 405~410 美元之间,然后主管领导再出面谈,请工厂配合。中方公司代表将此意见向工厂厂长做了转达,达成了共识并与工厂厂长一起在谈判桌前争取达到该条件。中方公司代表为主谈。经过交锋,价格仅降了 10 美元/吨,在 400 美元价位上成交,比工厂厂长的心理价高了 10 美元/吨。工厂代表十分满意,外方也满意。

案例分析:在对方强烈要求降价并且举出了其他厂家的价格来企图压迫己方降价时,己方应该对各厂商的报价进行研究,不要轻易降价,要考虑到自己本身的实力水平与服务水平,选择对自己合理的价格,据理力争,最终达成双方满意的结果。

案例 1-10

我国某地机械进出口分公司准备购买一台先进的机械设备,在收到了众多的报价单后,看中了西方某国的公司,因为他们的设备及技术都比较先进,所以,决定邀请他们来我国进一步谈判。谈判的焦点集中在价格问题上,外商的报价单与谈判中的报价一样,都是 20 万美元;而中方的还价是 10 万美元。双方都已估计有可能在 14 万到 15 万美元的价格范围内成交,但以往的经验告诉他们,还要有好几个回合的讨价还价,双方才可以在价格问题上达成一致意见。面对让步的节奏及幅度问题,中方代表团内部意见存在分歧,主要分成三派:

第一种意见认为要速战速决,既然对方开价 20 万美元,我方还价 10 万美元,双方应该互谅互让,本着兼顾双方利益、消除差距、达成一致的原则,所以,在第二回合中,还价 14 万美元为好。

第二种意见否定了第一种意见,认为这种让步节奏太快,幅度太大,别说还价 14 万美元,就是还价 11 万美元,也嫌幅度太大,在第二个回合中,我方让步不可以超过 5 000 美元,即增加到 10.5 万美元。

第三种意见又否定了第一、第二种意见,认为第一种意见让步的节奏太快、幅度太大,而第二种意见的让步节奏太慢、幅度太小,认为我方的让步应分为几步:第一步,增加到 11.5 万美元(增加了 1.5 万美元);第二步,增加到 12.7 万美元(增加了 1.2 万美元);第三步,增加到 13.5 万美元(增加了 8 000 美元)。这样几个回合讨价还价下来,最后再增加 5 000 美元,这样就有可能在 14 万美元的价格上成交。这些意见孰是孰非呢?

案例分析:讨价还价是销售谈判中一项重要的内容,一个优秀的销售谈判者不仅要掌握谈判的基本原则、方法,还要学会熟练地运用讨价还价的策略与技巧,这是谈判成功的保证。同时,讨价还价策略的成功运用对于争取或维护己方的谈判利益具有根本性的作用。

(四)签约阶段

谈判双方经过多次反复的谈判,就合同各项重要的条款达成协议后,为了明确各方权利和义务,通常需要以文字形式来签订书面合同。书面的合同是确定双方权利以及义务的重要一环,因此,合同内容必须与双方谈妥的事项以及要求完全一致,特别是交易条件都要明确及肯定,拟定合同中所涉及的概念不应该有歧义,前后的叙述不能自相矛盾或者出现疏漏和差错。

国际贸易中,对销售合同书面形式没有特殊的限制,从事出口贸易的买卖双方可以采用正式的合同、协议书、确认书,也可以采用备忘录等形式。我国进出口业务中主要采用合同以及确认书这两种形式,这两种形式法律上具有同等的效力。

案例 1-11

2000 年,某公司注册了 iPad 在欧洲与世界其他地区的商标。次年,其子公司注册了 iPad 中国商标。当时,苹果的 iPad 还未问世。这种抢注情况在全球都很普通,据说,在全球各国,iPad 从 a 到 z 的商标都已被抢注,大多闲置弃用,只是该集团侥幸抢得了 iPad。苹果为了保持品牌的全球一致性,就在英国设立了一家名为 IP 的壳公司出面购买 iPad 商标,这样苹果公司就可以"廉价"购得所有商标。算盘是如意的,比如中国公司就以 3.5 万元贱卖了手中奇货,以至于之后大呼上当。但苹果公司并未意识到,中国内地 iPad 商标的所有权并不在该公司,而是在其子公司的手中。难以想象,苹果公司会犯如此低级的错误。2012 年 7 月 2 日,广东省高级人民法院对外宣布,双方达成和解,苹果向该公司支付 6 000 万美元。

案例分析:苹果公司并没有真正认识到 iPad 的商标权到底在谁的手中,

所以并没有从实质上解决问题,为苹果公司带来了一定的损失。而中国公司更是没有通过合同来正确地维护自己的合法权益,反而是未经调查就直接作出了草率的决定,没有严格遵照合同的规定。所以,在进行国际贸易或商务谈判时,一定要严格地遵照合同的规定。

通过上述对国际商务谈判的定义、分类、特点等的介绍,我们可以看到,国际商务谈判是伴随着当今经济的发展而成长壮大起来的,国际商务谈判现在还处于不断发展的过程中,通过长期的实践与经验的总结,我们可以很清楚地认识到国际商务谈判中的标准行为规范,通过学习,我们可以更好地掌握谈判技巧。

第三节 文化差异概况

世界各国的自然环境、风俗习惯、经济发展程度的不同,导致了世界各国之间的文化差异,这些差异在一定程度上影响了我们的思维方式、价值观念以及行为方式。在当今全球文化不断融合的过程中,文化差异也在渐渐凸显,同时也在矛盾中不断地消融。

国际商务谈判作为人际交往的一种形式,一定会涉及不同地域、民族、社会文化之间的交往和接触,进而产生跨文化谈判。在跨文化谈判中,不同地域、民族、文化之间存在的差异必将影响到谈判者的谈判风格,从而影响到整个谈判的进程。因此,从事跨文化的商务活动时,有必要了解和掌握不同文化间的联系与差异。在做谈判准备时,更要明白文化差异对谈判的影响,只有积极地面对这种影响才可以实现预期目标。

一、文化差异的定义

(一)文化

文化的定义有广义和狭义之分。广义上是指人类在社会历史实践中所创造的物质财富及精神财富的总和。狭义上是指社会的意识形态以及与之相适应的制度和组织机构。文化作为一种意识形态,是一定社会的政治及经济的反映,同时又反作用于一定社会的政治及经济。随着民族的产生和发展,文化同时又具有民族性。每一种社会形态都存在与其相适应的文化,每一种文化都随着社会物质生产的发展而发展。

(二)文化差异

文化差异广义上说,是指世界不同地区的文化差别,即指人们在不同的环境下形成的语言、知识、人生观、价值观、道德观、思维方式、风俗习惯等方面在不同文化上的差异（东西方文化差异尤为突出），导致生活在不同文化背景下的人们对同一事物或同一概念的理解不同。

二、文化差异的原因

(一)经济原因

经济水平的高低导致人们关注不同的问题。例如，发达国家大部分人生活富裕，受教育水平也普遍较高，人们在解决了温饱问题之后，更加注重生活品质，对于安全稳定的生活环境的欲望普遍较强。但在经济相对落后的国家或地区，人们主要关心的是温饱问题，至于生活水平与质量，已经远远超出了他们的能力范畴。

经济的发展带来物质条件的改变，在经济浪潮中，中西方的文化都在发生变化。在工业革命之前，中国的社会经济各方面都要比西方国家发达，早在史前时代就已经超过了西方，这在考古界已经得到了实物的证实。在奴隶社会及封建社会，中国的经济也比西方发达，在《马可波罗行纪》出版后，中国文化的独特魅力吸引西方人争相来到中国。在封建经济高度发达的情况下，文化也得到了充分的发展，涌现出了许许多多的文化成就，形成了辉煌灿烂的中国文化。在此过程中，中国人开始渐渐认为现行的体制是适应当前社会发展的，并没有想过要去改变，统治阶级的各种政策也在为加强自己的统治服务，为维护固有的体制而努力，而不是为了在现有的基础之上追求经济繁荣、文化发展。中国的各个朝代大多采用重农抑商的政策，以此抑制商业的发展，仅仅满足于自给自足。在此情形之下，中国的文化发展为政治经济所钳制，人民的思想与统治阶级的思想保持一致，趋于安于现状，不思进取。中国文化的发展停滞不前，不能够在新的领域取得突破，最多在固有领域出现了一些新的成就。中国的文化渐渐显现出僵化保守的态势。

然而，经过工业革命，中西方的优势就对调了，中国逐渐开始落后于西方国家，而且差距越来越大，逐渐成为西方资本主义经济的附庸，中国被卷入了世界资本主义的市场，一度险些成为西方发达资本主义国家的殖民地。直到1949年中华人民共和国成立，在中国共产党的带领下，中国人民艰苦奋斗，才逐渐追上世界经济发展的步伐，但是差距依旧存在。西方国家快速发展的原因就在于西方国家之前的发展水平低，人民生活窘迫，于是人民就想尽办法发展自己的经济，他们敢于打破阻碍经济发展的瓶颈，在新的领域谋求新的突破，最终通过工业革命一举超过中国。西方的经济发展历程是一个打破旧法规、建立新法则的过程,在不断尝试中寻求新的出路,体现在文化上就是敢于尝试、实践及推陈出新。

(二)地域差异

地域差异是指不同地理区域因为受到地理环境的影响而造成的差异,人们因为生活在不同地域而往往存在着不同的语言、生活方式及爱好,而这些在很大程度上影响着他们的行为习惯。我国的古谚中就有"十里不同音,百里不同俗"的说法,这体现了地理差异对文化差异产生的巨大影响。

我国自古以来就是一个幅员辽阔的国家,现在的国土面积是960多万平方公里,同时还拥有着广阔的领海,而在历史上我国的国土面积远比今天要大得多,在这广阔的领土里面地势地貌也是相当复杂的,分布着山地、高原、盆地、丘陵、平原,总体而言是地貌类型复杂多样;山地高原广泛分布;平原狭小,零散分布。中国领土的南北跨越及东西跨越很大,整个国家跨越了多个气候带,其中热带季风气候、亚热带季风气候、温带季风气候、高原山地气候、温带大陆性气候在我国均有着广泛的分布,同时由于受地势地貌的影响,气候带也有着不规律的分布态势,全国不同地区气候差异很大。生活在这样一个复杂的自然环境中的中国人,所产生的生产、生活方式及习俗是因地而异的,在这种情况下,也就产生了不同的风俗习惯、文化礼仪。在社会生产力水平极端低下的情况下,碍于客观环境因素的限制,各地之间的交往少之又少,在缺少交往的情况下,各地方的文化各自发展,呈现出不同水平,文化各具特色,形成了百花齐放的局面,虽然没有形成统一的文化,分散的各种文化也没有发展到较高的层次,这种分散的文化、多样化的地理环境和较为封闭的地理空间造成了中国人懦弱胆小、谨小慎微、畏首畏尾、保守封闭等性格特征。

然而西方国家的地形地貌则相对简单,大多以平原地形为主,夹杂以少许的山地、盆地。同时,西方也有着广阔的草原,但是其中相当一部分面积被海洋所包围,这就使其气候呈现出了明显的海洋性特征,差异不大。并且临近海洋的地理位置优势使得他们海运发达、交通便利,对外贸易交流也更为频繁,思想较中国人也更为开放。总结一句就是西方各地的自然环境相似性较高,所以在这种条件下所产生的文化具有很大的相似性,表现出勇于进取、敢担风险、思想开放的性格特征。

(三)民族差异

由于历史、饮食等种种原因,民族与民族之间存在的差异体现在生活的方方面面。一个民族是指一群人所形成的一个集体,在这个集体中,人们有着相似的生活习惯、思维方式、语言表达方式等等。

中国人除了占据主体的汉族人之外,还在全国各地分散着 55 个少数民族。这些少数民族各有各自的特色与风俗习惯。就以中国这个大的民族团体来说,人们更加向往一种和平稳定、自给自足的生活,整个民族的特性较为温顺、踏实、憨厚,不愿意冒风险,容易满足于所处的生活环境。

而西方国家不同民族之间的相互沟通和相互交流,使他们形成了积极进取、开放冒险的民族精神。同时,在历史的发展过程中,西方民族的国家还形成了遵守礼仪、尊重礼仪的优良品质,所以几乎全部西方国家,都形成了尊老爱幼、人人平等的精神。整个民族的进取精神又激励着整个民族的人们想尽办法去追求更好的生活,无论是发展经济、对外贸易还是发展科学文化教育。

中西方不同民族的性格造就了不同的人,而这些民族精神又全部体现在双方的文化之中,对文化起着潜移默化的作用。

（四）文化传承差异

中国有着五千多年的文明史,在这五千多年中经历了朝代更迭,有些朝代甚至由少数民族取代汉族建立了政权,然而在这朝代更迭的潮流中,中华民族文化并没有消失,相反,中国的文化正是在朝代更迭中渐渐走向了成熟,逐渐形成了自己的传统文化。其原因就在于无论中国的政权怎样更迭,终究还是汉政权,因为其在历史的发展过程中已经形成了一个趋势,那就是边疆的少数民族向中原汉族靠拢。由于大多数朝代汉族人民的发展水平都要远超过少数民族,所以就算是少数民族在中原建立了政权,其也必须按照汉族的方式及方法来统治,否则统治并不长久稳定,因为汉文化及汉民族已经成为了中国的一个主体。因此在历次朝代的更迭中,汉文化得到了一次又一次的发展,同时又吸取了少数民族文化的部分特征,扩大了自身的内涵。中国文化具有很强大的生命力及包容性,但始终以汉文化作为它的主体,以汉文化的价值观作为中国文化的价值观判断的标准。

而西方则不同,伴随着朝代更迭的往往就是外来民族的入侵,每一次的朝代更迭伴随着都是旧文化的灭亡以及新文化的产生,只有极少部分的旧文化能够存留下来,在此过程中原先的民族在为自己民族的地位而抗争,争取自己的权利,因而西方的文化没有主体性而言,更多的是文化的交融性及抗争性,从而形成了价值观的多样性及权利观。

（五）宗教差异

宗教是人类社会发展到一定阶段的产物。世界上有三大宗教:基督教、佛教及伊斯兰教。不同的宗教有着不同的戒条,从而影响到人们认识事物的方式、行为准则及价值观念。

中国的大地上大的宗教有基督教、天主教、伊斯兰教、佛教以及本土的道教，但是中国却是一个缺乏宗教信仰的国家，人民信教普遍是出于现实的需要，往往是有所求才会临时抱佛脚，因此中国人称不上有一个确切的宗教信仰。而西方则不同，西方国家几乎是人人信教，是虔诚的教徒，而且像天主教、基督教、伊斯兰教等宗教都是在西方的土地上发展起来的，对于西方国民的影响较深，因此西方的文化里面渗透着浓烈的宗教气息，人民常常以宗教的价值观行事。

思考与练习

一、单项选择题

1.实质性谈判阶段是指商务谈判的（　　）

A.准备阶段　　　　　　　　　B.开局阶段

C.正式谈判阶段　　　　　　　D.签约阶段

2.硬式谈判又称（　　）

A.让步型谈判　　B.立场型谈判　　C.原则型谈判　　D.价值型谈判

3.买方主动开盘报价叫（　　）

A.报盘　　　　　B.递盘　　　　　C.还盘　　　　　D.虚盘

4.卖方主动开盘报价叫（　　）

A.递盘　　　　　B.报盘　　　　　C.虚盘　　　　　D.还盘

5.报价以及随之而来的磋商是整个谈判过程的（　　）

A.前奏　　　　　B.开始　　　　　C.结束　　　　　D.核心

6.国际商务谈判与一般贸易谈判的共性体现为（　　）

A.较强的政策性　B.谈判内容广泛　C.影响因素复杂　D.以价格为核心

7.价值型谈判也叫（　　）

A.软式谈判　　　B.硬式谈判　　　C.原则型谈判　　D.让步型谈判

8.谈判获得成功及签订合同必不可少的两道程序是（　　）

A.发盘及还盘　　B.发盘及接受　　C.询盘及接受　　D.询盘及还盘

9.以下有关谈判开局阶段的说法中，不正确的是（　　）

A.以相互介绍、寒暄为主要形式　　B.是整个商务谈判的起点

C.主要任务是制造谈判气氛等　　　D.谈判人员不必太重视

二、多项选择题

1.按谈判中双方所采取的态度与方针来划分，有（　　）

A. 让步型谈判　　B. 立场型谈判　　C. 原则型谈判　　D. 货物买卖谈判

E. 技术贸易谈判

2. 按参加谈判的人数规模来划分,有(　　)

A. 双方谈判　　B. 多方谈判　　C. 个体谈判　　D. 集体谈判

3. 影响国际商务谈判行为的价值观主要有(　　)

A. 客观性　　B. 人生观　　C. 平等观　　D. 竞争观

E. 时间观

三、名词解释题

1. 商务谈判

2. 立场型谈判

3. 原则型谈判法

4. 主场谈判

四、简答题

1. 国际商务谈判与一般贸易谈判的共性体现在哪些方面?

2. 简述影响国际商务谈判的政治状况因素。

五、案例题

1985 年,某友好国家工业贸易代表团来华谈判,该国大使先找到有关领导希望促成贸易合作。有关领导指示,在可以的前提下,尽量与对方达成协议。对方要求向中国出口矿山设备,但要价高,质量也不及先进国家水平。中方代表很为难,如果答应,中方损失太大,如果当场拒绝,又怕影响两国关系。最后中方代表想出了一个办法,要求对方拿出一台矿山设备到我国北方严寒地区进行一定时间的试验。如果可以在零下 40 摄氏度的环境下正常工作,我方可以留购,对方答应回去研究。两个月后,对方答复说,他们国家最低气温才零下 7.2 摄氏度,要适应我国零下 40 摄氏度的工作条件技术上有困难。于是,对方放弃了向我国出口矿山设备的要求。

问题:中方代表采用了什么样的方法拒绝了对方的要求?体现出了怎样的思维方式?体现出了哪些谈判的基本原则?分析这些原则与文化差异的联系。

第二章　文化差异及风俗礼仪

重点与难点

* 世界主要国家风俗禁忌
* 不同文化中礼物的选择
* 礼仪行为差异

第一节　文化差异与行为差异的表现

一、文化差异的表现

　　文化差异经过历史的长期演变,逐渐渗透到整个民族的性格之中,主要体现在人们的思想和行为两个方面。通过人们思想、思维模式、价值观等方面的差异,我们就可以了解这个民族的性格;通过人们的行为礼仪、表情等方面的差异,我们可以深入了解这个民族的各种习性。特别是在谈判过程中,仔细了解谈判对手的思想、行为等方面的特性,提前了解对手国家的风俗禁忌,有利于在谈判中回避敏感话题,从而促使谈判顺利地进行,甚至可能会帮助己方占据谈判桌上主动的地位。

　　(一)各国思想差异

　　思想作为一种意识的形态,决定于一定的经济基础与政治形态,在很大的程度上受到文化环境影响。人们的思维方式和价值观就可以体现出他们的思想。思想又可以通过人的意识控制其行为,对谈判能否成功造成很重要的影响。

　　1.思维方式

　　中国人偏好形象思维,西方人偏好抽象思维或者逻辑思维。形象思维是指在物体没有呈现的情况下,头脑中所显现出的该物体的形象。例如,每当我们在回想一个熟人时,他的容貌会马上浮现出来。它往往包括一个想象的过程。这种思维方式是感性的、直觉的,所以是模糊的,使得我们无法对事物进行严格的定义,也不能进行逻辑的推理,更不能检验对错。但西方人与之相反,他们偏好抽象思维或者逻辑思维,即利用概念进行判断和推理的思维活动。这种思维需要遵循逻辑规律,所以又被称为逻辑思维(比如亚里士多德式逻辑思维),是理性的、逻辑的、清晰的。

　　中国人偏好于综合思维,西方人偏好于分析思维。综合思维指的是将对象的各个部分结合为整体全面、系统的思维方式。而分析思维指的是在将一个完整的对象分解为各组成部分分别分析的思维方式。中国人偏向综合思维和整体优先,中国人在看待事物时,不会就事论事地将事物进行拆分、解析,而是把事物看成一个整体,充分注重该事物与其他事物的联系。而西方则习惯于分析思维模式。对西方人而言,要弄清楚一件事物,必须首先把事物进行分割与拆解,认为这样才能弄清其内部的结构。

　　中西还存在着求同思维和求异思维方面的不同。中西文化都注意到了事物之间的矛盾对立。中国文化更强调的是"统一"和注重求同的思维方式,同时强调天、地、人万物一体,和谐共生。这一统一观表现在政治领域乃春秋大一统思想,在伦理方面表现为顾全大局,在必要时能牺牲个人、局部利益来维护整体利益。而在西方文化中,求异的思维方式是比较普遍的,西方人更追求个体生存的意义,他们在面对群体或整体时,认为那是压抑自我的力量,应该抗拒这一力量对自我的吞噬。

　　思维方式是一种看待事物的角度,角度不同,谈判的侧重点就不同。例如,中国文化强调等级和和谐,因此费孝通先生说:"各美其美,美人之美,美美与共,天下大同。"希望实现人人和谐,天下大同。受中国传统的儒家文化影响,在谈判中,中国人更强调集体利益,对集体有强烈的归属感,为了集体和国家的利益,能够忽视个人利益,这也许在一些西方人眼里是不可思议的。中国人对于细节与原则的问题一般会遵循"先谈原则,后谈细节",他们喜欢先从整体上和对方达成一致,然后再就细节问题进行讨论。

案例 2-1

　　1982 年,邓小平会见撒切尔夫人,中英两国就香港问题进行了一场激烈的谈判,原来一个半小时的会议,另外延长了 50 分钟。在谈判中,撒切尔夫人按事先设计好的方案,摆出强硬的态度,打出了"三个条约有效"和"维护香港的繁荣稳定离不开英国"两张牌,坚持三个条约必须要遵守。她恐吓邓小平说:"如果中国收回了香港,会给香港带来灾难性的影响。如果要想继续维持香港繁荣,就必须继续由英国来管理它。"邓小平则寸步不让,他明确指出:"中国在这问题上没有什么回旋余地。坦率地讲,主权是一个不用讨论的问题。现在时机已经成熟,肯定的是:1997年中国将会收回香港。也就是说,中国要收回的不仅仅是新界,而且还包括香港岛和九龙。"邓小平重申,新中国自成立以来始终没有承认过19世纪那三个不平等的条约。邓小平对撒切尔夫人说,在一两年的时间内,中国将要正式地宣布收回香港的决定,对于香港的繁荣离不开英国这一说法,邓小平说:"保持香港繁荣,我们希望取得与英国的合作,但这并不是说,香港继续保持繁荣必须要在英国管辖之下才可能实现。香港要继续保持繁荣,在根本上取决于中国收回香港后,在中国管辖之下,实行适合香港的政策。如果宣布收回香港就会像夫人所说的那样带来具有灾难性的影响,那我们将会勇敢地面对这个灾难并做出决策。"邓小平在谈判中始终坚持香港是中国领土主权的一部分,并且坚持按照一国两制的原则收复和治理香港。中国人之所以有这种意识,是因为强大的爱国主义精神与强烈的民族归属感,这个因素在中国人的国际商务谈判中也扮演着重要的角色。

与中国不同,那些西方国家因为海陆交错的地理环境,孕育了海洋文明。西方人更注重个人利益,还更注重细节,比如美国人,他们主张即时的谈判,也就是说,如果他们认为某一细节有可谈之处,就会主动谈这个问题,为的是双方达成共识,他们甚至可以在原则上让步。

2. 伦理和法制观念

中国文化习惯回避从法律角度考虑问题,而是着重从伦理道德角度考虑问题,然而多数西方人恰恰相反,他们更多的是从法律方面考虑问题。在中国,伦理至上的观念一直占据着重要地位,一旦发生了纠纷,最先想到的是如何赢得周围的舆论支持,俗话说"得道多助,失道寡助",这句话对中国人来说有极其特殊的内涵与意义。于是,用法律来解决问题让中国人感到很不习惯。相反,中国人习惯通过组织、舆论来发挥社会道德规范化的作用。然而西方人与此不同,他们对纠纷的处置惯用法律手段,而不是依靠良心与道德的作用。在西方很多个人和公司聘有法律顾问与律师,在遇到纠纷时,会让律师出面处理。很多在中国人看来必须得用人际关系网去处理的纠纷,西方人看来却未必如此。

中国人在数千年封建文化的孕育下建立起了社会等级观念上平均主义的

倾向,并在社会生活的多个领域中起着特殊的作用。其中官本位的思想显得十分突出,它使得一些人崇拜官吏并且藐视制度和法律,习惯靠当官的后台来进行交易。美国学者帕伊在他的著作中写道:"很多我们会见过的美国的工商业者告诉我们,他们已经学会了和中国人只需要用口头约定、点点头或者握手来决定协议或者使协议生效的可能。"这些差异只不过能说明,中西方的文化差异对于交往与谈判带来的影响是深刻并且复杂的。我们必须深刻、清醒地认识到这一点。

此外,东方人较擅长感性的思维,西方人较擅长理性的思维。东方人的感情表达比较间接含蓄,西方人的感情表达则直接外露。这些都是在不同的文化背景下产生的思维方式,在国际谈判中对谈判的效果有极其重要的影响。

3. 价值观

价值观指的是一个人对周围的客观事物(包括人、事、物)的意义和重要性的总的评价和总的看法。其一方面表现为价值取向和价值追求,凝结为一定的价值目标;另一方面表现为价值尺度与准则,成为人们判断事物有无价值和价值大小的评价标准。个人的价值观一旦确立,便具有相对的稳定性。但是就社会与群体而言,由于人员的更替和环境的变化,社会或者群体的价值观念又在不断地变化着。传统的价值观念会不断受到新的价值观的挑战。对于诸多事物的看法和评价在人们心目中会形成主次和轻重的排序,从而构成价值观体系。价值观与价值观体系是决定人们行为的心理基础。

文化是一种特定的社会现象,是人们长期创造形成的,同时也是一种历史现象,还是社会的历史积淀物。价值观念是民族文化的一个重要的组成部分。中西方的价值观念因为环境的适应性和历史背景等方面的不同,形成了截然不同的风格。不同文化间的差异表明不同的民族观察世界的角度与思维方式是不同的。一般来讲,语言与习俗等方面的文化交流并不是很困难,真正的困难在于价值观上的分歧。不同文化有各自规范的价值观,这方面的差异是导致中西方思想沟通的最主要的障碍。

(1)竞争意识

西方重视个性的培养,强调个性的独立,崇尚自我的实现。在美国,竞争是基本的价值观之一。社会鼓励其成员间的竞争,人们都在以积极的态度踊跃地参加竞争。人们相信竞争不仅能够促进个人价值的实现,也能够推动社会的进步和发展。美国社会就像一个巨大的竞技场,人人都为了获取自己所需而不懈努力拼搏并击败他人,有些人为了达到目的甚至还会不择手段。而中华民族是一个倡导重义轻利的国家,注重道德的修养,强调"天人合一","和为贵"、"中庸之道"等思想都是深入民心的。"君子忧道不忧贫"、"君子不言利"等思想使中国人把物质的利益放到了次要的地位。中国的传统价值观不鼓励人们参与竞争,个人如果太突出,必定会打破原有的平衡和和谐。中国人强调"天时、地利、人和",认为"天时不如地利、地利不如人和"。

(2)自立意识

中国是一个典型的大家庭社会,人们都很喜欢依赖父母和朋友。古话说:"在家靠父母,出门靠朋友"。现在的青年人更是如此。特别是独生子女们,由于拥有几辈人的娇宠,因此自理能力很差。在美国,成年的公民(以 18 岁为界)均倾向于自己决定自己的行为,并且为自己的行为负责,他人的意见仅供参考。社会对每个人的抉择权给予普遍承认和尊重。美国的教育体制总是鼓励青少年学会自立,并且授之以相应的技巧。孩子从小被灌输独立的意识,并且父母要求孩子从小就学会自立。在可能的情况下,父母会尽量让孩子拥有属于自己的空间。要是一个二十来岁的人一直待在家里,依靠父母或者别人生活,就会被人瞧不起,甚至引起他人的耻笑。

(3)时间意识

不同文化对待时间的观点是不同的,一些西方国家由于经历了工业时代,1 秒钟不到,也许就会有新的产品出现,所以他们认为时间是有限的而且是具有价值的。而有的国家认为时间是十分充裕的,并不是什么稀缺资源。

著名学者余秋雨先生曾经在他的作品《千年一叹》中提到过:论闲散,在欧洲,意大利只能够排到第三,第一的是希腊,第二的是西班牙。在意大利经常会遇到这样的情况:有几个外国人在一个机关的窗口排着队等着办事,然而窗口内帮人办事的先生却慢慢地走过几条街道喝咖啡去了,周围竟没有人产生什么异议。在希腊,每一次吃饭都得等很久,所以只能够去吃快餐,但快餐也大约要等上一个小时的时间。希腊人在想:急什么?吃完不也坐着在聊天?这种情景若被德国人遇到了,一定会疯掉。因为德国人总是很守时的,然而拉丁国家的人总是会习惯性地迟到。日本人总是在慢条斯理地谈判,而美国人则习惯于速战速决。

美国人希望把礼节性的交往尽可能降到最低程度。而日本和其他亚洲国家愿意花时间加深彼此间的理解,以便确定是否能够建立长期的合作关系。他们认为试图缩短谈判的进程的过分行为是想要隐藏一些真相。印度人对时间最不敏感,然而美国人却高度关注时间。印度曾因为谈判的过程过于匆忙而取消了与安然公司签订长期电力供应的协议,因为印度公众认为谈判的进展太快表示政府没有关心公众的利益。中国人富有耐心,而美国人时间观念很强,更注重效率。中国人会把大量的时间耗费在相互的介绍与了解方面。在主场谈判时,他们并不急于谈判,而是耐心地认识与熟悉对方,并且尽可能地建立起一种长久而且牢固的人际关系。

除此之外,美国著名人类学家霍尔曾指出人类的时间观念有两种文化模式:一种是单向性的时间模式,另一种是多向性的时间模式。他认为欧美等西方国家属于单向性的时间模式,而亚非拉等国家属于多向性的时间模式。单向性的时间模式习惯于强调日程和阶段性还有准时性。其要求人们无论做什么事都要严格遵守日程安排,并且一次只干一件事,还有该干什么事的时候就干什么事。该停止的时候不论是否完成都必须停止,这样才不影响下一项的安排或者让下一个人等候。对于美国人来说,约定就是一种信誉,就是一种承诺。在美国,预约与守时是一种社会风尚。时间对于有单向时间模式的人来说有超出寻常的意义,美国人还有时间就是金钱的观念,人们很珍惜时间,很不喜欢那些浪费别人时间的人。所以,在日常生活与工作中,他们对时间作了精心的安排和精密的计算,并养成了准点赴约的习惯。在西方,人们在遵在时间安排的观念上有严格的、不成文的规定与行为模式:一旦和别人有了约定,就一定得严格地遵守;如果因故不能准时到达,必须用电话通知对方,并且表示抱歉,并告知对方自己大概会晚到多长时间。因为日常的生活安排是相当紧凑的,为了充分地尊重个人私生活,美国人在去看朋友或者有事要登门拜访前,都会事先打一个电话联系一下,并约好见面的时间。突然造访会被认为打扰了别人的私生活,是一件不礼貌的事情。

中国是一个有着多向时间模式的国家,多向时间模式对计时和用时具有随意性。对于中国人,守时固然重要,但并不是很严格,该干什么也许会没有按时地去干,该结束时也许会没有按时地结束。持有多向性时间观念的人往往同时和几个人谈话或者同时办几件事。中国人也会有约定的习惯,但对于约定的理解并不是像西方国家的人们那样"雷打不动",而是随意性很大,有时也会受到其他人或者事情的干扰。

(4)效率意识

在中国有"寸阴寸金"、"救人如救火"、"千钧一发"、"笨鸟先飞"、"只争朝夕"等说法来教导人们珍惜时间,并且充分地利用时间。但是在现实生活中,勤俭节约的中国人,在时间方面却比西方人大方得多。"慢走"、"慢用"、"慢慢玩"等说法在人们日常的客套话中随处可见。改革开放以来,人们的时间观念发生了巨大的变化,"时间就是效益"等观念正在慢慢地深入人心。但行政部门办事拖沓、效率低下,消耗了不少的时间,事情还不一定能够办成。而在美国,在清教徒观念的影响之下,工作价值观已经深深地扎根在美利坚民族的灵魂之中了。工作就是一种生存的手段,是创造财富、实现自我价值的一种方式。在单位时间内所创造的财富的数量与质量代表了劳动者的能力。他们一向很重视效率,闻名全球的快餐行业就充分地体现了美国人对时间和效率的重视。要讲求效率,就必然需要严格地遵守时间。

(5)集体主义和个人主义

西方的文化特点是强调个人的价值,即主张个人的独立,强调个人的主动性、个人的行为和个人的兴趣,敢于进取,珍视个人的权利。个人主义是西方文化的核心。个人主义有多重性与复杂性。相信自己能拯救自己,在寻求自我的表达、强调个人的尊严、注重个人的隐私同时,强调个人的权利不可被他人剥夺,相信人的力量是无限的,且崇尚竞争,认为适者方能生存。在西方社会中,大多数人将个人的自由与个人的权利作为实现自我价值的积极表现。"个人主义"作为一种精神的概括,被赋予了积极的意义。每个人都尽量体现个性化的自我:个人的自信、自我的肯定、自由地表达内心情感而不受外界的约束,公开发表各不相同的见解。

中国古代社会的三个基本结构,即高度中央集权的官僚机构、绝对的君主制与宗法制,均在本质上与个人主义水火不容,形成了集体主义。中国提倡凡事以家庭、社会和国家的利益为重,主张个人服从集体利益,崇尚大公无私等。在处理个人和集体的关系方面,人们被要求要做到克己守道,和集体或者领导保持高度一致。在个人和家庭的关系上,强调个人是为了家庭而生存的,个人的生死荣辱都是和家庭息息相关的。在这种文化的氛围中,个人主义便很自然地成为和集体主义相对的贬义词,如自以为是、自负都是带有贬义色彩的,个人主义还被认为是利己主义。

价值观都是蕴含在悠久的历史文化之中的,所以不同国家与民族都具有其特有的价值方面的取向,并且这种取向一旦形成是不能在短时间内就能够改变的。中西的价值观是性质与来源不同的两种文化,各有所长,也各有所短。二者差异性比较大,互补性也比较强。总体来说,中国的价值观会更注重群体的意识,更讲求利他的精神。西方人则更注重个体的意识,更偏向于利己的思想。认识和掌握好中西方的跨文化的价值观差异,对避免与解决交际之中的冲突及促进民族间的融合有着重大的意义。

(6)家庭意识

中国以家族为本位。"修身"、"齐家"、"治国"、"平天下"是我国的立身处世之纲。家在中国人民心目中是一个生活的港湾,有着一种至高无上的凝结力。孟子认为伦的核心在于绝对服从，幼服长、妻服夫。"孝"就是使家变得这么重要的原因之一，俗话说"百善孝为先"，孝道是中国的国本、国粹。

西方文化突出自我，突出个人，追求独立。长辈和晚辈间可以直呼其名。在西方，亲人之间界线划分得很明确，老少聚餐都是各自付款，长辈对孩子也非常尊重，进孩子的房间首先会问："我能进来吗?"以子女脱离父母独立生活、奋斗为荣。

总之，因为文化差异的影响所造成的价值观不同已经在很多个方面影响到了人们的日常生活。尤其是对商务谈判来说，时间观念和效率观念等等会在很大程度上影响到谈判的进行，只有掌握了谈判对手和自己有差异的那部分价值观，才能做到从对手的角度去考虑问题。

（二）人际关系差异

交际中形成的人际关系会因文化的不同而有所不同。中国人处理人际关系一般较重感情，而西方人较偏向于实际，一般习惯于用明确且具体的语言文字来传递信息。西方人因受历史背景与经济环境的影响形成了外露、直率、独立、自由、有冒险精神、崇尚平等的民族个性。人际关系中人人平等，人人均可得到机会，即便是父母与子女都可直呼其名，并且相互竞争。在西方，人们很少会考虑感情方面的因素，他们往往是公事公办、不讲情面的。在物质分配的方面，他们也坚持利己、平等、公平交易的原则，而不会为了"落人情"或"建立关系"而偏向于某一方。他们按法办事，即使是亲朋好友也要做到"人""事"两清、公私分明。但是这并不是说西方人一点都不讲人情，他们也广交朋友，对人也热情周到，只不过他们不像中国人那样感情用事，常把人情当作交易的手段。受孔子思想的影响，中国人在人际交往的方面较注重仁礼一体。"仁"是做人的基本标准，讲的就是人我的关系，意在告诉人们如何去处理人际关系；"礼"一直是人们社会行为的规范，它规定了社会成员的权利与义务以及相应的一切行为，从而使社会实现和谐。"仁"既主张家庭成员之间人际关系的亲近，也主张不同等级之间的尊敬，是一种以血缘关系为基础的，带有宗法性质的人际关系。同时，因为中国社会一直处在封建思想的影响下，人际关系较注重社会地位与感情因素，与对方交往时要考虑到"长幼有序"、"朋友有信"。在处理问题时容易公私不分，个人的情感关系与公共关系容易混淆。这种在家庭成员和亲朋好友间关系的基础上发展起来的人际关系，使人们之间相互依存、相互满足包括情感在内的各种需求。

因此，在谈判过程中，人和人之间的交流会因为文化的差异产生误会，所以需要谈判双方提前做好功课来确保双方谈判能顺利、平稳地进行。

二、行为差异的表现

每场国际商务谈判的过程不仅是一次经济的交流过程,更多的是来自不同国家文化的碰撞过程,是各方沟通的平台。国家与国家之间的差异可能会导致在整个谈判的过程中出现摩擦并且带来不可逆的影响。

来自不同国家的人在思想上会有所差异,在行为上也如此。来自不同国家的谈判代表,各自拥有着由于地域、民族的不同在思想、风俗、文化、历史和政治等方面造成的种种差异。这些差异直接地导致了跨文化谈判中许多文化障碍的产生。只有真正了解与稀释了彼此的文化差异,才能在谈判中获得成功。

在前面我们谈到了各国谈判者在思维方式与价值观上的不同,这些在思想上的不同会影响谈判双方的成败。当然,各国谈判者行为上的不同,也同样会影响到结果。

（一）礼仪行为的差异

当今国际竞争日益激烈,在国际商务活动日益频繁的背景下,企业的成败不仅取决于产品的质量、价格的水平,更多地还取决于其对客户的态度如何,还有其对国际商务礼仪知识掌握的情况如何。

国际商务交往中,必须要遵守相关惯例,可概括为以下三个要求:

一是内外有别,指的是在运用国际商务的礼仪时,对待自己人与对待外来的客商是不一样的。

二是中外有别,指的是在中外交流时,必须要注意双方的思维方式和行为习惯都是不一样的。因此要采取相应的策略。

三是外外有别,指的是不同国家有不同的文化与风俗习惯,这对谈判方来说是不能一概而论的。

1. 迎送礼仪

迎来送往是很常见的一种社交活动。在谈判中,对前来参与谈判的人员,要看其身份地位、谈判的性质和双方的关系,综合考虑再作安排。当应邀的对方谈判人员抵达与离开时,要安排相应身份的人员前往迎送。

迎送礼仪应注意以下五点:

（1）确定迎送的规格。迎送的规格应根据前来谈判人员的身份与目的确定,适当地考虑双方的关系,同时也应该注意国际惯例。主要迎送人的身份一般要与对方的人员相称,以对口和对等为宜,此外迎送的人员也不宜过多。

（2）掌握抵达和离开的时间。必须要准确地掌握对方谈判人员所乘坐的交通工具抵达与离开的时间,尽早通知有关单位和全体迎送的人员。若有变化应及时告知。做到既要顺利接送来客,又要不过多地耽误迎送人员的宝贵时间。迎接时,应该在来客抵达前等候;送行时,应该在客人登机(车、船)之前到达。

(3)介绍。通常会先将前来欢迎的人员一一介绍给来客,可从工作人员或者欢迎人员中身份较高者开始介绍。由于客人通常会比较拘谨,所以主人应该主动和客人寒暄。

(4)陪车。应当请客人坐在主人的右侧。如果有翻译的话,应该请其坐在司机的旁边。在上车时,最好请客人从右侧的车门上车,主人从左侧的车门上车,这样可以避免客人从膝前穿过。如果客人先上车并坐到了主人的位置上,切记不要让客人再移位。

(5)其他。若要迎送高身份的客人,事先要在迎送地安排好贵宾休息室并准备好饮料,还要指派专人去协助办理出入境的手续及票务、行李托运等手续。及时把客人的行李送去住地以便更衣,在客人抵达住宿地后,一般不要马上安排活动,要留出时间使客人稍作休息,起码给对方留下一些沐浴更衣的时间。开始只谈翌日计划,以后的日程安排则择时再谈。还要做好协调工作。迎送规格要相差不大,活动不能重复,更不能脱节。

2.宴请和赴宴礼仪

(1)宴请礼仪

各国家与民族都有着自己的特点与风俗,采用何种宴请方式要根据活动目的和邀请对象以及经费开支等因素来决定。

A.确定宴请方式。可选择正式宴会、便宴、家宴和工作餐等形式。选择主要依据时间、费用、交易重要程度等因素。

B.确定邀请的名义与对象。确定邀请对象主要的依据是主客双方的身份要对等。若身份低的人邀请对方高级谈判人士是很不礼貌的,身份高的人去邀请身份低的人规格过高,也是没有什么必要的。日常交往小型宴请可以根据实际情况,以个人名义或者夫妇名义出面邀请。

C.确定邀请的范围。确定邀请的人员、级别、人数和作陪的人员。要多方面加以考虑,例如宴请的性质、主宾的身份、国际的惯例、对方招待我方的做法或者一些政治背景。

D.宴请时间与地点的选择。宴请的时间要对主客双方都合适。注意不要选择对方的重大假日、有关重大活动或者有禁忌日的时间与日期。小型宴请应该首先征求主宾双方的意见,最好是口头询问,也可以电话联系。在确定了最后的时间后即可通知所有的来宾。对地点的选择,要选在交通便利的地方,注意不要在客人住宿的宾馆招待设宴。

(2)宴请的具体事项

A.各种宴请都需要发送请柬,工作餐则可不发。

B.选菜不能依据主人的爱好,而要考虑对方,尤其是主宾的喜好和禁忌。例如,伊斯兰教教徒要用清真席而不用酒和大肉,甚至不用任何带有酒精的饮料;印度教教徒不能用牛肉;佛教与一些宗教人士吃素。

C.不要认为价格越高,菜就越好。例如,海参的价格很高,但很多外国客商却不喜欢。

D.宴请不要求豪华,主要以温暖愉快和民族特色鲜明为上。

E.按照国际惯例,以离主桌的远近来决定桌次的高低,同一桌以离主人的座位的远近决定座位的高低,右高左低;男女要间隔着坐,夫妇也经常会分开坐,女宾客的席位要比男宾客稍高些。

(3)赴宴礼仪

A.应邀。接到邀请后,能否出席要尽早地答复,以便对方能妥善安排。接受邀请后,不要随意地改动,尤其是主宾。万一非改不可,应尽早地向主人解释与道歉。

B.出席的时间。迟到早退或者逗留的时间过短都是一些失礼行为。主宾和身份高的客人可稍微晚一些到达,一般来说以迟到大约5分钟为宜。一般客人要略早到达,一般为提前两三分钟。等主宾退席后,其他客人才能陆续地告辞。

C.入座。要清楚自己所在的桌次与座位,不可随意地乱坐。

D.进餐。用餐时,身体和餐桌之间应该要保持适当的距离,方便取用食物又不会影响到邻座;进餐时,应尽量避免打喷嚏、长咳、打哈欠等举动,实在无法控制时,应当用餐巾纸掩住口鼻。

E.交谈。主人、陪客或宾客都应注意和同桌人适当交谈,特别是左邻右舍的人,应该相互介绍认识并且做简略的交谈,并且不要冷落了其中任何一个人。

F.饮酒。在主人与主宾敬酒、致辞的时候,应该要暂停进餐,停止交谈,注意倾听,并向主人与主宾行注目礼。在参加宴请时,可以适当地饮酒,饮酒量一定要控制在自己的酒量的三分之一之内,饮酒过量与强迫他人喝酒均是很失礼的行为。

G.喝茶或咖啡。在喝茶或咖啡时,要用左手端起茶碟或者是咖啡碟,右手端着杯,不要用搅拌用的茶匙把茶或者咖啡放到口中。

H.吃水果。水果一般来说会去皮切块,要用叉子或者牙签来取食,不可以直接用手取食。

3.服饰礼仪

服饰指的是人们在服装上的修饰。穿着打扮是人类生存的基本要素,也是人的外在形象的重要组成部分。得体的服饰是有良好个人形象的谈判者的必备要素。服饰的功能包括自然的功能和社会的功能。自然的功能是指人类出于保护自身的需要,要求服装能够遮阳防雨和抵御寒冷。社会的功能指的是在自然的功能基础之上所产生的一些社会效益。不同的民族、国家和地区会有一些不同的服饰文化。

在国际的贸易谈判中,服饰的颜色和样式以及搭配是否合适,对于谈判人员的精神面貌和给对方的第一印象都有影响。

服饰要庄重、大方、优雅、得体。一般服饰的选择以其舒适性与合身性为首要的原则,要在最大限度上展现出个人的精神风貌。尽管不同的国家有着特定的民族服饰而且种类繁多,但是现在的男士西装与女式西装套装已经成为谈判时主要的穿着。在国际商务谈判场合,谈判者多数选择黑色、深蓝色或灰色等颜色较深的单色的服装,因为这几种颜色会给谈判对手一种稳重、成熟、严谨和可信的感觉,更容易使谈判的双方建立起信任感。不遵守礼仪则会给谈判带来很多负面的影响。男女式的西装都应该保证服装的平整与干净。其中,男士西装的上衣、西装的背心还有长裤都应该要保证由同一种面料裁制而成,穿着时不可以翻袖或者卷袖,应当佩戴领带或者领结。

服饰还要符合穿衣人的身份、个性和体形。国际谈判工作者的穿衣打扮还应该有一定的个性,要针对自己在谈判桌前的身份与自身的特点,包括性别、年龄、性格和职务等因素确定服装的样式与色彩的搭配。人的穿着应因人而异、扬长避短、藏拙显慧。体形高大或是肥胖者首选冷色调,体瘦或是矮小者应该选择暖色调,脖子短的人则应该选择低领装,瘦削者不宜穿着过于肥大的衣服。选择服饰时要根据自己的实际情况进行选择。

服饰颜色的选择。服饰的颜色不能过于单调,而应该要在某一色调的基础上求得变化。配色不应该太杂,一般来说不能超过三种颜色。就谈判的服饰所涉及的主要颜色来说,黑色象征着庄重;白色象征着纯洁、素雅和洁净;灰色象征着文静、朴素和含蓄;咖啡色象征着浑厚、高贵和力量;蓝色象征着安静和理智。

谈判人员的仪容要求是很严格的。谈判人员的发型也要经过修整从而大方得体,不可过分地追求时尚和华丽;发丝要保持清洁,无头屑、不粘连。眼镜的大小不能够太夸张,镜框要清洁,且不可佩戴镜链;口腔要清洁,忌吃洋葱和大蒜;指甲也要保持清洁,不能蓄指甲;男士胡须应该经常修整;在公共场合不能嚼口香糖。

在国际商务谈判中,女性人员常常会起到推动谈判顺利进行的作用,所以女性更应该在谈判中保持着优雅、得体的礼仪形象。在着装方面,在正式会谈时,一般以女式的西装特别是西装套裙为宜。在此应该注意女装不能够暴露、透明、过短或者过长,不能够穿吊带装,长筒丝袜的色彩与纹路不能够过于显眼,不能够有残破现象,一般来说以黑色、肉色还有浅灰和无色为主。

在首饰方面,得体的佩戴会给优雅的形象增色不少,推动谈判的进行。但对首饰的选择与佩戴都有限定,应该尽量避免佩戴制作粗糙的首饰。首饰的款式不能太过夸张,应以少而精为佳,画龙点睛即可。首饰的色泽应与服饰协调、质地相同、色彩一致。不可以佩戴有特殊忌讳的首饰,尤其不能佩戴会侵犯谈判对手的民俗禁忌的首饰。

化妆方面,适度的化妆能够表示对对方的尊重,但是在国际商务活动中,妆不宜过浓,口红不宜过艳,眼影不宜过深,香水不宜过香。尤其是在谈判过程中,女性切忌在众人面前照镜子和补妆,这是很不尊重人的表现。

4.馈赠礼品礼仪

国际商务礼仪与交际礼节是各国在长期的经济与商务交往中逐渐形成的,它包括商贸活动中待人接物的礼节、商务信息的沟通、商贸文书的往来等各商务活动中的礼仪。熟悉并正确掌握这些礼仪与礼节,有利于塑造商务人员自身的形象与企业整体的形象,还有助于创建品牌效应,密切商务关系并推动贸易的进展。在国际商务活动中,遵循国际商务礼仪与交际礼节是每一个商务人员的必备素质之一。商务活动说到底指的就是人与人的交往活动,与人交往中最重要的就是能够尊重对方。不同的国家、地区与民族有不同的文化、历史和风俗礼节,了解它们之间的差异对增进国际商务交流具有举足轻重的作用,使商务活动既能够顺利地展开,又能够有效地避免很多不必要的尴尬与误会。此外,在商务交际中也免不了要馈赠或是接受礼品,除了表示友好、增进友谊、方便今后不断地联络感情以外,更重要的是表示对于合作成功的祝贺与再次合作的愿望。所以馈赠礼品也就成了一门具有敏感性和寓意性的艺术。

赠礼是一种文化现象,有着约定俗成的规矩。把礼送给谁、送什么和怎么送都是很有讲究的。绝对不能够随心所欲地盲目赠送。一般要根据对方的身份并且确定好经费预算再决定要赠送什么礼物。并不是一定要送贵重的礼物才能够得到对方的喜爱。如今越来越多的国家都喜欢送礼从简,由于礼物过于贵重,有时会使得对方有受贿的感觉。北欧的一部分国家曾表示过要互免礼物。其实,比起那些贵重的礼物,具有地方特色的礼物会更有意义。

(1)礼物的类别

在国际交往中,赠送纪念品或者礼物是互表心意、增进友谊的具体表现。因为对象不同、场合不同,送礼也有各种各样具体的形式:

A.纪念性礼物。这类礼物大多是艺术品、精美纪念品、土特产品等,一般用来赠送外国来访的客人。

B.喜庆性礼物。在结婚、乔迁、生辰等人生中的重要时刻,礼物应该有热烈祝贺的意味,而且同时又不应该缺乏纪念性,通常以有永久意义的纪念品或者实用的礼品居多。

C.问候性礼物。一般送鲜花、食品、营养品、土特产品等礼物以表达慰问之情。

D.鼓励性礼物。例如受奖、表彰、升学等礼物。可以赠送既具有纪念意义又具有实用价值的一些文化用品。

E.答谢性礼物。一般要简单且有气魄。可赠送锦旗、贺匾、框镜、装饰画、纪念画册等礼物。不论是迎接外国远道而来的客户,还是出访国外去拜访客户,都应适当地选一点纪念品送给客户,才会给对方留下深刻的印象,还能够拉近双方的距离。赠送礼物既要考虑到礼品接受者的喜好,又要考虑到礼物是否具有本地的代表性。礼轻情义重的赠礼原则在东西方都是基本适用的。送礼的方式要比礼物本身更具价值性。俗话说得好:"送人千金,不如投其所好。"一件您付出时间与心血挑选的礼物或者自己制作的礼物是会格外受欢迎的,所能够得到的感激之情绝对不是贵重的珠宝饰物能够相比的。

(2)礼物的选择

在选择礼物的时候,不仅要尊重对方的风俗习惯与偏好,还要突出只有中国才有的民族特色,并且要具备一定的纪念意义,例如传统的手工艺品等。根据调查,外国的客商大多喜欢我国以下几种礼品:

A.景泰蓝礼品。景泰蓝作为我国的传统工艺代表,用它来制作的礼品种类很多,受到外国朋友的普遍欢迎。

B.玉佩。玉本身就已经充满了一些神秘的东方色彩,我国的那种吉祥如意护身符就是如此。色泽温润、明光通透的玉为佳,带有太极、八卦、汉字的玉制品则更是深受外国友人的喜爱。

C.具有我国传统风格或者印有汉字的服饰。

D. 绣品。在我国各种刺绣的礼品中,以苏绣、湘绣最出名。

E. 水墨字画、竹制的工艺品。

礼物的赠送与收受的技巧。在进行商务赠礼时,一般要求礼物要具有特色而且实用,并且具有纪念意义。切忌送那些过于贵重的礼物,体积过大或者过重的物品,因为不便携带所以不适合作为礼品赠送。礼品通常需要用礼品纸或者是丝带进行包装,赠送他人没有外包装的礼物是很不礼貌的。赠送礼品也要会掌握时机,不能想送就送出去。可以借出访之机,或者在拜访主人家里时,或者是在一些节假日,或者在参加一些私人的庆祝会等机会送礼。初次见面或者生意往来不久的一般不送礼。

在如今的商务赠礼中,商人将新产品的样品作为礼物送给客户比较常见,但应该注意送这种礼物的场合为工作地点。到主人家去拜访,最好不要用自己公司所宣传的物品作礼物,以免显得心不诚或者对主人不恭。送礼要讲究礼仪,接受礼物同样也要注意礼貌与分寸。中国人很不习惯当着送礼人的面来打开礼物,还往往会推辞和客气一番,这和西方国家的习俗不同,应当引起注意。在接受礼物的时候,首先应该要对送礼者表示感谢,忽略道谢是很不礼貌的。其次,应该在收礼时当面亲自拆开礼物,同时赞赏礼物,因为忽视礼物就是忽视送礼的人,赞美礼物就是在赞扬送礼人。即使有时候送的礼物不是很合您的心意,也应该像接受您所喜欢的礼物那样,感谢别人的一片好心。拒收礼物会有违文明礼貌原则。所以,如果出于政策等原因必须要拒收礼物,在拒绝时也要委婉。接受礼物的时候,简单地说声“谢谢”常常是不够的。一般欧美人都把礼品包装得很讲究很漂亮,故在打开礼品之前,要先赞美一下漂亮的包装,这会使对方感到非常的愉快。为了避免让对方觉得您的赞扬是言不由衷的,赞扬礼品的时候应该要说明喜欢的具体内容,例如设计新颖、质地很柔软耐用、色彩很迷人、美观实用等等。在收礼过后的回礼可为实物,一般应为对方礼物价值的一半。

(3)送礼的禁忌

因为世界各个国家文化背景不同、社会习俗迥异,各个民族之间的文化差异同样也会表现在国际商务活动的礼物赠送上。对这些差异缺乏了解,很可能会影响到国际商务活动的顺利展开,甚至还会给交往双方带来想不到的尴尬与麻烦。

在中国,在人们交往中礼物赠送也会有禁忌。人们不会把“钟”作为礼物拿来送人,在送礼给夫妻、情人或者恋爱中的男女时也不会去选择“伞”或者“梨”等等。在一些阿拉伯国家,初次见面的时候就送礼是很不合适的,可能会被认为是一种行贿的方式。送礼也不能够送一些贵重的物品,一般都要送能够在办公室使用的物品,不送酒或者含酒精的礼物,最好也不要去拿食物当礼送,否则很可能会伤害到阿拉伯人的好客感。由于阿拉伯人在款待客人的时候强调用丰盛的食物来表示慷慨之情,送吃的对于阿拉伯主人可能会意味着您认为他很吝啬,好像如果没有您的礼品,他就不会有足够多的食物。不要送带有标识的礼品,更不能送这样的礼品去给阿拉伯的上层人物。带有标识的礼品会被视为很令人厌恶的强行推销行为。另外,不能给会有商务往来关系的阿拉伯人及其妻子送礼。而送给孩子们礼物是会受到热烈欢迎的。在阿拉伯人的眼里,动物都暗示着厄运,因此也禁送绘有动物图案的礼品。

在欧洲国家,送礼应该送价值较轻的物品,例如葡萄酒、巧克力、鲜花等等。送名酒给女主人的时候要很谨慎,不能够在其他客人的面前宣扬,因为其他客人的礼物可能没有您送的贵重(名酒会比鲜花、巧克力贵重,尽管这并不一定比鲜花和巧克力更符合主人心意)。如果当众将名酒送给女主人,并且加以宣扬,女主人虽然在心里很希望留到以后再喝,但是又不得不立即打开,不然可能会被人认为是吝啬。鲜花是一种很受女主人欢迎的礼物,但还是要注意菊花在法国、比利时、瑞士等国多用于万灵节与万圣节这些与丧礼相关的节日;玫瑰是专送给情人的,绝对不可以送给主人;石竹花则有招致不幸的意思。在任何适合送鲜花的愉快场合,巧克力都是最合适的替代品。送给家庭的礼物,一般要在到达时马上就送上,来表示对主人的尊敬与礼貌。礼物的包装也是很重要的,通常要事先用包装纸包好,再扎上丝带。不过若要送花束则不用包装。除非花是拿透明玻璃纸来包装的,否则在送给主人之前应该先将包装去掉。另外,不能在礼物上印有您的公司醒目的标记。

在拉美各个国家,送礼不能够送手帕,因为手帕意味着痛苦流泪;不能够送剪刀,因为剪刀会被认为意味着友情的完结。在阿拉伯,用旧的物品与酒是不能送人的,不能询问他们的一些家居情况。到阿拉伯人家里去做客,千万不能盯住一件东西一直看个不停,那样阿拉伯的主人一定会要您收下这件东西,心里也一定会鄙视您。在德国,送礼还是比较讲究包装的。德国人在礼品是否适当、包装是否精美等方面格外地考究。德国人喜欢应邀去郊游,但主人在出发前需要有细致周到的安排。

法国人在重逢的场合很喜欢送礼。在法国礼品的选择应该表达出对法国主人智慧的赞美。应邀去法国人的家里去用餐时,应该送几支不捆扎的鲜花,康乃馨在法国只能在葬礼上使用。

在日本,比较讲究的是实用性。如果送一些对其本人没什么用途的物品,收礼人会再转送,这样达不到很好的送礼效果。日本人比较喜欢中国的丝绸或者名酒、中药,对很多名牌货也非常地喜欢,但是对狐獾图案的东西则会比较反感。因为狐狸是贪婪的象征,獾则代表狡诈。到普通百姓家做客,送菊花只能送有 15 片花瓣的菊花,因为皇家的徽章才能有 16 瓣的菊花。此外荷花被视为不祥之物,一般只能在祭奠的时候出现。

在俄罗斯,可以给女主人送红玫瑰,但数字不可以为三。

此外,商务的场合中送礼一般不宜过于贵重,因为这样对方收着也不会安心,同时还得很苦恼回礼的问题。礼物虽然不需要太贵,但礼品一般要以有纪念意义的东西为主,而且包装都需要非常讲究,任何东西都要讲究一个门面问题,特别是在涉外商务活动中,这样做才能凸显品位与面子。送礼给外国人,应该要先了解对方的文化与喜好,避免送些在对方的国家文化里很忌讳的东西。同时,为了满足外国人想要猎奇的心理,送一些具有中国特色的礼物会更好一些。

5.签约礼仪

签约仪式虽然时间常常不长,也不会像举办宴会那样涉及很多其他方面的工作,但是由于它涉及各个方面的关系,同时是谈判成功的标志,有时也会具有特殊的历史意义,所以一定要认真地对待。

(1)人员的确定。签字的人应该视文件的性质由各个缔约方来确定,双方签约人的身份应该要大致相当。出席签字仪式的人员大部分应该是参加谈判的人员。若因某种需要一方要求另一方让一些未参加过会谈的人员出席,另一方应该予以同意。双方出席的人数大体要相等。

(2)必要的准备工作。首先是签字的文本准备,有关的单位应及早做好文本的定稿、翻译、校对、印刷、装订、盖火漆印等各项工作,同时要准备好签约时用的各种文具、国旗等物品。

(3)签字厅的布置。因为签字的种类各不相同,各个国家的风俗习惯也不同,签约仪式的安排与签字厅的布置也应各不相同。在中国,一般的签字厅内设置有一张长方形的桌子作为签字桌。桌面覆有深绿色台呢,桌子的后方备有两把椅子,作为双方签字人的座位,面对正门主左客右。座前摆放着各自的文本,文本上端分别放置签字的工具。签字桌中央一定要摆放一个悬挂有双方国家国旗的旗架。

(4)签字仪式的程序。参加签字仪式的双方人员进入签字厅后,签字人即可入座,其他人员分主方与客方按身份高低排列在各方的签字人员的座位之后。双方的助签人员分别站立于各自签字人员的外侧,并协助翻揭文本以及指明签字处。在签订完本国或者本企业保存的文本后,由助签人员传递文本,再在对方保存的文本上签字,最后再由双方的签字人交换文本,相互握手。有时签字后会共同举杯庆祝。

6.见面礼仪

在介绍彼此时,要有礼貌地以手示意,不能用手指点人。要先介绍清楚姓名、身份和所属国家与企业的名称。在国际商务谈判中,一般由双方主要的负责人相互介绍组成人员。介绍的顺序应该要遵循以下的几个原则:先要把年轻的介绍给年长的;先要把职位与身份较低的介绍给职位与身份较高的;先要把男性介绍给女性;先要把客人介绍给主人。在人数比较多的场合,主人应该要对所有的客人一一认识。对远道而来的客人,介绍者应该准确无误地把客人介绍给主人。先要把客人介绍给整个团体,然后介绍团体的各个成员。介绍时,除了女士和年长者外,一般都应该要起立;但在宴席和会谈时则不必起立,被介绍人只要微笑点头表示礼貌即可。

握手时间的长短要适宜,一般大约为3秒。握手的力度要适度,男性和女性握手时,常常只要握其手指即可。握手时,应面带笑容地注视对方,切忌左顾右盼。握手时应要先脱去手套(如果佩戴了手套),但地位身份较高者则例外。握手时要注意先后顺序。上下级之间的握手,要在上级伸手后,下级才能伸手相握。男女之间的握手,要女士伸手之后,男士才能伸手相握。主人与客人之间的握手,要主人先伸手后,客人才能伸手相握。与某人握手时,不能看着第三者,因为这是非常不礼貌的表现。更要注意的是,握手并不一定是全世界的通用礼节。例如,在东南亚很多信仰佛教的国家是以双手合十致敬的。在日本和韩国是鞠躬行礼的。在美国只有被第三者介绍时才会行握手礼,一般都是拥抱。在东欧一些国家,见面礼则会拥抱彼此。

如果遇到谈判的双方或者多方之间相距较远,一般可以举起右手去打招呼并且点头致意;当与相识者侧身而过时,应该说声"您好";当与相识者多次会面时,只要点头致意即可;当与一面之交或者不大相识的人在谈判的场合会面时,均可以点头或者微笑致意;当遇到身份较高的熟人时,一般不要径直去问候,而是在对方应酬的活动告一段落后,再前去问候致意。

7.交谈礼仪

在正式介绍过后,应该使用对方的尊称和对方的姓,同时还要注意一些名字的构成。一般来说,西方的名字多是名在前,姓在后;而中国的名字一般都是姓在前,名在后。称呼对方姓名时,应该注意自己的发音。如果不知道对方的姓名应该如何发音,可以直接地向对方请教。否则,如果每一次都把对方的姓名弄错是很不礼貌的。交换名片有利于进一步地加深谈判双方的相互了

解。然而对不同的国家来说,名片的设计理念以及重要程度也是不同的。在设计与交换名片时,应该注意以下几点:

(1)设计使用有两种语言文字的名片。名片的一面是中文的,另一面是英文的或是东道主国家的语言。在名片上,应该要标记有职务与头衔,这种头衔会有利于对方给您恰当的礼遇。

(2)把名片放入自己的口袋中或者是公文包内,以便随时可以取用。名片应该要保持完整无损,并且放在一个精致的名片盒或者袋子里。同时,要带够充足的名片,以保证见面时每个人都能够有一张。

(3)了解提交名片的场所与时机。在美国或者澳洲,交换名片都比较随意,有时甚至都不需要交换;在日本,交换名片是要在鞠躬和自我介绍后才能进行的。如果您是一个被介绍的人,则递交名片必须要在被介绍之后才可以进行;在阿拉伯国家,名片的交换一般会在会面后进行;在荷兰或意大利,通常是在第一次见面的时候就会交换名片。

(4)熟悉递交名片的方式。在递交名片的时候,应把英文或是有东道主国家文字的那一面向上,把有中文的那一面向下;在中东、东南亚及一些非洲国家,应该用右手递交名片;在日本或是新加坡,应该要用双手递交上名片才能被视为尊重对方。

8.谈话与举止

表情要自然,不要离对方太近或者太远,不要拉拉扯扯和拍拍打打。手势要适当、文明,幅度要合适,动作不要过大。不要用手指或者笔和尺指人,参加别人的谈话时要事先打招呼,别人在进行个别的谈话时,不要凑前去旁听。若有事需要和某人交谈时,要等到别人交谈完。有人主动与自己交谈时,若有第三者加入交谈,应该点头或者微笑来表示欢迎。在谈话中遇到需要暂时离开时,应该向对方表示歉意。在交谈的现场超过三个人时,应该不时地与在场的所有人都交谈几句,不要仅仅与一两个人交谈和不理会其他人。谈话的内容不要涉及疾病或死亡等令人不愉快的事。不要谈荒诞离奇、耸人听闻、黄色隐晦的事。

交谈时要保持合适的距离,既要尊重他人,又要听清话语。一般而言,美国人、亚洲人和人交谈时的距离要稍远,阿拉伯人交谈的距离较近,有时甚至仅仅只有10厘米,其他欧洲国家的客商和人交谈的距离居中。

案例 2-2

某人要调回本国总部了。公司按照惯例要为他举行个欢送会,我打算在这个派对上给他送上一份礼物。老板也给我下达了一个命令,要我代表公司为他挑选一件礼物。欢送会时,我适时地拿出了两个精美的包装盒,递到了他的手上。他打开包装盒,非常惊喜,那是我特意去很有名的裁缝店定做的唐装,非常喜庆,衣料考究、做工地道。他很兴奋地说:这是 APEC 在中国举行会议时各国领导人穿的衣服。而且我还给他灌输了别的知识——这种衣服中国人结婚的时候很喜欢穿,建议他在结婚典礼时穿。随后我也送上了自己的小礼物,那是在一家精品店买来的一对红木筷子,装在精美的盒子里,古色古香,很有中国味道。送给他时,我说希望他回到美国还可以用筷子吃中国饭。某人大受感动,连说"谢谢",还给了我一个美国式的拥抱。

案例分析:合适的礼物有助于给人留下深远持久的好印象,正确的送礼方式有助于双方长期友好往来。

第二节 各国的风俗禁忌

地理位置、自然环境、文化思想等多方面的不同,导致了各个国家的风俗习惯都有其各自的民族特色。每个国家的人民都认为自己的风俗习惯禁忌神圣不可侵犯,自然也不会允许他国人民侵犯。在国际商务谈判中,一旦无意地触碰了谈判对手所在国家的禁忌,会被认为是极端无理的,对谈判也是非常没有诚意的,谈判的成功几率自然会大大下降。而如果能在谈判中充分尊重谈判对手的风俗习惯,也会得到他们的尊敬,对谈判进程起到促进作用。

一、欧洲国家的谈判礼仪与禁忌

(一)英国商人的谈判礼仪与禁忌

在见面或告别时要与男士握手。与女士交往,男士只有等到她们先伸手时才能握手。进行会谈要事先预约,赴约要准时。男士忌讳佩戴有条纹的领带,印有条纹的领带容易被误认为是军队或是学生校服领带的仿制品。忌讳以皇家的家事为谈论的话题。不应该把英国人统称为英国人,而要具体地称他们为英格兰人、苏格兰人或者爱尔兰人。

多数款待活动会在酒店及餐馆举行,如果配偶不在场,就可以在餐桌上谈论生意。社交场合不宜高声说话或举止过于随便,说话声音以对方可以听见为宜。英国人招待客人的时间通常都很长,大约要用三个小时。英国人的习惯是,约会一旦确定就必须赴约。所以,和英国人约会不提倡提前太久进行约定,因为过早决定就等于难为他们。总之,凡事要规规矩矩的,如不懂礼貌或是不受约束的话,双方交往是很难顺利进行的。

赠送礼品是普通的交往礼节。所送礼品最好标有公司名称,以免留下贿赂对方之名。如被邀请做私人访问,则应赠送鲜花或巧克力等小礼品。在交往过程中要对长者表示出尊敬。英国人喜欢谈论其丰富的文化遗产,同时动物也是他们喜欢谈论的话题之一。

英国人一般比较保守,对新事物不一定感兴趣,通常给外国人一种讲究礼仪、高傲及追求风度的印象。遇到纠纷时,通常也不会轻易道歉,他们自信自己的所作所为是完美的。为别人着想是英国人的特点,英国人通常会在考虑到对方的立场以后再开始行动,以免使别人感到不舒服。这可以看出,英国人是很规矩的,经常会考虑到别人的意识及行为。从这一点,我们也可以看出英国商人善于随机应变,擅长社交。

白色的百合花在英国象征死亡,不宜送人。英国人还忌讳交谈时两膝张得过宽或者跷二郎腿,站着说话时把手插在口袋里也是不合时宜的,同时在大庭广众下耳语以及拍打肩膀也会被视为不礼貌的行为。还应当注意,英国人十分回避厕所这个词,一般都会使用其他暗示的方法。

(二)德国商人的谈判礼仪与禁忌

德国商人重视礼节,在社交场合中,握手随处可见,在会见或告别时,行握手礼应该有力。与德国人约会要事先预约,届时务必准时到场。德国谈判者对个人关系很严肃,因此最好不要与他们称兄道弟,最好称呼他们为先生、夫人或小姐。他们也十分重视自己的头衔,所以和他们一次次握手时,每次都称呼其头衔会使他们格外高兴。社交场合穿戴也不可以过于随便,如果可以的话,在所有的场合都应该穿西装。交谈时不适合将双手插入口袋,也不要随便吐痰,他们认为这是不礼貌的行为。如果德国商人坚持要做东道主,应该愉快地接受邀请。应邀去私人住宅用晚餐或者聚会,应带着鲜花等见面礼。主人举杯祝酒后方可喝饮料。如果有人以个人身份向您举杯敬酒,您应在随后的就餐期间回敬答礼。就餐期间,双手要放在桌面上,直到最后一位客人用餐完毕并上过咖啡和白兰地后才可以吸烟。客人要在晚餐或聚餐会临近尾声时,主动提出告辞,切勿过分逗留。德国人性格刚强,自信心较强,他们强调交往中的个人才能的发挥。在他们看来,生意场上的成功凭个人本事,公司只不过给他们提供了施展个人才华的舞台而已。公司员工有很强的敬业精神,为了取得更好的工作成绩,不惜牺牲自己的休息、娱乐时间。德国人在与人交往之初,常常显得拘谨含蓄,他们需要时间彼此熟悉。

　　在谈判时,穿着、举止要得体,处事要得当,不要主动提出一些没有依据的观点。在谈判时忌讳迟到,如果您在商务谈判中迟到,那么德国商人对您的不信任会溢于言表,这也会给之后的谈判带来不良影响。

　　德国人在谈判时一般比较严肃,大多不会采用开玩笑的方式来打破沉默。他们希望人与人之间保持一定距离,直到谈判有结果为止。不过年轻的德国商人相对会随和一点,比较小型的会议一般情况下也会让氛围轻松一些。

　　德国商人素来有讲究效率的良好声誉。他们工作作风果断,厌恶谈判对方支支吾吾、模棱两可及拖拉推诿,忌讳与他们闲聊。德国人也讲究节俭,反对浪费,他们甚至把浪费看成是罪恶。他们忌讳四人交叉握手,忌讳蔷薇、百合,此外他们认为核桃是不祥之兆。

　　(三)法国商人的谈判礼仪与禁忌

　　见面握手需要迅速而有力。告辞时,应向主人再次握手道别。女士一般不宜主动向男士伸手,因而男士要主动进行问候,主动向上级人士伸手不太合适。熟悉的朋友之间可以直呼其名,但对年长者及地位高的人要称呼他们的姓氏。一般可以称呼先生、夫人、小姐等,而且不必再加姓氏。到法国洽谈生意时,最忌讳过多地谈论个人私事,因为大多数法国商人都不喜欢谈论个人及家庭的隐私。交谈话题可涉及法国的艺术、建筑、食品和历史等方面。

　　商务款待多数情况下都在饭店举行,只有关系十分密切的朋友才会被主人邀请到家中进行款待。在餐桌上,除非东道主提及,一般避免讨论业务问题。法国商人十分讲究饮食礼节,就餐时要记得把双手放在桌上,要学会赞美餐桌上的佳肴。法国饭店往往价格昂贵,要避免点菜单上最昂贵的菜肴。商务午餐一般有几十道菜,注意不要饮食过量。避免在公众场合吸烟,只有在得到许可的情况下才能吸烟。在主要谈判结束之后的宴会上,双方谈判代表团负责人常常会互相敬酒,希望双方可以够保持长期的良好的合作关系。受到款待后,根据礼节应在次日打电话或写便条表示谢意。

　　(四)西班牙商人的谈判礼仪与禁忌

　　鉴于社交礼仪及传统习惯,西班牙人认为直接拒绝别人是非常不礼貌的,因此他们一般情况下绝对不会口头上说"不"字。所以在与他们洽谈时,不适宜使用诱导式问句,而是让他们直接回答是或者不是,不然,您可能会久久得不到回音。如果遇到这种情况,千万不要着急,冷静下来仔细揣摩他们的真实意图,设法与他们达成相互谅解取得他们的信任,这样才有助于与他们继续商谈与合作。

　　西班牙商人十分强调个人信誉,签订合同后一般都会按合同内容认真地执行。但这也并不排除在他们之中存在一些投机的客商,这些投机取巧的商客中也不乏资金雄厚者。这些客商的主要目的是获利,一旦出现波折,例如市场情况不利的局面,他们很可能会一走了之,所以和他们做生意要十分小心谨慎。

通常情况下,西班牙商人与外商谈判时态度极其认真,谈判人员一般也会掌握着决定权。因此,我们在与西班牙商人谈判时必须选择身份地位都相当的人员前往,否则他们很有可能会不予以理睬。除此之外,讲究穿戴的西班牙人也喜欢和衣着讲究之人谈判,他们不愿意看到穿戴不整或是穿着随便的人坐到谈判桌前。西班牙商人习惯在晚餐上谈论生意或是庆祝生意成功,他们的晚餐时间比较特殊,大多从晚上九点开始,一般要到午夜才结束。

西班牙商人认为大丽花及菊花与死亡有关,所以送礼时千万不可以送这两种花。要避免和他们谈论宗教、家庭及工作等问题,不要说关于斗牛的坏话。同时,在西班牙,女人上街一定要佩戴耳环。

(五)北欧商人的谈判礼仪与禁忌

与北欧商人谈判时,更多时候我们要考虑如何与其配合。首先,要以坦诚的态度对待来自北欧的谈判人员,您坦诚的态度可以使谈判双方感情融洽,交流更加顺畅,彼此之间形成相互信任的氛围,以推进谈判。其次,要以理性的方式对待北欧人有时固执的性格。大多数北欧人看问题比较固执,这种固执与他们那种极具建设性的积极意愿相呼应,然而,有时积极的行动之后,很有可能是消极的固执。此时,谈判人员不可以太性急,要注意充分论述自己的理由。不论分量如何,均需要有理有据的论述。最后,利用北欧商人追求和谐稳定心理及常提出具有建设性方案的特点,他们在摸底阶段一般都会表现出坦率的性格特征,善于发现并抓住获取利益的机会,可以适当地为谋求较大的利益而故意制造僵局,让他们提出方案,双方协商从中获利。

北欧商人讲究礼貌,和外国商人交往中也最讲究礼仪。大多数北欧商人都不喜欢无休止地讨价还价,他们希望对方的公司在市场上是最优秀的,愿意和有一定历史的公司、企业合作,希望对方提出的建议是有价值的,是有利于双方合作发展的。如果他们看到对方的提议中有明显的漏洞,这些漏洞很可能会让他们重新评估对方的职业作风及业务能力,严重的时候可能会使他们质疑对方企业的水平,进而转向别的企业去合作。北欧商人一般不愿意与对方争论那些他们认为对方一开始就应该自行解决的简单琐碎的事项。另外,北欧商人性格比较保守,他们更倾向于尽力保护他们现在拥有的东西,如果他们看重此次合作,他们在谈判中就更偏向于把注意力集中在怎样进行让步才可以保住合同,而不是着手准备其他方案,不会让对方作出最大让步也保不住合同。

在北欧,代理商有较高的地位,在北欧的许多国家,没有代理商的介入,许多谈判活动都会难以为继。在与北欧人做生意时,必须时刻重视这些代理商及中间商。北欧人比较朴实,工作之余的交际活动较少,很多情况下晚间的招待一定要在家里进行,不会到外面的餐馆用餐。如果是在白天聚餐,一般会预定好在大饭店里一起吃饭,这种宴会也不会很铺张浪费,如果是私下聚会则往往只有咖啡、三明治等简单的快餐。北欧人力戒铺张浪费,他们把简朴的招待视为对朋友的友好表示,即使对待老主顾也是如此。

北欧人普遍喜欢饮酒,但为了公众利益,北欧大数国家都制定了严格的饮酒法,这就使得这些国家的酒价十分昂贵。北欧人特别喜欢别人送苏格兰威士忌酒之类的礼物,如果是在商务谈判中以酒作为馈赠礼品,会让他们十分的高兴。北欧人特别是瑞典人在商务聚会中很可能会不太准时,但在其他社交场合中非常守时。遇到他们迟到的情况,只要是没造成什么严重的后果,就不要太计较,许多时候,用一个微笑来展示自己的洒脱是明智的做法。

二、亚洲国家的谈判礼仪与禁忌

(一)阿拉伯国家商人的谈判礼仪与禁忌

阿拉伯人有较强的家庭观念,不会轻易相信别人。阿拉伯人很重视社会等级,主人绝对不做佣人干的事,即使这项工作只是举手之劳。他们不喜欢和外人谈论政治及宗教,不喜欢别人把阿拉伯湾称为波斯湾,也不喜欢人家谈论他们忌讳的猪狗一类的动物。伊斯兰教徒在每天的祈祷时间内,社会商业活动会暂停。中东阿联酋国家的人们,喜欢在咖啡馆里谈生意,与他们见面时,宜喝咖啡、红茶或清凉饮料,他们忌讳饮酒、吸烟、谈论女人、拍照,最好也不要谈中东政局及国际石油政策。阿拉伯人中的富有阶层一般比较好客,他们重视信誉、讲友情,常常会为了应酬各种朋友和客人而不惜停下公务活动乃至谈判工作,我们要给予他们一定的谅解宽容。在阿拉伯国家做生意时,一通电话就谈妥的情况很少见,为了推销某种货物访问客户时,大多数情况下头两次是不容易谈成生意的,第三次才可以稍稍谈一下,在访问两次后,才可能进入商谈。这里需要强调的是,和阿拉伯人谈生意需要先建立朋友关系,不然不管条件有多成熟,谈判成功的概率都很小。

谈判时要尊重对方的风俗礼仪,如果有懂得伊斯兰教教义或是会说阿拉伯语的人参加谈判,更有利于创造和谐的谈判氛围,以及取得对方的好感。与伊斯兰教教徒交谈时,行为举止要恰当。对他们的交易规则,不应妄加评论。更不要用他们认为不洁的左手和他们握手,或替他们拿食物。

谈判时要充分利用阿拉伯人喜欢交际、重友情的特点,在谈判前及谈判开始时,主动热情地进行广泛友好的交流,选择他们喜欢谈论的话题,有时也可以先请他们喝上一杯咖啡,这样既可以加深双方感情,获得对方的信任,还可以从中了解一些己方需要的信息,这其实也有助于缩短开局与磋商的时间。还有一点值得我们注意,阿拉伯人不喜欢一开始就直接谈论主题,他们认为这样不够正式。

阿拉伯人并不欣赏抽象的介绍说明,他们不愿意花钱买原始材料和统计数据。因此在谈判中我们要采用多种形式,最好采用数字、图形、文字及实际产品相结合的方式,形象地向他们说明有关情况。值得注意的是,对于一些确实需要提供的材料,很有必要请一流的翻译按照阿拉伯人的习惯进行精细的译介,千万不要为了节省成本而随便找人翻译,否则,一点点翻译的失误都很有可能会带来不必要的损失。注意材料中所附的图片也应该以从右向左的顺序排列,图片内容不要触犯到阿拉伯人的风俗禁忌。

受阿拉伯社会宗教仪式的影响,妇女的社会地位较低,一般是不可以在公开场合抛头露面的。注意到这一点,应该尽量避免派女性去阿拉伯国家谈生意,如果在谈判小组中有妇女,也应该将其安排在从属地位,以示尊重阿拉伯人的风俗习惯,在谈判中尽量不要涉及妇女话题。

(二)日本商人的谈判礼仪与禁忌

多数日本人信奉神道及佛教。他们不喜欢紫色,认为紫色是一种悲伤的色调,最忌讳绿色,认为绿色有不祥之意。不要三人一起合照,他们觉得站在中间的人被左右两个人夹着,这有不幸的预兆。对于花,不要送他们荷花,在日本,荷花被认为是丧花。忌用山茶花及淡黄色、白色的花,多数日本人并不愿接受有菊花或菊花图案的礼物,因为在日本菊花是皇室家族的象征标志。送礼时送有松、竹、梅、鸭子、乌龟等图案的礼物比较讨人喜欢。

日本人的语言忌讳也很多,在谈判时要注意不要使用"苦"及"死",而且就连和它们谐音的一些词语也是忌讳的。此外,在日本谈判时尽量不要用数词"4"和"13"。由于"4"的发音与死相同,一般情况下在医院也没有与4有关的床位号,在监狱也没有4号囚室。用户的电话也忌讳用4。"13"在日本也是忌讳的数字,许多宾馆没有13层楼和13号房间,甚至羽田机场也没有13号停机坪。

日本素有纪律社会之称,人们的行为受到规范的制约。在一些正式的社交场合,男穿西装,女穿礼服,忌讳衣冠不整、举止失措及大声喧哗。通信时,信的折叠和邮票的贴法都很讲究,如果寄的是慰问信,不能用双层信封,因为日本人认为双层是祸不单行的象征;邮票不可以倒贴,倒贴邮票意味着绝交。宴请日本人时要注意他们在饮食中的忌讳:他们一般不吃肥肉及猪的内脏,也有不少人不吃羊肉及鸭子;招待客人最忌讳将饭盛得过满过多,但是也不要一勺就盛好一碗;同时他们忌讳客人吃饭一碗就够,如果您只吃一碗会被认为无缘;在用餐过程中也不要整理自己的衣服、头发,这被认为是不卫生不礼貌的举止;和日本人吃饭时也不要把筷子放在碗碟上面。在日本招呼侍者时,我们只要把手臂向上伸,手掌朝下摆动手指,侍者就明白了。谈判时,如果在日本人用拇指及食指圈成"O"字形时您点头同意,他们就会认为您将给他们一笔现金。在日本谈判时,最好不要用手抓头发,用手抓自己的头皮在日本是愤怒及不满的表示。

三、美洲国家的谈判礼仪与禁忌

(一)美国商人的谈判礼仪与禁忌

多数美国人性格外向开朗,待人亲切,很少拘束,所以与美国人在一起谈判时不用过于客套。即使昨天他还是与您素昧平生的陌生人,可能今天一见面就会显示出你们仿佛是多年未见的老朋友一样的亲切,运气好的话当天就可以做成一笔大生意。美国商人见面或离别时,都会面带微笑地与所有在场的人握手,他们彼此问候也比较随便,大多数场合下可以直呼对方的名字。在正式场合对年长者或者是地位高的人要使用先生、夫人等称谓,遇到婚姻状况不明的女性,不要冒昧地称其为夫人,而应称其为女士。在比较熟识的女士之间或者男女之间会亲吻或拥抱。他们的时间观念很强,约会要事先预约,赴会要准时,但在多数情况下商贸谈判也会比预定的时间晚上 10 到 25 分钟。美国商人喜欢谈论有关商业、旅行方面的话题以及当今世界潮流、国家大事,也喜欢谈论政治。要注意的是他们不愿意听到他人对美国的批评,因此对一些和美国有关的话题最好多听少讲话。在美国,多数人会随身带名片,但是他们的名片一般都只会在认为以后还有必要继续联系时才会交换的。所以在美国,商人有可能在接受别人名片时并不回赠,不要认为这是无理的行为。

在美国,一般性的款待通常在饭店举行,进餐时宾主可以谈论生意。餐巾一般放在膝盖上,左手要放在腿上。美国人认为把肘部放在餐桌上是一种非常不雅观的行为。美国商人在周六、周日休息,法定假日有元旦、退伍军人节、感恩节、哥伦布日等节日,不适合在这些时间与美国商人洽谈。此外,与很多国家一样,美国人也最忌讳数字"13",星期五被他们认为是不好的一天,同时他们不愿意谈私人性质的问题,比如年龄、婚姻、个人收入。

(二)加拿大商人的谈判礼仪与禁忌

在加拿大见面或分手时要行握手礼,相互亲吻对方脸颊也是很常见的礼节。除了好朋友之外,一般不宜直接称呼别人小名,对法语是母语的加拿大国籍的谈判者,最好使用印有英、法两种语言的名片。

约会要事先预约并准时赴约,款待宴请一般在饭店或者俱乐部举行。就餐时要穿着得体,男士着西服、系领带,女士要穿套裙。进餐时间有时长达两至三个小时。在英语地区,一般祝酒词为干杯(Cheers),在法语地区,一般祝酒辞为祝您健康(Sante)。如果是在法语区就餐,双手要放在桌上。若应邀做私人访问,应随身携带小礼物或者鲜花,有时也可以派人为其赠送鲜花。

与加拿大的谈判者相比,美国谈判者显得更有耐心、更加温和。加拿大商人的时间观念极强,所以谈判时一定要严格遵守合同的最后期限。与加拿大商人谈判时要注重礼节,学会控制情绪,不要操之过急。对英裔商人要有足够的耐心,从一开始和他们接触到价格确定这段时间,要多动脑筋,认真斟酌,善于用实际利益和事实加以引导,稳扎稳打,同时要注意不可过多地实施压力。

对法裔谈判者要力求慎重,弄清对方的意图与要求,千万不要贸然承诺。另外要注意不要被对方的催促牵着鼻子走,主要条款与次要条款都要一丝不苟地查看,力求详细明了、准确无误,否则不予签约,这样做可以减少日后的麻烦。签订的合同条款往往是详尽而冗长的,对法裔谈判者还要准备法文资料并把合同译成法文。在加拿大,人们最忌讳白色的百合花,他们认为百合花会给人们带来死亡的气氛,百合通常在葬礼上使用,相反,加拿大人酷爱枫叶,在加拿大,它是国宝和友谊的象征。

四、大洋洲国家的谈判礼仪与禁忌

澳大利亚商人待人随和、不拘束,喜于接受款待。但是他们公私分明,认为招待与生意丝毫不相关,是两项活动,所以与他们交往时,不要认为在一起喝过酒生意就好做了;恰恰相反,澳大利亚人在签约时十分谨慎,不太会轻易签约,但他们一旦签约,也较少发生毁约的现象。他们非常重视信誉,而且成见较重,加上全国行业范围狭小,信息传递相对较快,如果谈判中存在不妥的言行,会产生广泛的不良影响。所以在和他们谈判时谈判人员必须给他们留下好的第一印象,才会有利于谈判的顺利进行。

新西兰是一个农业国,大部分工业产品需要进口。他们国民福利待遇相当高,大部分公民都过着富裕的生活。新西兰商人在商务活动中有重视信誉、责任心强的特点,加上常进口货物,多与外商打交道,所以大部分新西兰商人都精于谈判,很难应付。

五、非洲国家的谈判礼仪与禁忌

非洲各国内部存在着很多部族。各部族之间有较强的独立意识,族员倾向于为自己的部族效力,对于国家的感情则相对显得淡漠。与非洲人谈判有许多禁忌需要注意:比如,在非洲妇女面前不可以提"针"这个字;又如,非洲人认为左手是不洁的,因此尽管非洲人也习惯见面握手,但千万别伸出左手来握,即使对方人很多也是一样的,否则会被视为对对方的大不敬。

与非洲商人洽谈时,首先要尊重他们的风俗礼仪,维护对方的自尊心,力求通过正常的交往方式增进友谊,为谈判顺利进行打下基础。洽谈时也不要操之过急,要适应非洲人的生活节奏,尽量按照其生活习惯进行,让对方感到己方对他们的关照与尊重,以增强认同感。在谈判中要对所有问题甚至各种概念、条款细节逐一明确阐释与确认,以免日后发生不必要的误解与纠纷,既伤了感情,又蒙受损失。

思考与练习

一、单项选择题

1. 素有"契约之民"雅称的是(　　)

A. 德国人　　　　B. 美国人　　　　C. 英国人　　　　D. 日本人

2. 无论穿什么,都不会把手放到口袋里,因为这样做会被认为是粗鲁的。具有这种行为习惯的是(　　)

A. 德国人　　　　B. 美国人　　　　C. 韩国人　　　　D. 日本人

3. 在国际商务谈判中,认为手帕象征亲人离别,是不祥之物,不可以送人的国家是(　　)

A. 美国　　　　　B. 英国　　　　　C. 法国　　　　　D. 意大利

4. 在国际商务谈判中,往往会不断地点头,但并非表示"同意"的是(　　)

A. 美国人　　　　B. 韩国人　　　　C. 日本人　　　　D. 俄罗斯人

5. 下列文化中时间观念最强的是(　　)

A. 中东文化　　　B. 中国文化　　　C. 北美文化　　　D. 拉丁美洲文化

6. 在国际商务谈判中,通常将最低价格列在价格表上,以求首先引起买主的兴趣。这种报价是(　　)

A.西欧式报价　　B.东欧式报价　　C.北欧式报价　　D.日本式报价

7.在国际商务谈判中,千万不可以赠送酒类礼品的国家是(　　)

A.美国　　　　B.英国　　　　C.法国　　　　D.阿拉伯

8.德国商人在谈判中往往习惯于(　　)

A.拖拖拉拉　　B.速战速决　　C.先礼后兵　　D.以势压人

9.十分回避"厕所"这个词,一般都使用其他暗示的方法。具有这种禁忌的国家是(　　)

A.法国　　　　B.美国　　　　C.英国　　　　D.中国

10.以下各国中,不属于大陆法系的是(　　)

A.法国　　　　B.德国　　　　C.英国　　　　D.瑞士

二、多项选择题

1.比较讲究效率与计划性的谈判者有(　　)

A.印度人　　　B.美国人　　　C.阿拉伯人　　　D.菲律宾人

E.德国人

2.国际商务谈判中,俄罗斯商人忌讳(　　)

A.黄色的礼品及手套　　　　B.用左手握手及传递东西

C."4"这个数字　　　　　　D.问女人的年龄

E.在公共场所伸懒腰

3.以下有关犹太商人谈判风格的说法正确的有(　　)

A.善变　　　　　　　　　B.友好而坦诚

C.交易条件比较苛刻　　　　D.关系网广泛而且坚固

E.喜欢谈与"吃"有关的生意

4.以下有关日本人谈判风格的描述,正确的有(　　)

A.计划性强　　　　　　　B.事前准备充分

C.注重长远利益　　　　　D.突出个人能力

E.善于开拓新市场

5.北欧商人的谈判风格包括(　　)

A.务实　　　B.计划性强　　C.按部就班　　D.态度谦恭

E.自尊心强

三、名词解释

1.西欧式报价战术

2.日本式报价

3.中东式报价

4.美国式报价

四、简答题

1.简述俄罗斯商人的文化特色。

2.简述英国商人的文化特色。

3.举例说明文化差异可以影响到哪些因素。

五、案例题

我国某建筑公司到 B 国承包一项建筑工程,当时想要承包这项工程的有好几个国家的公司,最后我国建筑公司因在谈判中提出很低的价格而中标。B 国主持招标的人感到迷惑不解,问我方建筑公司的负责人:"按您的报价,只能得到很小的利润,这么低您为什么要干?"我方负责人说:"我们到这里来,当然不希望赔钱,但也不只是为了赚钱。贵国及中国都是发展中国家,需要相互帮助,有一点儿利润,对我们来说就够了,如果可以通过合作进一步加深两国人民之间的友谊,那这些收益是无法用金钱来衡量的。"对方颇受感动。

问题:结合以上案例,分析中国文化与中方建筑公司在国际谈判中的行为的关系。

第三章　文化差异对谈判风格的影响

* 世界主要国家地区谈判风格特点
* 文化差异对谈判的影响

第一节　文化差异的影响

一、时间观念

一般在较发达地区,谈判人员重视效率,偏向于速战速决。因为在经济发达地区,生活、工作节奏极快,造就了他们信守时间、注重效率、尊重谈判进度和期限的习惯,因此他们一般会要求快速成交。在谈判中他们希望尽可能减少仪式,尽快进入正题。

我们因为受到中国传统文化的影响,凡事看得远,做事从容不迫,非常有耐心,一般不愿率先表明自己的意图,而是耐心等待、静观其变。在谈生意时,拖延战术是我们常用的一个武器,但这样容易迫使对方渐渐失去耐心。

案例 3-1

一家巴西公司到美国去采购成套设备。巴西谈判小组成员因为上街购物耽误了时间。当他们到达谈判地点时,比预定时间晚了 45 分钟。美方代表对此极为不满,花了很长时间指责巴西代表不遵守时间,没有信用,如果总是这样,以后很多工作都将很难合作,因为浪费时间就是浪费资源、浪费金钱。对此巴西代表感到理亏,只好不停地向美方代表道歉。然而谈判开始以后,美方还是耿耿于怀，弄得巴西代表手足无措，无心与美方代表讨价还价，对美方提出的许多要求也没有静下心来认真考虑，匆匆忙忙就签订了合同。等到合同签订以后，巴西代表平静了下来才发现自己吃了大亏，但为时已晚。

这是一个挑剔式开局策略的运用案例，在一开始的时候对对手的某项错误或礼仪失误严加指责，使其感到内疚，从而达到营造低调气氛、迫使对方让步的目的。本案例中美国谈判代表成功地使用了挑剔式开局策略，迫使巴西谈判代表自觉理亏，在来不及认真思考的情况匆忙签下了对美方有利的合同。

无独有偶，日本有一家著名的汽车公司在美国刚刚"登陆"时，急需找一家美国代理商来为其销售产品，以弥补他们不了解美国市场的缺陷。当日本汽车公司准备与美国的一家公司就此问题进行谈判时，日本公司的谈判代表路上塞车迟到了。美国公司的代表抓住这件事紧紧不放，想要以此为手段获取更多的优惠条件。日本公司的代表发现无路可退，于是站起来说："我们十分抱歉耽误了您的时间，但是这绝非我们的本意，我们对美国的交通状况了解不足，所以导致了这个不愉快的结果，我希望我们不要再为这个无所谓的问题耽误宝贵的时间了，如果因为这件事怀疑到我们合作的诚意，那么，我们只好结束这次谈判。我认为，我们所提出的优惠代理条件是不会在美国找不到合作伙伴的。"日本代表的一席话说得美国代理商哑口无言，美国人也不想失去这次赚钱的机会，于是谈判顺利地进行下去。

案例分析：以上两个对比案例表现出了美国、巴西、日本三个国家在谈判中因时间观念产生的分歧，美国谈判者看重的是时间，他们认为时间就是金钱，强调时间及效率。但巴西的代表并没有时间紧迫感，这让美国代表抓到了把柄，巴西谈判者迫于被动地位，让话语权的天平在不经意间倾向了美国一方，让美国掌握了谈判的主动权。然而日本代表则机灵一些，把自己迟到的责任巧妙地推到美国的交通问题上，使美方哑口无言。从这个案例可见，在谈判之前，了解对方的时间观是很有必要的，以免发生不必要的麻烦。而在发生冲突时，也要沉着应对，不要乱了手脚。

案例 3-2

1984 年，我国为了拓展对外技术合作市场，派出一个代表团赴某国考察，计划安排一项我国自行车工业公司提出的关于引进摩托车生产技术的重点项目。在此过程中发现该国有家生产名牌摩托车的工厂宣告破产，正急于出卖整个工厂。于是我方代表团立即实地考察了该厂的情况，得悉该厂拥有雄厚的技术力量及良好的产品优势以及先进的生产设备，而且卖价特别低。于是，我方代表团果断地向该方传递了有意购买整个摩托车厂的信息,但必须回国请示批准后才可以签订合同。

该厂对发展中国家具有一种强大的吸引力。印度、伊朗等几个国家的商人也都纷纷探问。谈判桌上信息万变,时间的先后往往决定着谈判的成败。我方代表团感到时间紧迫,立即启程回国,并于当天第一个通过国际线路将购买决定通知了德方。市政府领导果断决定:以最快的速度组建一个由15人组成的专家团,赴德国进行全面技术考察,商谈购买事宜。组团出国的各种手续及准备工作压缩到15天内完成。然而,该国电波传来,事有突变,情况紧急。伊朗的商人抢先一步签署了购买该厂的合同。但中方认为只要有一分希望,就要做出百分之百的努力。很快,联系人又发来电传:伊朗商人所签的合同上,规定的付款期限为24日。如果24日下午3时前,伊朗方面付款未到,所签合同即告失效。22日15名出国人员飞赴该国,市政府授权专家谈判团:有权签署购买合同,有权采取任何应急措施。24日,伊朗商人未能如期付款,他们的合同失效。我方果断提出购买该厂设备,并与该厂展开了一场实质性的谈判,最终以比伊朗商人低200万元的价位买下了设备,取得了这场谈判的胜利。

案例分析:在经济战场上,时间就是金钱,对谈判者而言抓住时间也就是抓住了机遇。在这个案例中,中国谈判者在第一时间掌握到了确切的消息,并快速地做出了决策反应,以令人惊讶的速度对厂家收购,不仅仅以快速灵敏的反应给对方留下好印象,更是用真诚的态度赢得了对方的信任,我们从案例中可以看出,只有懂得抓住时间、合理地利用时间才可能获得优势地位,拥有谈判主动权,赢得这场经济战争的胜利。

二、谈判风格

西方文化中的思维模式更注重逻辑以及分析,东方文化的思维模式则更多表现出直觉整体性。例如在一场谈判的过程中遇到一项复杂的任务时,英美人常常将这个大任务分解为一系列的小任务,可能会将价格、交货、担保及服务合同等问题分批分次解决,每次只解决一个问题,从头到尾都有让步、承诺,最后的协议就是一连串协议的总和。东方人的思维方式则注重对所有问题的整体讨论,很少存在明显的次序之分,通常要在谈判的最后才会在所在意的问题上作出让步及承诺,从而达成一揽子协议。由于受到线性思维方式的影响,东方人重视事物之间的逻辑关系,西方人重视具体细节胜过整体,正是因为这样,对于具体细节,西方人比东方人给予更多的关注。

这里以美国人和中国人为例简要说明一下文化差异对谈判的影响。当面临一项烦琐的谈判任务时,美国人倾向于采用顺序决策方法,他们认为世界是由事实组成而不是概念构成的,所以他们并不会过于相信纯理性的东西,加之多数西方人是实用主义者,他们认为谈判的开始阶段仅是一种形式,所以和他们谈判要在一开始就直奔正题,讨论具体款项。他们认为总体原则可有可无,只有提出实实在在的具体问题才容易让谈判得到进展。合同应该是一套完整的、被遵守的、具有法律约束力的条款。总而言之,和美国人谈判时需要记住,美国人的谈判风格是直接、简明的。

中国人认为,和谐的环境是谈判的重要条件,和谐被中国人认为是稳定的前提。在商业圈也是如此,这一点就如中国谚语"和气生财"中体现的一样。中国文化中的人际关系观念让多数中国人都偏向于建立情感型人际关系。中国人在谈判之初,总会想方设法和对方进行一番寒暄,创造友好的谈判氛围。很多中国人认为只要双方可以成为朋友,生意似乎就成功了一半。这种感情风格在很多方面也有体现,比如中国人在商谈中会尽量避免冲突,追求长期友好的合作伙伴关系。也就是说,如果谈判交易达成.一般都会伴随着长期持久的合作。

西方人受个人主义及平行人际关系的影响,人际关系偏向于工具型。工具型关系是指一种非个人的、非情感化的关系,这种关系存在时间短暂,是不牢固、不稳定的,所以西方人并不像中国人一样重视建立和谐的人际关系及长期的伙伴关系。他们十分重视商业化关系,几乎把每个合同的谈判与签订都当作是一次单独的商业行为。当谈判失败时,工具型的美国谈判者会认为本次工作已经结束,而不会像情感型的中国谈判者那样为今后的生意着想,努力建立或维持合作关系。

案例 3-3

某公司是一家生产印刷设备的公司。该公司派两名商务代表到中国一座小城与一家印刷设备公司谈判,公司总裁及市场主任同行。之前该公司从未向境外销售过设备,两人对中方对他们的热情款待非常高兴。经理亲自到机场接机,并安排他们住在一家新建的宾馆里。几小时后主人盛宴招待他们,公司重要领导出席了宴会。这种红地毯式的接待令他们对销售前景十分乐观。第二天上午是观光。他们迫切地想开始谈判,但午饭后却安排他们休息。下午一个会说英语的公司雇员来告诉他们说晚上将安排他们去看歌舞演出。第三天终于可以坐下来谈判了,但进程非常缓慢。外方准备了充足的数据有力地证明了五年之内他们公司产量将会翻一倍。最后二位满怀信心地返回了宾馆。转天中方代表又增加了四个人,并让他们再次解释已经陈述过的事情。他们开始觉得沮丧。

中方还让他们解释有关技术方面的微小细节。外方两位代表均未涉入如此高科技的技术活动。外方代表尽其所能地解释完后,疲惫地回到了宾馆。转天,中方代表中的一员指出他们所陈述的内容与他在该国时别人所说的不一致,且抓住这一点不放。下午的情景令外方代表有点不安。谈判过程中一位中年女性匆忙进入谈判室与中方领导耳语,随后他立即起身离开。没有任何人对此做出解释。转天,外方收到了传真,就昨天的问题再次进行了讨论。进程十分缓慢,中方很欣赏外方产品的质量,但担心一旦产品损坏,他们不会维修。他们希望外方提供维修培训服务。外方提出如果派专人在中方工作数周或数月将会增加巨额开销,他们认为设备不会有问题,而且中方完全可以维护此设备。

最终谈判进入了实质性阶段:价格。中方要求打折 20%。外方认为这种谈判过于粗暴,他们坚持原价格,并认为此价格非常合理,但在滚筒部件上可打 3% 的折扣。尽管之前外方代表听说在中国谈判会很费时间,但他们认为一周的时间是足够宽裕的。但时间飞逝,再有两天他们就要回国了。他们开始询问究竟是什么原因使双方达不成协议,他们还需要再就什么问题做进一步讨论。在最后的谈判过程中,他们竭力引导中方讨论未解决的关键问题,但中方似乎并不愿意这么做。在转天的告别宴会开始之前,双方仍没有达成一致。后来价格问题基本解决了,但付款方式没有解决,中方不能保证付款计划,因为这要由市政府最终决定,于是他们再次签订了 9 个月前已经在该国签过的意向书。外方代表失望地回国了,但还希望双方通过传真或邮件进一步讨论销售事宜。两周后,外方惊愕地得到消息:中方已经从日本生产商手中买下了此设备。

案例分析:上述案例中,中方主要采用了拖延的战术,用多种方式与外方谈判人员展开周旋,周旋时并没有涉及实质性问题,通过这种方法来与外方与日方进行双重谈判,这样做可以得到最大利益,最后成功做成生意。外方失败的原因可以归咎于谈判前准备不够充分。此案例中可以看出在谈判时,准确了解对方谈判风格有助于双方展开交流合作,而运用适当的策略可以加大谈判成功的几率。

案例 3-4

1986 年,在某厂外贸洽谈室里,厂长正在与国外某公司的国际部经理进行一场紧张、激烈的谈判。外方要求该厂的产品都要经过他们公司出口,不准中方自行销往其他国家。我方当然不同意，因为这意味着丧失许多机会。双方僵持不下。国际部经理见多识广，自以为胜券在握，说话咄咄逼人。他威胁道："我希望厂长先生还是签订这个协议为好。否则，我方将削减贵厂出口数量。我们与贵厂只能有两种关系。第一种是我们提供技术、资金、先进设备、市场情报并代培工程师，但条件是贵厂的产品只能由我们独立经营。第二种是，你们可以把产品出口给其他客户，我们也可以不买贵厂的产品，而转向购买印度、韩国、巴西、中国台湾的产品。您喜欢选择哪一种呢？"

美方的软硬兼施，我方早已经料到了。这几年该厂的产品在国际市场上声名远播，几次来我国谈判都提出了独家经营的要求，但我方认为，签订这样的合同，无异于绑住自己的手脚，受制于人。所以我方重申："不同意签订独家经销协议！"外方随即决定停止进口该厂产品。中方有礼貌地说："随时欢迎贵公司代表回来继续合作。"

经理回到该国后，一份措词严厉的函件来到我方厂长的办公室。外商在信中提出我生产的产品存在质量问题，需要重新检验，要求我方支付误工费。随后刁难接踵而来，一下子打乱了该厂的生产计划。成品积压，利润直线下降，厂内外议论纷纷。而此时美方仍然坚持："只要签订独家经销合同，检验费等费用可以一笔勾销。"

西方不亮东方亮。该厂迎难而上，一年间开发出60多个新品种，打开了日本、意大利、澳大利亚、联邦德国、马来西亚等国的市场。一批批外商纷纷找上门来。该经理感到了危机，在转年的国际汽车工业展览会上，竟将该厂产品当作本国名牌产品来展销。从此，我方与外商的合作关系揭开了新的一页。我方的强硬策略奏效了。当然，在整个过程中不乏波折，甚至导致了谈判的暂时破裂。然而，如果将整个过程作为一个较长的谈判来看，我方无疑是最后的胜者。

案例分析： 因为销售谈判既是双方关系的协商，同时又涉及双方在某项合作中的利益分配，所以不论是什么类型的谈判，总会出现一些影响谈判顺利进展的有利的和不利的情况。这些影响谈判顺利开展的各种不利因素我们把它称之为谈判障碍。谈判障碍通常情况下包括谈判僵局、谈判劣势、谈判中的反对意见和紧张对立的谈判气氛。谈判障碍在销售谈判中是客观存在的，有时甚至是难以避免的。如果在谈判时我们不能很好地处理谈判障碍，将难以达到预期的谈判目的，就更谈不上熟练运用、自如驾驭谈判。要以积极的态度面对谈判障碍，同时如果想要取得商务谈判这一战役的胜利，我们一定要了解文化差异，熟悉对方的谈判风格。

三、道德与法制的差异

首先,中国人崇尚"天下为公"、"大公无私",这样的观念让多数中国人都向往融洽的人际关系,在做生意之时,习惯于讲究先交朋友,搞好人际关系。但西方人常常以自己为中心,他们强调理性,习惯于把个人利益放在第一位。所以相比之下西方人的人际关系相对中国人来讲属于比较冷漠的。其次,中国人好"面子"。在商务活动中,如果要在"面子"与"利益"之间做出选择,相信中国人往往会选择"面子",而看重利益的美国人在"面子"及"利益"之间做选择时,多数人会毫不犹豫地偏向"利益"。最后,受传统观念影响,中国人做事情讲究"外圆内方",而西方人的做事方式可以总结为"外方内方"。这种道德差异使得中国人不一定按照事先预定的原则办事,在必要的时候中国人会按照事情的进展情况,为达到预期目标做出相应的调整,当然前提是不触碰底线。西方人一旦制定了规则,习惯于严格地按照规定执行计划,即便困难重重也要按照规则一步步地完成预定的目标。

自古以来中国人崇尚"礼",强调等级观念和等级约束,受宗法制影响可以把中国传统法制观念说成是一种人治主义。西方讲究的则是"法",强调制度约束、权利平等和法律至上。传统法律文化影响着现代法律制度,可以粗略地把中国人的法律总结为"公法",强调的是公民的义务和刑事化;西方的法律则可以总结为私法,以权利为本,重视人权,强调个人权利。

案例 3-5

如果您想向某国发电站提供昂贵的大型发电机,当地官员答应给您这个巨额订单,但要求您在某银行的账户上悄悄存入 100 万美元。如果您是美国人,一旦同意了他的要求,您就犯了重罪,得入狱 5 年。但如果您是德国人、荷兰人、法国人、日本人或其他国家的人,就只需在企业财务表上记下"回扣费用",就可以去签合同了。

事实上,法国的税务当局已经逐渐接受了这种现实,即法国企业为在国外赢得业务,必要时得支付一定的"佣金"。在亚洲一些国家,给当地官员的这笔回扣可占总收入的 15%,在印度,回扣比例跌落到只占 8%～11%(显然那里的官员更容易买通)。值得一提的是,在那些有贿赂问题的国家,行贿及受贿都是违法的;而在那些贿赂可以作为业务开销记账的国家,也有法律明文规定,行贿只可以在国外的业务中使用。即使贿赂是合法的,也有必要了解不同环境下的人对贿赂的不同看法。背景不同的民族有截然不同的观念。

在有些地方,人们对贿赂的态度要稍微宽松一些;而在另外一些地方,如在美国,人们在公开场合鄙视这一行径,但自身却未必清白。在中国,"伦理至上"的观念始终占据着人们思想的核心地位。一旦发生纠纷,想到的是如何赢得周围的舆论支持,"得道多助,失道寡助"在中国人看来有极其特殊的内涵及意义。于是,很多应该利用法律来解决的问题,中国人习惯于通过舆论来发挥作用。而西方人对于纠纷的处置惯用法律手段。西方很多个人公司都聘请了顾问、律师,有纠纷时可由律师处理。美国人在商务活动中把速度及金钱摆在首位。在美国商业圈中,交易胜过个人感情,如果价钱合适,他可以与魔鬼做生意,如果无利可图,不值得与朋友做任何交易。美国人在签订合同时常常考虑到所有意外事件的法律赔偿问题,把合同的条款写得很详细,有时细到规定卫生间应该用几个抽水马桶。美国人酷爱打官司,雇员告公司、政府告公司、公司告公司等等,上至总统,下至平民百姓,都有被人起诉的可能。在与美国人打交道时,一定要看清合同上的所有条款,虽然他们看上去开诚布公而又十分信任您,但您一旦在合同上签了字,若有违反,他们会毫不犹豫地起诉您。

案例分析:各个国家存在着不同的法律道德观念,在谈判中特别是在合同执行的过程中,我们一定要注意不同国家的法律,遵守法律的规定。若是在谈判过程中利益受损,一定要通过法律渠道解决,而不要简单地通过人情方式解决。谈判前有必要了解各国相关法律规定,这样才有利于双方合作交流。

第二节 谈判风格概述

谈判风格是指谈判人员在谈判的过程中,通过言行举止表现出来的,建立在文化积淀基础上与对方谈判人员明显不同的关于谈判的思想、策略及行为方式等的特点。谈判风格包括以下四个方面:第一,谈判风格是在谈判场合、过程中表现出来的和谈判有关的言行举止;第二,谈判风格是一种对谈判人员文化积淀的折射与反映;第三,不同国家谈判风格各有自身的特点,存在着明显的差异;第四,谈判风格历经反复实践与总结,其特点已经被某一国家或民族的商人所认可。每一个谈判桌前的谈判人员都带着自己的文化烙印,所以我们在进行国际商务谈判之前,必须熟悉各国的文化差异,认真研究对方谈判人员的文化背景及谈判特点,把握好对方的语言及非语言习惯,了解对方的价值观、思维方式、行为方式及心理特征,提前做好充分的准备。充分的准备可以建立并增强自己的谈判势力;学会因势利导,便可以在谈判中做到左右逢源,同时掌握谈判的主动权。

掌握对方谈判风格对谈判局势起到重要的作用,有时甚至关系到谈判的成败。通过研究世界各国不同的谈判风格,可以帮助我们营造良好的谈判气氛,从而选择正确的谈判谋略,提高我们的谈判水平。

一、西欧国家的谈判风格

(一)英国商人的谈判风格

早在17世纪,英国的贸易就遍布全世界,是世界上发展最早的工业化国家。英国人的民族性格具有传统、内向、谨慎的特点。他们有较强的民族自豪感与排外心理,多数人习惯于严格区分商业活动和日常生活,个人的关系往往会以完成某项工作、达成某个谈判目标为前提。这些都是和商业有关系的。一般来说,没有与英国人长期打交道的经验,没有赢得他们的信任,或是没有优秀的中间人介绍,一般是不容易做成大买卖的。

英国人有很强的等级观念,所以大多数英国商人都比较看重秩序、纪律及责任,各种组织中的等级性非常强,大多数的决策都来源于上层。在对外商务活动中,他们希望在对话人的级别上,例如年龄、受教育程度、社会地位等方面最好都要与自己对等,他们把这理解为给予对方的尊重。

英国人对时间有着非常严谨的看法,他们十分守时,有按日程或者计划办事的习惯。在商务活动中,英国人讲究效率,和他们谈判会是非常紧凑、不拖沓的。同时英国商人在日常行动中有很强的规则性。在商务活动中,他们招待客人的时间一般较长,要注意到我们在受到英国人的款待后,一定要写信以示感谢,不然他们会认为您很不礼貌。英国人约会时,如果对方是过去不曾谋面的人,一定要先写信告知对方面谈的目的再去约时间。一旦确定了约会时间,一定要准时赴约。英国人做生意讲信用,做事严格按照规章制度执行,如果您不懂得礼貌、不重视守约,之后的事情就将很难继续进行。

英国商人十分注重礼仪,讲究绅士风度,谈吐文明,举止高雅,有礼让精神。所以在谈判场内外,英国谈判人员都十分注重个人修养,尊重谈判人员,一般不会做出没有分寸的不礼貌之事。同时他们也非常关注谈判对手的修养及风度,如果您在谈判中展现了良好的修养,那么英国谈判人员会对您十分尊重,好的印象可以为谈判打下良好的基础。有绅士风度的英国商人在谈判的过程中不易动怒,但也不会轻易放下架子,他们喜欢有程序的谈判,谈判中的一招一式都恪守规定。然而,还要注意,如果过分地注重礼仪,容易让谈判人员对英国谈判人员的分析力减弱,很可能会造成无法灵活适应对方谈判风格的局面。

英国人在谈判中十分稳健,他们善于简明扼要地阐述自己的立场,陈述完观点之后便是沉默,这表现出他们性格上的平静、自信与谨慎。他们在开场陈述时十分坦率,但同时也常常会考虑对方的立场,谈判中会积极表达自己的意见,但并不会轻易采纳对方意见。和他们谈判一般都需要有很强的程序性,他们在注重钻研理论的同时注重逻辑性,倾向于用逻辑推理的方式表达自己的想法,这种方式在一定程度上也让谈判节奏变慢。

(二)德国商人的谈判风格

德国在经历过分裂和统一之后,在长时间的历史融合之下,形成了自信、谨慎、保守、刻板、严谨的特点和办事有计划性的特征。他们还有注重工作效率、追求完美的倾向。简而言之,就是做事雷厉风行,有军事作风。当然,谈判人员身上这种日耳曼民族的性格特点也会在谈判桌上得到充分的展现。

德国人办事雷厉风行,考虑事情周到仔细,看重细枝末节,力争保证人、事双方面的完美结局。在谈判前他们不但会收集资料、调查研究对方要购买或者销售的产品,还会仔细地研究对方公司的运营状况、财务状况等等。这样周密、充分的准备使他在谈判一开始就占据主动的地位,他们的思维极具系统性和逻辑性,谈判时十分果断,注重计划,节奏紧凑。

德国人自信而又顽固。首先,他们对本国的产品极有信心,在谈判中往往以本国的产品为衡量的标准,严格地要求对方的产品要符合其规定。他们会通过对对方公司是否达到要求的判断决定是否要继续进行谈判,避免自身受到损失。其次,德国人的自信导致他们不太热衷在谈判中采取让步的方式,他们考虑问题周到系统,但缺乏灵活性及妥协性。他们总是强调自己方案的可行性,从而逼迫对方让步或者是降低自己让步的程度。对于这样倔强的性格,谈判对手往往要采用"以柔克刚"、"以理服人"的策略,明确地表明自己的立场,同时不要激怒德国谈判者,在有理有据的说服基础之上争取自己的利益。

德国人从中世纪以来所具有的"契约精神"在商务谈判中得以展现。他们崇尚契约,看重信用,有很强的权利和义务的观念。在商务谈判中,他们对于合同中的条款都看得非常详细,对每个细节都认真推敲,要求合同中的每一个字、每一句话都准确无误,权利与义务划分得清清楚楚,在合同可以保证其利益的前提下才会签订条约。所以,一旦违反相关条款,德国人会马上用契约及法律维护自己的合法权益。但是德国人从不会轻易毁约,他们看重在遵守契约的前提下与贸易伙伴保持长远而且良好的关系。

德国人非常守时,不论是工作还是生活,他们都要求自己及对方守时。因此与他们打交道,不仅谈判时不能迟到,一般的社交活动也不能随便迟到。对于迟到的谈判人员,德国商人会不自觉地反感,从而破坏谈判氛围,令对方处于尴尬的境地。德国人工作起来虽然废寝忘食,但他们实际上很看重与家人团聚、共享天伦之乐。因此在德国,谈判时间一般不会定在晚上,而且冒昧地请德国人在晚上谈判或是在晚上对其进行礼节性拜访,都是非常不礼貌的。

德国人非常讲究效率,而且他们的思维有系统性及逻辑性。德国人向来不喜欢拖拖拉拉的行为,他们认为遇到事情就要及时解决,而不会过一段时间再说。他们认为想要判断一个谈判人员是否具有能力,就必须看他办事效率的高低,看他能否在短时间内有效地处理好问题。因此,德国商人在谈判桌上会展现出果断、不拖泥带水的作风。他们喜欢直接地表明所希望达成的交易,明确交易方式,详细列出谈判议题,清楚坚决地陈述问题。所以,在与德国商人谈判时,一定要严密地组织、充分地准备和清晰地论述,并确定鲜明的主题,这样就可以充分利用时间,减少双方的误解,提高谈判效率。

（三）法国商人的谈判风格

在近代世界史上,法兰西民族在社会科学、文学、科学技术方面都有着卓越的成就,因此法国商人具有浓厚的国家意识及强烈的民族、文化自豪感。他们性格活泼、眼界开阔,对事物比较敏感,对人友善,处事有时固执有时随和。

法国人对自己的语言感到自豪,他们认为法语是世界上最高贵、最优美的语言,因此在进行商务谈判时,他们往往习惯于要求对方同意以法语为谈判语言,即使他们的英语讲得很好也是如此,除非他们在生意上有求于对方。所以,要与法国人做生意,最好精通法语,或者在谈判时选择一名好的法语翻译。

在与法国人谈生意时,不要只顾着谈生意上的细节,这样做很容易被法国对手认为过于枯燥。法国商人往往性格活泼、十分健谈,爱在谈判过程中谈论新闻,以创造一种宽松的氛围。因此,在谈判中除非到了最后决定的阶段可以一本正经地谈生意之外,其他时间可以谈一些关于社会新闻及文化艺术等方面的话题来活跃谈判气氛。但尽管如此,他们并不喜欢过多地谈论个人和家庭问题,所以有关个人隐私的问题要少谈论为好。

法国商人在谈判方式上偏爱横向谈判,即先为协议勾画出一个轮廓,然后达成原则性协议,最后再确认谈判协议各方面的内容。他们追求谈判结果,对谈判细节则不太看重,并且在主要条款达成后,便急于求成,要求签订合同,而后又往往会在细节问题上提出问题,要求修改合同,这点往往令人十分为难。所以,签约时要小心从事,用书面文字加以确认,保证最终的文件具有法律约束力,防止他们不严格遵守协议,在市场行情不看好时单方面撕毁协议。

法国商人对商品的质量要求严格,条件十分严苛,同时他们也注重商品的美感,要求包装精美。法国人从来都是世界潮流的领导者,巴黎的时装及香水就是典型的代表,因此他们在穿戴上极为讲究。在他们看来,衣着可以代表一个人的修养及身份。所以在谈判时,稳重、考究的着装会带来好的效果。

法国公司以家族企业居多,讲究产品特色,不随便做超越自己财力范围的投资。一般情况下,法国公司的组织结构十分单纯,自上而下的层次不多,比较重视个人力量,实行个人责任制,很少集体决策,个人权力很大。谈判也大多由个人承担责任,决策迅速。法国商人大多专业性强,熟悉产品,知识面广。即便是专业性很强的专业谈判,他们也往往能够凭借扎实的专业知识游刃有余。

对别人要求严格,对自己比较随便是法国人时间观念的一大特色。他们在商业往来或者社会交往中经常迟到或者单方面改变时间,而且会找一堆冠冕堂皇的理由。但是如果您迟到,不论出于何种理由都会受到冷漠的对待。此外,在法国的社交场合,有个非正式的习惯,主宾越重要就越会迟到。所以,与他们做生意,就得学会忍耐。

法国商人比较注重信用,一旦签约,会比较好地执行协议。在合同条款中,他们非常重视交货日期及质量条款。在合同的文字方面,法国人往往坚持使用法语,以示其爱国热情。为此,与法国商人签订协议不得不用两种文字,并且要商定两种文字的合同具有同等的效力。

二、北欧国家的谈判风格

北欧自古以来较少杂乱纷争,因此北欧国家政局稳定,人民生活水平较高。由于其宗教信仰、民族地位及历史文化具有特殊性,北欧人形成了心地善良、为人朴素、谦恭稳重、和蔼可亲的性格特色。

北欧人是务实的,他们工作计划性强,不浮躁,凡事按部就班,规规矩矩。与其他商人相比,北欧人在谈判中显得更加冷静。他们喜欢有条不紊地按照议程顺序逐一进行,谈判节奏较为舒缓,但这种平稳从容的态度与他们的机敏反应并不矛盾,他们善于发现和把握达成交易的最佳时机并及时做出成交的决定。

北欧商人在谈判中态度谦恭,非常讲究文明礼貌,不激动,善于同外国客商搞好关系。同时,他们的谈判风格坦诚,不隐瞒自己的观点,善于提出各种建设性方案。他们喜欢追求和谐的气氛,但是这并不意味着他们会一味地顺从对方的要求。事实上,北欧商人在确定自己是正确的时候,具有相当强的顽固性及自主性,这也是一种自尊心的表现。

北欧人为保证其竞争优势,总是在现代技术领域大规模地投资。他们的出口的商品常常是高质量、高附加值的产品,而他们进口的商品也多半是自己需要而在国内难以买到的高质量产品。北欧人有着强大的市场购买力,在谈判中,对于高档次、高质量、款式新奇的消费品会表现出很大的兴趣,千方百计地想要达成交易;而对一般商品则不屑一顾,常常以各种严苛的条件让对方知难而退。

因为北欧国家所处的纬度较高,冬季时间长,所以北欧人都特别珍惜阳光,夏天及冬天分别有3周与1周的休假。这段时间,人们都会选择休假,几乎所有公司的业务都处于停滞状态。因此,做生意应该避开这段时间。当然,亦可以以假期将至为由催促对方赶快成交。

三、俄罗斯商人的谈判风格

俄罗斯商人一般显得忧虑、自信心不足、进取心差,虽然待人谦恭,但却缺乏自信。他们求胜心切、求利心切,爱谈大额合同,对交易条件要求苛刻,但缺乏灵活性。

俄罗斯人办事拖拖拉拉,效率不高。他们绝对不会让自己的工作节奏适应外商的时间安排,除非这样做对他们自己有利。而且俄罗斯人谈判时往往喜欢带上专家,这样就不可避免地扩大了谈判队伍。当然由于专家意见不统一,往往会增加谈判时间,减慢谈判节奏。所以与俄罗斯人谈判时一定要耐心等待,切勿急躁。

俄罗斯人非常谨慎,缺少敏锐性及创新精神,墨守成规。他们往往以谈判小组的形式出现,等级地位观念重,责任常常不太明确具体。俄罗斯人推崇集体成员的一致决策及决策过程的等级化,倾向于按计划办事,一旦对方的让步与其原定目标有差距,要他们让步特别困难。即使俄罗斯人知道自己的要求不符合客观标准,也只是局部让步,很难达成协议。

俄罗斯商人虽有拖拉作风,但他们却承袭了古老的以少换多的交易之道,在谈判桌前显得十分精明。他们很看重价格,会千方百计地迫使对方降价,不论对方的报价多么低,他们都不会接受对方的首轮报价。他们压价的手法多种多样,软硬兼施。比如,他们会以日后源源不断的新订单来引诱对方降价,一旦对方降低了价格,他们就会永远地将价格压在低水平线上。另外,他们会欲擒故纵,说您的价格太高了,有很多比您价格低的厂家在与您竞争。再不然,他们就会使出虚张声势的强硬招数,比如大声喊叫"太不公平了"或是敲桌子以示不满,拂袖而去。这时,您最好坚守阵地,不为所动。更灵活的做法是:为他们准备好一份标准报价表,所有价格都有适当溢价,为以后的洽谈降价留下后路,迎合俄罗斯人的心理。

俄罗斯是礼仪之邦。俄罗斯人喜欢私人的交往,习惯于先培养私人关系再建立商业关系。一旦彼此熟悉,建立了友谊,俄罗斯人就会表现得非常豪爽、质朴与热情。俄罗斯人热情好客,尤其是对于研究过俄罗斯文化的外商特别尊重,他们注重个人之间的关系,愿意与熟人做生意。他们的商业关系建立在个人关系基础之上。只有建立了个人关系,相互信任及互相忠诚,才会发展成商业关系。在与俄罗斯人交往时,必须理解、尊重民族习惯,对当地的风土民情表示出兴趣。只有这样,才会在谈判中得到他们的好感、诚意与信任。

俄罗斯人的谈判能力很强,他们特别重视谈判项目中的技术内容与索赔条款,为了以尽可能低的价格购买到最有用的技术,他们特别重视技术的具体细节。所以在与俄罗斯人进行洽商时要做好充分的准备,可能需要就产品的技术问题进行反复的磋商。

四、南欧国家的谈判风格

(一)意大利商人的谈判风格

意大利的产业大部分以小型企业为主,所以意大利的商业交往大部分都是公司之间的交往,在商务谈判时,出面谈判的人往往有决定一切的权力。个人在交往活动中比其他任何国家的商人都更有自主权,因此,与谈判对手关系的好坏是能否达成协议的决定性因素之一。

意大利人常常不遵守约会时间,有时候他们甚至不打招呼就去赴约,或单方面推迟会期。他们的工作有点松松垮垮、不讲效率,但是他们在做生意时是绝对不马虎的。

意大利人善于社交,但情绪多变,做手势时情绪激动,表情也富于变化。他们生气时,简直近于疯狂。意大利人爱争论,他们常常会为了很小的事情而大声争吵,互不相让,如果允许的话,他们会整天争吵不休。在进行合同的谈判及做出决策时,他们一般不愿意仓促表态,而是要经过仔细的慎重的考虑之后做出选择。

意大利的商业贸易比较发达,这导致意大利商人与外商交易的热情不太高,他们更喜欢与国内企业打交道。由于历史及传统的原因,意大利人不太注意外部世界,不会主动与外国观念及国际惯例看齐。他们信赖国内企业,认为国内企业生产的产品质量较高,而且国内企业与他们存在共性。所以,与意大利商人做生意要有耐性,要花费时间让他们相信您的商品比国内的商品更加物美价廉。还有一点需要注意的是,在意大利从事商务活动,要充分考虑其政治因素,了解对方的政治情况,防止政局变动而蒙受经济损失。

(二)西班牙人的谈判风格

西班牙人生性开朗活泼,但略显傲慢,商人在谈判时往往怀有一种居高临下的优越感,仿佛自己是世界的主人。西班牙人考虑问题很看重现实,他们对工作、生活中的各种关系及事情的安排十分严肃及认真。

西班牙人一般不会公开承认自己的错误,对于商人来说,他们即使执行合同时遭受了损失也不会公开承认他们在签订合同时犯了错误,更不会主动要求对合同进行修改。这时,如果对方考虑到他们在合同中遭受到的损失而帮助他们的话,就会赢得他们的信任和友谊,为今后更好地与他们进行商务合作奠定了基础。

(三)葡萄牙人的谈判风格

葡萄牙在欧洲西南部伊比利亚半岛的南端,如今的葡萄牙两极分化比较严重,大部分人相对贫穷。

葡萄牙人善于社交,而且很随和,自打初次认识,就会表现得非常亲密,但当您想进一步接近他们时,他们却又退缩回去。因此,很难与他们开诚布公地交谈。

葡萄牙人在处理问题时常常以自我为中心,协调性较差,无法将个人优秀的能力与整个团队结合起来,不能够完整地发挥出团队的作用。他们在做生意时没有很强的时间观念,在决策时有拖延时间的习惯。他们喜欢用汇票作为支付方式,但往往不能爽快地履约。比如约定好了在某日支付货款,但到了约定日期他们往往不会如数支付,而是毫无愧意地提出只支付其中的一部分,剩下的部分要等到某日再付。这种要求延迟支付的现象时有发生,所以和他们进行交易时应在合同中严格规定付款日期,并尽可能地加入相应的延迟付款的条约。

五、东欧国家的谈判风格

东欧国家与我国的政治经济往来都比较密切,同时东欧国家也是我国的主要贸易伙伴之一。东欧国家在经历过经济体制改革之后,人民的思想有了变化。他们的谈判人员受到其文化的影响作风显得有些散漫,他们待人谦恭,同时也缺乏自信心。在谈判中,他们会显得有些急于求成,比较注重实利与金钱。

东欧商人的言行有时显得有些随便,他们对谈判的准备工作不够重视,在国际上信誉较差。对此,我们要在谈判中把握好谈判节奏,在谈判时循章行事,对于无诚意的方案应尽早结束谈判,不必耗费时间及精力。东欧商人特别看重别人的尊重,所以在和他们谈判时,要以尊重为前提,以敬换情,促进双方思想沟通及信息的交流。东欧商人更注重眼前的实际利益,因此在谈判时,不要把过多的注意力放在传统上,而要在尊重传统的基础之上追求更为开阔的市场及更高的利益。面对各种交易条件,要做到权衡利弊,以利换利。对那些已获得口头承诺的利益,应立即用严谨的书面形式确认。

六、美洲国家的谈判风格

(一)美国商人的谈判风格

美国是经济实力雄厚、技术领先的资本主义大国。受其传统文化影响,他们有乐观向上、勇于进取的开拓精神,美国人性格开朗、自信果断,办事干脆利落,重理性、重功利,这些特点在他们的贸易活动中充分地显示了出来,渐渐形成了美国商人独特的谈判风格。

美国的谈判人员往往有着与生俱来的自信及优越感,他们总是信心十足地步入谈判会场,不断发表自己的意见并提出自己的权益要求,常常不太顾及对方谈判人员的感受。他们语言直率,在气势上咄咄逼人。大多数美国人喜欢开玩笑,这样的心态往往会让他们在谈判桌上形成一种优势。无论其年龄或者资历如何,都不太把对方看在眼里。在谈判桌上他们坦率外露,善于直接表达情感,这样积极的情绪容易感染到谈判对方,可以创造良好的谈判氛围。

多数美国人干脆利落,他们并不重视在谈判前与谈判对手建立个人关系。所以最好不要在业务关系建立之前急于与美国对手建立私人关系,这样反而容易引起他们的猜疑,怀疑对方是因为产品质量、技术水平存在问题才来拉拢他们,很可能会造成他们更强的戒备与挑剔。

受美国文化的影响,美国人对个人的社会等级不太重视,他们强调个人的作用及个人在实际工作中的表现。在企业决策上,常常是以少数人或个人为特点,自上而下地进行,在决策中更多地强调个人责任,因此在谈判中美国商人往往看起来大权在握的样子。

美国是一个高度发达的资本主义国家,工作、生活节奏快,这就让美国人养成了信守时间、重视进度及期限的习惯。美国人的时间观念极强,和他们做生意事前要预约,并且要求准时。此外,美国谈判者十分惜时,他们不喜欢繁文缛节,喜欢紧凑的谈判,强调尽可能有效率地进行,迅速决策不拖沓,尽可能缩短谈判时间,争取每一场谈判都可以做到速战速决。在美国人的价值观念中,时间是线性的,是有限的,在整个谈判过程中,他们会有一个进度安排,会精打细算地规划谈判时间。此外,他们会按照合同条款逐项地进行讨论,一项又一项解决问题,直到最后完成整个协定。我们将这种逐项议价的方式称为美式谈判。

美国人有很强的法律意识,律师在谈判中扮演着重要的角色。由于生意场上普遍存在着不遵守承诺或欺诈的现象,美国谈判人员为了防患于未然,凡遇到商务谈判,特别是在国外谈判时,一定要带上自己的律师,而且一定会在谈判中让对方完全信守有关诺言。如果发生争议及纠纷,最常用的办法就是诉诸法律。美国谈判人员提出的合同条款一般都是由公司法律顾问草拟,上交董事会研究决定,谈判人员在多数情况下是没有修改权的,所以他们对合同条款一般不会轻易让步。

美国人在谈判方案上喜欢进行全盘平衡的一揽子交易。这种一揽子交易主要是指美国商人在谈某项目时,一般不鼓励谈及生产或销售,而是要在设计、开发、生产、工程、销售、价格等方面同时商谈,最后达成全盘方案。美国的谈判人员都注重大局,立足全局,擅长通盘筹划,所以美国人谈判喜欢先总后分,先定下总的条件,再慢慢谈具体条件。这种一揽子交易谈判的风格可能有利于拓宽谈判思路、打破僵局,但也会显得美国谈判者傲慢自大、居高临下。另外,美国有广阔的地域,种族繁多,所以我们还要看到美国商人除了普遍具有的特点之外,还存在一定的地区差异。

(二)加拿大商人的谈判风格

加拿大的居民大多数是英国及法国移民的后裔,其中英国裔商人大都集中在多伦多及加拿大的西部地区,法国裔商人则主要集中在魁北克地区。值得注意的是不同的地区商人的谈判风格也会因历史、种族的不同而产生差异。

英国裔商人同法国裔商人在谈判风格上有较大差异。英国裔商人性格谨慎、保守,他们在谈判时一般要对所谈事物的每个细节都有了充分的了解后,才会答应对方的要求。有一点需要注意,英国裔商人在谈判过程中很喜欢设置关卡,一般情况下不会爽快地答应对方的要求及条件,所以和他们谈判从始至终都是很费脑筋的。所谓好事多磨,和英裔商人谈判要有耐心,不能急于求成。英裔商人有一个长处,一旦最后拍板,签订契约,英国裔商人日后执行合同时很少会出现违约的情况。

法国裔商人就没有英国裔商人那么严谨了。与法国裔商人刚刚开始接触的时候,他们给您留下的印象一般都是和蔼可亲、平易近人、客气大方的,可是只要坐下来谈判,涉及实质性问题时,他们便会判若两人,讲话慢吞吞的,让人难以捉摸。因此和他们谈判要有耐性。法国裔商人对于签约问题比较马虎，常常在主条款谈妥之后就急着要求签约。他们认为次要的条款可以等签约完成之后再谈，但那些未引起足够重视的次要条款很容易成为日后履约纠纷的导火线。因此与他们谈判应力求慎重，一定要在所有合同条款都制定得详细、明了、准确后才能签约，这样做是为了避免不必要的经济纠纷。

（三）拉丁美洲商人的谈判风格

拉美人最突出的性格特点是固执，同时又富于男子汉气概。他们习惯于固执地坚持自己的意见，希望对方接受自己提出的方案，很少会主动地作出让步。所以和他们谈判时要注意加强事前的准备工作。个人人格至上的观点使得拉美人更加注意谈判对手本人而不是对手所在的公司或者团体。他们判断谈判对手的工作能力和他们在公司、团体中所处的地位常常是通过对手讲话的语气和神情。如果您让他们认定您具有较强的工作能力，在公司、团体中的是重要人物，他们会更加尊敬您，这样您和他们进行谈判或许会更顺利一些。

拉美人的生活比较悠闲，他们不是很注重物质利益，而比较注重感情，这与崇尚实际利益的美国商人大为不同。想与拉美人做生意，最好先与他们交朋友。成为他们的知己，在有生意可谈时他们或许会把您当成优先考虑的生意合作伙伴。和拉美人进行商务谈判时，最好不要用冷漠的态度对待他们，"公事公办"在拉美人那里似乎是行不通的，他们十分看重感情因素。如果你们关系很熟、私交不浅的话，那您就是交好运了，拜托他们的事一定会为您优先办理，还会考虑到您的利益要求。想和拉美人有良好合作关系，感情就是一条贯穿整个谈判过程的线。

多数拉美人都是享乐至上主义者。谈判做生意时，他们也不希望自己的娱乐活动受到妨碍。同时在许多拉美国家假期都很多。可能在一次商务谈判过程中，您会遇到这样的事：正在洽谈过程中的生意，因为拉美谈判人员突然休假，不得不马上停止。就算您心急如焚，也得耐着性子等待，只有等对方谈判人员休假回来，谈判才可以继续谈判下去。在谈判中，他们也常常会慢半拍，可能当您认为谈判已经到了实质性阶段的时候，他们却还是在准备阶段。在洽谈中您会听到他们说"明天再谈吧"或是"明天再办"这一类的句子，到了第二天他们却依旧这样拖沓。他们这种慢节奏、低效率的处理事情的方式，往往会让一些性子急躁的外国人感到无可奈何。要注意的是，如果您想要速战速决，这种谈判方式很可能会让拉美人更加恼火，有时甚至会让谈判停滞不前。所以和他们谈判最好的办法是慢节奏谈判，谈判过程中要对他们给予谅解宽容,不要让工作和娱乐发生冲突。

寻找代理商、建立代理商网络在拉美地区非常重要。大多数拉美国家都普遍存在着代理制度,如果您到拉美地区做生意却没在当地找到代理商,那您在商务谈判中会碰到重重困难。在这些国家做生意,简单派驻代表是行不通的,派出的代表需要和当地的代理商打交道。在拉美的首次谈判很可能是和期望成为代理商的代表之间进行。代理商在拉美地区的重要地位让我们在选择代理商时必须非常慎重,要多方面深入地了解想选择的代理商,看他是否符合您开展业务的需要。若不慎选择了一个不靠谱的代理商,可能会给您带来损失。在多数拉美国家,代理商受到法律保护,雇主不会轻易解雇他们,因为解雇他们必须赔偿由于随意解雇给代理商带来的损失。选择代理商后必须与其签订代理合同,在合同中不仅仅要明确规定双方的权利与义务,更重要的是要详细清楚地规定代理权限,一份好的代理合同可以有效地避免合作中的冲突。

拉美地区经济发展相对落后,产品缺乏国际竞争力,进口大于出口,外汇紧张,民族工业发展缓慢。对此,多数拉美国家都执行贸易保护政策,有的国家还实行进口许可制度。在双方进行贸易之前,必须深入了解这些保护政策以及具体执行情况。例如,在获得拉美国家的进口许可证之前,如果擅自发运货物很可能会无法收回货物,即使可以收回,也要付出高额的运费。对于这点,拉美一些不法商人常会利用外商履约后收不到货款时的不安心理,迫使外商重谈价格,趁机压价。由于这类情况普遍存在,我们在和拉美商人谈判时,可以适当地在交易价格上溢价,以免在将来遭遇此类情况时被迫降价遭受不必要的损失。

七、亚洲国家的谈判风格

(一)日本商人的谈判风格

现代日本人兼具东西方的观念。他们讲究礼仪,注重建立关系;他们还有很强的等级观念和内向的性格,不轻易相信别人;他们的工作态度认真、谨慎,富有耐心;他们精明自信、勤奋刻苦,有着很强的进取心。这些特征在日本商人的身上表现为事前充分准备、计划性强,并且注重长远利益、善于开拓新的市场,他们因为这种独特的谈判方式被认为是"很难对付的谈判对象"或者"圆桌武士"。

日本商人的团队主义精神或者集体意识在世界上是首屈一指的。日本有很多的家族式企业,他们将个人和家庭以及企业紧密地联结,使个人对集体产生一种强烈的依赖感和归属感以及忠诚心,使企业的组织内部能够具有高度的统一性及协调性。在日本的企业中，决策常常不是由最高的领导层独自做出来的，而是由公司内部反复磋商才做出的。所有有关人员都可以有发言权，所做的决策都集中了各方面的意见。之后，与此相适应，日本企业的谈判代表大多是由以前一起共过事的人员组成的，彼此都相互信赖，具有非常好的协作关系，团体的亲和力很强。谈判中角色的分工也很明显，每一个人都有一定的发言权和决策权，实行谈判的共同负责制。所以同日本企业打交道，与日方中层领导和有权参与决定的成员建立良好的关系常常有助于谈判的顺利开展。集体观念使得日本人不会欣赏个人主义，他们常会率团去谈判，同时希望对方也率团参加，并且双方的人数要相等。如果不能做到这一点，他们就会怀疑其能力，还会认为对方没有把他们放在眼里，是极失礼的行为。

日本人的等级观念根深蒂固，他们很重视尊卑秩序。一般能够担任公司代表的人，都已经在公司工作了很长的时间。他们很讲究资历，不愿和年轻的对手进行商谈，因为他们不相信年轻的代表会有真正的决策权。日本的商人在进行商务谈判时，总是希望对方迎候人的地位和自己的职位是相当的。谈判时，一般都是先由谈判组的成员共同争取和讨价还价，最后由重要的人物出面来做微小的让步，以此来达到谈判的目的。除此之外，妇女们在日本社会中的地位很低，所以遇到一些正式的谈判时，一般不宜让妇女参加，否则他们会表示怀疑，甚至会流露出很不满的情绪。利用日本人这种尊老敬老的心理，和日方谈判时派出人员的官衔和地位最好都比对方高一级别，这样就会在对话、谈判条件以及人际相处等方面有利于谈判的进行。

在许多场合下，日本的谈判人员在谈判时会显得态度暧昧、委婉而圆滑，即使同意对方的观点也不会直截了当地表现出来，常给人模棱两可的印象。他们很有耐性，一般不会先表明自己的意图，而是会耐心地等待，静观事态的发展。他们还善于搞"蘑菇战"，一方面，如果预案与事实不符，他们会迅速地研究出新方案来，并且还会故作镇静，掩盖住事实以及感情；另一方面，他们会想方设法地了解对方的意图，特别是在对方签约的最后期限。若对方急于求成，他们常常会拼命杀价或者一声不吭，将对方折磨到筋疲力尽，在对方最后期限即将到来的时候突然拍板表态，让对方毫无思想准备、措手不及。应对日本商人的顽强和精明，最好的一个办法是采用阵地战，要制订好方案，不乱阵脚，随机应变。

在日本人的商业圈中，人们很注重礼仪。对于对方的感激之情常常会借助馈赠礼品或者热情款待来表达。为了能够进一步地了解谈判对手，日本人会邀请谈判对手去饭店或者其他一些场所。他们擅长把生意关系人性化，知晓如何能够派不同层次的人出场与谈判对手不同层次的人进行交流,以此来探清情况、商量对策,并施加影响、争取支持,并且日本的谈判者擅长创造机会,会和谈判对手中的关键领导拉好关系,以此奠定发言的基础。

在合同的问题上,日本人有着一套自己的标准和原则。他们认为相互之间的信任在业务的往来中是最重要的,不必要明白无误地签订详细合同。合同在日本被认为是人际协议的一种外在的表现形式。书面形式的合同内容也是非常简短的。他们非常依赖口头的协议,书面的协议仅仅是产生纠纷时的参考文件。

(二)韩国商人的谈判风格

韩国的商人在长期国际贸易的实践中,积累了丰富的经验,他们擅长在不利的贸易谈判条件之下找到突破口,因而占据到有利地位,让对手甘拜下风。所以,西方发达国家称其为"谈判的强手"。

"知己知彼,百战不殆",韩国的商人深谙此道。他们十分重视商务谈判的准备工作。在谈判之前,他们就会千方百计地咨询、了解对方的情况,一般会通过海内外的一些咨询机构来了解对方的情况,例如经营的项目、生产的规模、企业的资金、经营的风格及有关商品的市场行情等等。了解并掌握一些有关的信息是他们坐到谈判桌前的一个前提条件。一旦韩国人愿意坐下来谈判,就能够肯定他们早已对这次谈判进行了很多的准备并且已经胸有成竹了。

韩国的商人逻辑性很强,做事的条理很清楚,还很注重技巧。在谈判的时候,他们往往会先提出主要的议题并进行讨论。按照谈判的阶段,主要的议题一般可分为五个方面:阐明各自的意图、报价、讨价还价、协商和签订合同。对大型的谈判,他们则更乐于开门见山,直奔主题。韩国的商人能够灵活地使用两种谈判的手法——横向谈判以及纵向谈判。前者是先为协议勾画出一个总体框架,在达成原则协议后再逐项确定谈判各个方面的具体内容;后者指的是对双方共同提出的条款进行逐项磋商和逐条讨论,最后再签订一个完整的谈判协议。在谈判的过程中,韩国的商人还会针对不同的谈判对象,采取声东击西和疲劳战术等策略。他们会不断地讨价还价,显得十分的顽强。一些韩国商人在谈判快结束的最后一刻还会提出一些像"价格再降一点"的要求。但韩国商人在谈判的时候远比日本的商人更爽快,他们往往会在不利的形势下以退为进,稍做让步来战胜对手。在签约的时候,韩国的商人还喜欢用三种有同等的法律效力的文字来作为签署合同时使用的文字,一般是对方国家的语言、朝鲜语和英语。

（三）阿拉伯商人的谈判风格

受地理、宗教及民族等问题的影响，阿拉伯人的特点是以宗教划派，以部落为群。阿拉伯民族有很强的民族凝聚力。他们有较强的家庭观念，性格固执保守，脾气倔强，重义气，热情好客，但不会轻易相信别人。他们肢体语言丰富，喜欢做手势，常以肢体语言表达思想情感。在阿拉伯人的心中信誉永远是第一位的。与他们打交道做生意，有必要先争取到他们的好感与信任，建立朋友关系，良好的人际关系有助于下一步交易的顺利进行。与阿拉伯商人建立亲近关系的方法是：由回族人、信仰伊斯兰教或者讲阿拉伯语的同宗人引见，或以重礼相待，比如破格接待或者在礼仪及实际待遇上给予照顾，让他觉得有面子。相比之下后者更容易让人接受。在合同生效后，去登门拜访的次数可以减少，但是还是需要定期拜访，建立长久稳固的友谊有助于双方日后长期合作。

在阿拉伯国家中，虽然谈判决策是由上层人员负责的，但中下级的谈判人员向上层提供的建议或意见也受到领导人员的高度重视，所以不能忽视谈判人员的重要作用。在阿拉伯，很多经验丰富的阿拉伯商人是靠金钱或者家庭关系拥有决策地位的，他们的业务经验十分少，有的甚至对公司的运转情况一无所知，所以他们在很大程度上要听取中下层人员的建议。外商在谈判时往往要与两种人打交道：第一种是决策者，他们感兴趣的只是大体方向，更多的是宏观上的内容；第二种是专家及技术人员，他们要了解的是内容翔实、结构严谨的资料，需要向他们展开微观的内容解释。

阿拉伯人的谈判节奏比较缓慢。从某种意义上来说，与阿拉伯人的一次谈判只是和他们进行的一次磋商，想要做出最后的决策还需要很长一段时间。如果您去拜访阿拉伯人，在多次拜访都没有涉及实质问题的情况下，一定要有耐心，要冷静地处理。按照阿拉伯人的性格，一般在看了某项建议之后，会交给专业人员去验证这个方案的可行性，这个过程可能会比较漫长，如果感兴趣的话，他们自然会在适当的时间安排一场由专家主持的会谈。阿拉伯人有较长的决策时间，可能会给人留下没有时间观念、喜欢随意中断、拖延谈判的印象。在和阿拉伯人的谈判交易中，需要理解、包容他们的文化特点，不要催促他们，要学着耐心等待。

阿拉伯人十分注重小团体及个人利益，所以他们谈判的目标有层次性，且不同团体谈判手法也各不相同。在整体谈判方案中，要先学会分析他们的礼仪文化，了解他们礼仪的形式，学会使用适当的、高雅的、自然的表达方式，同时也要充分给予对方信任。在处理利益层次和范围的问题时，要注意到交易主体的利益和小团体、个人的利益是成反比的,要学会牺牲某些利益来换取更大的利益。解决好利益层次的问题,在谈判时进行合理的利益分配才能为事后双方的合作打下基础。需要注意的是,阿拉伯人信奉伊斯兰教,禁忌较多,比如不可以饮酒,在馈赠礼物时不能送对方酒。在谈判桌上要避免谈论敏感话题,如一些涉及政治的问题,同时更要远离女性话题。

(四)中国商人的谈判风格

中国自古以来就是礼仪之邦,受传统思想文化的影响,中国商人在谈判时一般都会小心谨慎,重视礼仪。中国商人谈判的目的性很强,他们希望尽快缔结合同,好从中获取利益;同时中国谈判者重视谈判的准备阶段,愿意花很多的时间及精力在谈判前的准备上,希望在这一阶段加深对谈判对手的了解,奠定谈判的基础。

中国商人习惯于把合同的内容写得比较宽泛,习惯写下宏观原则,并不会纠结于具体内容。在中国人的观念中,谈判是为了建立良好的合作关系。出现问题时中国商人习惯于采用友好协商的方式寻求解决方案。如果把所有可能发生的事都写下来说明对建立稳定的合作关系没有信心。一旦出现纠纷,这种做法实际上是会埋下隐患的。中国商人在谈判时重视团队合作,喜欢通过协商达成一致后再做决定。中国人的谈判团队人数较多,在这样的团队中,不容易看出谁是真正的领导者,谁掌握着最终的决定权。随着社会的发展,也出现了较小的谈判团,他们具备了别的国家的谈判风格、特点,也更倾向于个人主义。在谈判方式上,中国商人一般会采取一种比较委婉的方式,通过论述其观点的合理性来让人信服,很少用过于强硬的方式直截了当地表明态度。

八、非洲国家的谈判风格

非洲是领土面积仅次于亚洲的世界第二大洲,东临印度洋,西濒大西洋,北隔地中海,与欧洲相望,东北角的苏伊士海峡与亚洲相连,地理位置十分重要。非洲大陆有 50 多个国家,有近 6 亿的人口,其中绝大多数国家是发展中国家,人民生活条件较差,教育及福利水平落后,经济和对外贸易不发达,再加上各国内部的暴力冲突与外部战乱接连不断,致使他们不得不在经济上严重依赖其他国家。

由于历史发展的原因,非洲人的文化素质不高,很多从事商务谈判的人员对业务本身不够熟悉。面对这种情况,在和非洲人谈判时要把所有的问题说清楚,最好把各个问题所涉及的所有细节都用书面形式加以确认,以免日后产生不必要的误解或纠纷。在非洲谈生意要注意避免与"皮包商"做生意。他们之中的多数人往往只是为了骗取必要的许可证再转卖出去,或者可能只是为了拿到您提供的样品。他们在谈判时会十分积极、爽快地答应对方的要求,很多人在得手后便逃之夭夭。同时非洲国家法律体系并不发达,很难追究他们的责任。

非洲各部族生活具有浓厚的大家庭色彩。在他们的观念中,富人帮穷人是天经地义的。当地很多有收入的非洲人常常被亲戚找上门来要钱。这样的风俗习惯让他们不愿积极谋求职位,也不愿意努力赚钱,大多数人都喜欢把希望寄托在那些有职业或者是家境富裕的族人身上。这就使得非洲人工作效率低下,办事能拖则拖,缺乏时间观念。在和非洲人谈判时,会准时到会的人很少,就算是准时到会,他们也不会马上开始谈论正事,总喜欢先海阔天空地谈论一些无关紧要的事情,一些讲究效率的谈判人员很难适应这种谈判方式。

九、大洋洲国家的谈判风格

澳大利亚地广人稀,受环境影响,多数澳大利亚人沉着好静,他们不喜欢生活被打扰。澳大利亚商人在商务谈判中非常重视办事效率,派出的谈判人员一般都会有决定权。他们也希望和自己谈判的人是有决定权的,不希望在谈判决策过程中浪费时间。在谈判时,他们不会把时间浪费在无用的空谈中,在报价方面也不喜欢讨价还价,采购时习惯采用招标的方式,以最低价格成交,注重实际效率。

十、华侨商人的谈判风格

19 世纪末 20 世纪初,中国的天灾人祸接连不断,战乱频繁,导致很多中国人背井离乡到海外寻求立足之地。直到今天,在世界的各个角落里还分布着很多华侨。地理上的原因使东南亚地区成了华侨最大的聚居地。

我们可以想象当年华侨初到异国他乡时,赤手空拳,难以在当地立足,但是他们凭借着自己的聪明才智和顽强的意志和同胞之间的团结互助,在异国他乡取得了成功。特别是在第二次世界大战结束后,多数华侨所在国当地的经济实力及社会地位发生了翻天覆地的变化,他们不再像过去那样饱受歧视和迫害,他们中的很多人一跃成为富翁,成为受人尊敬的阶层。美国前总统尼克松曾说过:"华侨不论居住在什么地方,都会取得很大的成就,这不能不令每个人信服。"华侨善于经商,他们的谈判技术与犹太商人的谈判术相似,是从商者学习借鉴的榜样,华侨在谈判桌上卓越的才能以及独特的谋略常常令对手措手不及。

华侨在进行商务谈判时作风果断、讲究效率,不会拖泥带水。他们敢于正视已有的或未知的困难,同时对未来充满信心。前人的艰难历程使他们坚信:要想赚钱,首先要选好方向,凭着坚定的信念及不懈的努力,果断地抓住身边每一个机会走向成功的彼岸。在商务谈判中,华侨善于讨价还价。他们不喜欢听天由命,在洽谈时总是选择主动出击。他们有一套巧妙的报价办法让对方降价,使价格达到对方的底线。

十一、中西方商务谈判风格比较

(一)先谈原则与先谈细节

中国商人习惯在一开始就关心对方一般性的方法和主要意见,细节问题是在了解了大体的方案之后才会去处理的,这就是先谈原则后谈细节的处理方法。西方商人,比如美国人却习惯于先谈细节,确定细节问题以后再讨论原则性问题。西方人把细节看作问题的本质,把宏观原则看作仪式性的声明,认为在细节不清楚的情况下是无法解决实际问题的,所以他们不愿意在宏观问题上多费脑筋,更愿意把时间、精力放在具体细节之上。

(二)重集体与重个体

虽然中西方在谈判中都会兼顾集体和个体,但侧重点不同。西方人更强调分权:强调个人的权利和责任;中国人则侧重于集权:强调集体的责任,强调权力的集中。

(三)重立场与重利益

中国人看重面子,对谈判的立场特别敏感,看重立场,喜欢把自我和立场混为一谈,所以有时为了保住表面上的利益,会把未来的行动与过去的立场相联系,有时就不容易做出调和双方最初利益的明智选择。

而西方人更看重利益。无管是对什么人,评价他工作绩效的标准就是看他谈判的结果。所以,在西方,如果一个谈判者因为过分坚持立场而丧失利益的话,是不容易被重用和提拔的。西方的谈判者重效果轻动机,他们在立场问题上通常会表现出极大的灵活性,在谈判中最主要目标就是努力追逐利益。

思考与练习

一、单项选择题

1.在国际商务谈判中,首先提出含有较大虚头的开价,然后再讨价还价,直至达成交易的是(   )

A. 西欧式报价　　B. 东欧式报价　　C. 北欧式报价　　D. 日本式报价

2. 在国际商务谈判中，通常将最低价格列在价格表上，以求首先引起买主的兴趣。这种报价是（　　）

A. 西欧式报价　　B. 东欧式报价　　C. 北欧式报价　　D. 日本式报价

3. 喜欢在饭店、酒吧及艺伎馆里达成谈判交易的是（　　）

A. 中国人　　　　B. 日本人　　　　C. 韩国人　　　　D. 巴西人

4. 以下有关俄罗斯人谈判风格的描述，正确的是（　　）

A. 豪放热心　　　B. 浪漫随意　　　C. 求成心切　　　D. 效率较高

5. 在国际商务谈判中，最喜欢使用"警告"技巧的国家是（　　）

A. 巴西　　　　　B. 英国　　　　　C. 德国　　　　　D. 中国

6. 在国际商务谈判中，插话间隔时间最长的国家是（　　）

A. 韩国　　　　　B. 美国　　　　　C. 日本　　　　　D. 法国

7. 与东方文化相比，英美文化偏好（　　）

A. 抽象思维　　　B. 综合思维　　　C. 形象思维　　　D. 统一思维

8. 以下各国中，最频繁地使用承诺技巧进行谈判的是（　　）

A. 美国　　　　　B. 日本　　　　　C. 中国　　　　　D. 巴西

9. 以下各国中，最不经常使用警告技巧进行谈判的是（　　）

A. 韩国　　　　　B. 德国　　　　　C. 巴西　　　　　D. 法国

10. 中国商人在谈判中往往习惯于（　　）

A. 速战速决　　　B. 拖拖拉拉　　　C. 先礼后兵　　　D. 以势压人

二、多项选择题

1. 沉默的谈判对手的心理特征是（　　）

A. 非常固执　　　　　　　　　　B. 不自信

C. 想逃避　　　　　　　　　　　D. 行为表情不一致

E. 给人感觉不热情

2. 谈判中，进行报价解释时必须遵循的原则有（　　）

A. 不问不答　　　B. 吞吞吐吐　　　C. 有问必答　　　D. 可以言则不书

E. 避实就虚

3. 以下有关日本人谈判风格的描述，正确的有（　　）

A. 计划性强　　　　　　　　　　B. 事前准备充分

C. 注重长远利益　　　　　　　　D. 突出个人能力

E. 善于开拓新市场

4. 北欧商人的谈判风格包括（　　）

A.务实　　　　B.计划性强　　　　C.按部就班　　　　D.态度谦恭

E.自尊心强

5.东欧商人的谈判风格包括(　　　)

A.作风散漫　　　　B.待人谦恭　　　　C.缺乏自信　　　　D.急于求成

E.注重实利

三、简答

1.简述了解各国商人谈判风格的重要性。

2.简述英国商人的谈判风格。

3.简述俄罗斯商人的谈判风格。

四、案例分析题

1.喜欢谈大额合同,对交易条件要求苛刻,缺乏灵活性。忌讳黄色的礼品及手套,忌讳用左手握手及传递东西。在公共场合不伸懒腰或大声咳嗽。在初次见面时,忌讳对方问及自己的生活细节,尤其是问女人的年龄。问题:

(1)上述材料阐述的是哪国商人的谈判特点?

(2)该国商人的谈判风格是什么?

(3)与该国商人谈判时要注意什么?

2.某国商人见面与离别时,都面带微笑地与在场的人们握手;彼此问候较随便,大多数场合下可直呼其名;对年长者及地位高的人,在正式场合,使用"先生"、"夫人"等称谓,对于婚姻状况不明的女性,不冒失地称其为夫人。在比较熟识的女士之间或男女之间会亲吻或拥抱。在交谈时习惯保持一定的身体间距,彼此站立间距约 0.9 米,每隔 2～3 秒会有视线接触,以表示兴趣、诚挚及真实的感觉。问题:

(1)上述案例中的商人最有可能来自于哪个国家?

(2)该国商人在谈判中的价值观是什么样的?

(3)该国商人的谈判风格是什么样的?

3.日本商人在同外商进行初次商务交往时,喜欢先进行个人面谈,而不喜欢通过书信交往。对于找上门来的客商,他们则更倾向于选择那些经熟人介绍来的伙伴,因此在初访日商时,最好事先托朋友、本国使馆人员或其他熟悉的人介绍。日本商人善于把生意关系人性化,他们会派不同层次的人与谈判对方不同层次的人交际,从而探明情况,研究对策,施加影响,争取支持。问题:

(1)上述案例突出说明了哪种文化因素会影响国际商务谈判的风格?

(2)日本商人的谈判风格是什么?

(3)日本商人的谈判禁忌有哪些？

4.犹太商人认为：男人赚钱，女人花钱。要做生意，就必须在女人身上动脑筋，因为赚男人的钱较之赚女人的钱要难上 10 倍，赚老人的钱则难上加难。他们在世界各地开设商店，经营闪闪发光的钻石，昂贵的戒指、项链、胸针，各式各样的化妆品，高级女用手提包以及华丽的女用时装。做这些生意一般都可以获得较高的利润。问题：

(1)除经营女性用品外，犹太商人还擅长从事何种业务？

(2)犹太商人的谈判风格有哪些？

(3)与犹太商人的谈判风格相比，阿拉伯商人的不同之处是什么？

5.意大利商人与中国某公司谈判，欲出售某项技术。由于谈判已进行了一周仍进展不快，于是意方代表在前一天做了一次发问后告诉中方代表他还有两天时间可谈判，希望中方配合在次日拿出新的方案来。次日上午，中方在分析的基础上拿出了一份比中方原来的要求（意方降价 40%）改善了 5%（要求意方降价 35%）的方案。意方讲："我已降了两次价，共计 15%，还要再降35%，实在困难。"双方争论、解释之后，建议休会。下午复会后，意方先要中方报新的条件，李先生将其定价的基础及理由向意方做了解释并再次要求意方考虑其要求。意方重申中方要求太高。谈判到下午 4:00 时，意方说："我为了表示诚意，向中方拿出最后的价格，请中方考虑，最迟明天 12:00 以前告诉我能否接受，若不接受我就乘下午 2:30 的飞机回国。"说着把机票从包里抽出来在中方代表面前晃了一下。中方把意方的条件（意方再降 5%）理清后，表示仍有困难，但可以研究。谈判即将结束，中方研究意方价格后认为还差 15%，但可不可以再压价呢？明天怎么回答？李先生一方面与领导汇报，与助手、项目单位商量对策，一方面派人调查是否有明天下午 2:30 的航班。结果果然没有该时间段去欧洲的飞机，李先生认为意方的最后还价、机票是演戏，判定还可以和意方谈条件。于是在次日 10 点给意方去了电话，表示："意方的努力，中方很赞赏，但双方距离仍然存在，需要双方进一步努力。作为响应，中方可以在意方的基础上，再降 5%，即从 30% 降到 25%。"意方听到中方有改进的意见后，没有走。只是认为中方要求仍然太高。

问题：

(1)意方的戏做得如何？效果如何？它还有别的方式做戏吗？

(2)怎么评价中方对意方意图的破解？

(3)意方及中方在谈判的进取性上表现如何？

6.W 先生是国内一家大型外贸公司的总经理，为一批机械设备的出口事宜赴伊朗参加最后的商务洽谈。王先生在抵达伊朗的当天下午就到交易方的公司进行拜访,恰巧赶上他们做祷告。主人示意他们稍做等候再进行会谈,以办事效率高的而闻名的 W 先生对这样的安排表示出不满。

　　问题:根据以上案例,分析导致 W 先生与谈判对方产生摩擦的因素有哪些,并说明在国际谈判中应该如何避免此类问题发生。

第四章　语言差异的表现及影响

> * 不同文化的语言特点
> * 主要国家的语言习惯

第一节　肢体语言的差异

　　我们和别人谈话时,交际的手段不仅仅局限于词语,尽管有时候我们没有意识到这一点。我们的面部表情、手势及身体其他部分的动作或多或少地都在向周围的人传递信息。微微一笑,伸出手来表示欢迎,皱眉则表示不满,点头表示同意,挥手示意再见。当您在听报告或演讲时身体往椅背上一靠打个哈欠,有心人就会发现您对这个话题已经厌烦、不感兴趣了,尽管以上这些动作表示的意思在各个地区的意义各不相同,然而"身式语"同语言一样,都属于文化的一部分。在不同文化中,肢体语言的意义并不完全相同。各民族有不同的非话语交际方式,一个简单的点头也可能表示不同的含义。尼泊尔人、斯里兰卡人及有些印第安人、爱斯基摩人用点头表示"不"。因此在谈判时,我们要善于用身式语进行有效的交际,通过对方某种肢体语言就可以了解说话人的动作、表情所表示的意思。

一、身体接触

　　以阿拉伯人同英国人的谈话为例,阿拉伯人的民族习惯认为站得近些表示友好,见面会与您尽可能地靠近。相反,英国人按照本国的习惯会往后退,他们认为保持适当的距离才合适。阿拉伯人往前挪,英国人往后退。很可能在谈话结束时,阿拉伯人和英国人离原来站的地方已经相当远了。从这个例子可以看出双方的谈话距离很重要。那么,与不同民族的人谈话时,与对方保持多大的距离才合适? 以美国人为例,美国人进行社交或公务谈话时,可以分为四种情况:亲密关系、私人交往、一般社交、公共场合的交往。每种情况的交谈距离各有不同,如果交谈双方关系密切,那么双方身体的距离应该以相距约45厘米左右为宜,这种距离一般适用于双方关系最为亲密的场合,例如夫妻、朋友、熟人或亲戚之间的个人交谈距离一般以相距45~80厘米最好;在进行一般社交活动时,交谈双方的距离在1.3~3米;在工作或办事时或在大型社交聚会上,交谈双方一般需要保持1.3~2米的距离。在公共场合,交谈双方之间的相距会更远,例如在公共场所演说,或教师在课堂上讲课时,他们同听众的距离就会较远。多数以英语为母语的人不喜欢别人和自己离得太近,当然有时离得太远也有些别扭,离得太近又会使人感到不舒服,离得很近一般是有原因的,如表示喜爱,但这是另一回事。在谈判中要注意与谈判者的身体距离,这一点很重要。

谈话双方身体接触多少受文化差异影响而有所不同。关于身体接触的问题,有人做了调查,调查结果很有趣。调查者在不同地区大学附近的商店里观察两个人坐着说话时的情景,每次观察至少持续一个小时,调查者会记录下两人触摸对方的平均次数,记录结果如下:英国首都伦敦(0次),美国佛罗里达州盖恩斯维尔(2次),法国首都巴黎(10次),波多黎各首府圣胡安(180次)。从这些数字中我们可以看出一些问题,在以英语为母语的国家,一般的朋友或者熟人之间交谈时,通常会避免身体任何部位与对方接触。如果一方无意中触摸到对方,他(她)会马上表示道歉。

在中国,常有西方妇女抱怨自己的孩子被触摸,不论是摸摸、拍拍或是亲亲孩子,都容易让西方的母亲感到别扭。她们当然知道这种动作毫无恶意,只是表示亲近、爱抚而已,所以一般也不会公开表示不满。但是在她们自己的文化观念中,这种动作会被人认为是无礼的,同时也会引起对方强烈的反感、厌恶。在遇到这种情况时,西方的母亲会怀着复杂的感情站在一旁不说话,他们会感到窘迫,即使抚弄孩子的是自己的中国朋友,当然轻轻地触摸除外。在许多国家里,两个女性见面拥抱、亲吻被看作是很普遍的现象,夫妻及近亲久别重逢也常常互相拥抱。两个男人是否会互相拥抱? 对于这个问题,各国习惯不同。在阿拉伯、俄国、法国以及东欧及地中海沿岸的一些国家里,两个男人见面也会用热烈拥抱、亲吻双颊来表示欢迎,有些拉丁美洲国家的风俗也是这样。注意,在东亚及英语国家,两个男人之间很少拥抱,一般只会握握手。关于拥抱这个问题还发生过一件有趣的事：当时日本首相福田康夫到美国进行国事访问时在白宫前下车，美国总统上前和他紧紧拥抱来表示欢迎，但福田首相吃了一惊，当时日本代表团成员也愣住了。这让许多美国人也感到奇怪，即使在美国这种情况也很少见，这一举动完全出乎人们意料。或许美国总统按日本人的习惯深鞠一躬，大家不会那么惊讶。因为在美国及日本都很少用拥抱这种方式表示欢迎。在英语国家，同性男女身体接触是个让人难以接受的问题。一旦过了童年，就不应该两个人手拉手或者一个人搭着另一个人的肩膀走路，因为这很有可能意味着同性恋，而且在这些国家，同性恋一般会遭到社会的强烈反对。

二、面部表情

在人与人之间的交往过程中，我们与对方的交谈除了通过言语、手势外，面部表情也会在不知不觉中透露我们的心思。我们的面部表情主要表现在眼神、眉毛及嘴巴的动作上。在不同的文化中，面部表情传递出的信息是很不相同的，一个简单的点头就有不同的意思。首先，点头可以表示同意也可以表示不同意，在大多数文化中点头通常表示的是同意和赞成，但是在保加利亚等国家，点头常常是否定的表达方式。其次，点头还可以充当倾听的工具，它可以表示我在听而且我同意您的观点、我在听但我并不同意您的看法或者是鼓励对方继续下去。

（一）眼神交流

通过眼神，我们可以了解到对方深层的心理及情感状态。艾默生曾说过："人的眼睛及嘴巴所说的话一样多，不需要词典，却可以从眼睛的语言中了解整个世界。"对于目光交流，不同文化背景之下又有很多的规定：看不看对方，什么时候看，要看多久，什么人应该看，什么人不可以看。引用朱利叶斯•法斯特的《肢体语言》一书中的两段以供参考："两个素不相识的人面对面坐着，在火车餐车里他们可以做自我介绍，吃饭的时候，说些无关紧要或是无聊的话；也可以互不理睬，极力避免与对方的目光相遇。"有个作家在一篇文章里描写过这种情况："他们翻来覆去地看菜单；摆弄刀叉，看着指甲，免不了目光相遇时，立刻会转移视线，注视窗外沿途的景色。"与其他的肢体语言一样，目光接触会对发送信息者以及接收信息者产生影响。

社会文化历史的不同，导致各个国家的人对同一事物很可能有不同的理解和看法。"眼睛是心灵的窗户"，从这句阿拉伯谚语中可以看出，在阿拉伯人的文化中，人们强调直接的、不变的目光接触，眼神交流是良好沟通的基础。在欧洲，聆听的时候需要看着对方的眼睛，但一直盯着看，会被认为是没有礼貌的行为。而美国人常常在倾听别人讲话时低着头,表示正在谦虚、认真地倾听。

眼睛的动作以及传达的信息主要表现在以下几个方面:

第一,根据目光注视发言者时间的长短来判断听众的心理感受。一般情况下与人交谈的时候,视线接触对方脸部的时间会占全部谈话时间的30%~60%。如果超过这一平均值的话,就可以认定为与谈话内容相比,听众对讲述者要更有兴趣;低于这个平均值的话,就可以认定为听众对谈话者及谈话内容都不感兴趣。

第二,眨眼频率有不同的含义。在正常情况下,我们每分钟眨眼5~8次,如果一个人每分钟眨眼的次数超出这个正常范围,就表示他可能神情活跃,此时对某事物感兴趣;也有可能是因为他个性怯懦或者羞涩,所以不敢直视对方,才做出不停地眨眼这样的动作。通常在谈判过程中,一个人眨眼频率快多数是因为前者。

第三,瞳孔传达的信息。如果一个人的瞳孔放大,表现得熠熠生辉有精神,这就表示此人处于欢喜或者兴奋的状态;相反如果瞳孔缩小、神情呆滞,或者表现得目光无神、愁眉苦脸,那么很有可能这个人处于消极、戒备或者是愤怒的状态。科学实验研究表明,瞳孔中所传达的信息我们是无法控制的。对于这一点要注意,在谈判桌上,如果谈判对手戴着有色眼镜,您就应该加以提防,这表明他可能是谈判经验很丰富的人。

第四,眼神闪烁不定所传达的信息。眼神闪烁不定是一种不正常的举动,我们通常认为眼神闪烁是掩饰内心想法的一种手段,也很可能是不诚实的表现。一个做事虚伪或者是当面撒谎的人,他的眼神常常会闪烁不定,凭借闪烁的眼神来掩饰内心的秘密。

(二)眉目传情

眉毛除了可以配合眼睛表达出内心的感情之外,它自身也可以反映出很多情绪的变化。比如,当人们处在惊喜或是恐惧状态的时候,眉毛会向上耸,这就是所谓的喜上眉梢;当一个人处于愤怒或者是气恼状态的时候,眉角就会下垂或者倒竖,这就是人们常说的"剑眉倒竖";当一个人的眉毛迅速地上下移动,表示他关心、同意或是心情愉悦;当对方紧皱眉头,就表示他处于困窘、不愉快,或者不赞同的状态;在想要询问或者心生疑问时,眉毛会向上挑起。

(三)嘴部动作所传达的信息

我们的嘴巴除了有说话、吃喝及呼吸的作用之外,还可以有许多作用,可以借此反映出人的心理状态。例如,紧紧抿住嘴时,往往会表现得意志坚定;撅起嘴是一种不满意或是准备攻击对方的表现;当遭受失败时,人们常会紧咬嘴唇,这是一种自我惩罚的动作,在内疚时我们也会做出咬嘴唇的动作;如果听众的嘴角稍稍向上翘,就表示他是在注意倾听的;而当他嘴角向下拉时,则是不满及固执的表现。微笑也是有多重含义的。在大多数文化中,微笑可以表示友好,而在某些文化中,微笑表示恐惧、尴尬或是紧张,而且微笑也是一种化解危机的方法。

案例 4-1

　　某位黎巴嫩外商前往美国与买家做生意。在乘坐地铁的过程中,他紧紧地盯着周围有趣的人。忽然,另外一个乘客问他:您在看什么呢?该外商根本没有意识到自己的行为有什么不得体的地方。等他到了会谈地点后,在谈判进行时,他也是紧紧地盯着谈判对手看,目光的凝视使对方感到相当的不适,使谈判的氛围变得尴尬不已,谈判进行得很不顺利。在休息阶段他被告知:美国人遇见陌生人的时候只会偷偷地扫视一下,而不会直接盯着别人。美国文化教育人们说,直接的凝视常常是带有威胁性及干扰性的。

　　听取了这位买家的忠告之后,在接下来的谈判中他将目光转向别的地方,使谈判气氛缓和了好多,使谈判得以顺利进行。有了这次经历之后,他无论是乘坐地铁还是走在街头,都学会了把眼神放低,要么就看报纸。要是他的目光正好碰上别人的目光,他也会迅速地闪开。

　　案例分析:不同文化中的肢体语言有着不同的含义,要学会理解和尊重文化差异,入乡随俗。黎巴嫩商人在了解到美国人没有目光接触的习惯后,及时做出更正,让谈判更顺利地进行,也让他更容易被周围环境接受,融入当地文化。

案例 4-2

　　一位美国咨询员在与香港客户的会面中迟到了,因为他接到了一个电话,通知说他的母亲已经被诊断为癌症。因为希望自己的迟到可以得到谅解,他把这件事情告诉了自己的客户。没想到他的客户听到这个消息之后只是笑了几声。由于这样冷淡的反应,这位咨询员受到了极大的刺激,也感到非常愤怒。

　　几个月之后,当他开始了解自己的一些客户之后,他认识到他们的反应实际上是紧张、尴尬的反应,因为他们不知道当获知这样隐私的、令人沮丧的消息后,应该采取何种反应。

案例分析：不同的国家及民族的肢体语言是不一样的，而且面对同一情况会做出不同的有时甚至是截然相反的反应，这时候就需要我们能够理解对方的文化，不要贸然地仅仅以自己的想法去理解别人，这容易产生误会。在上述案例中，因为之前缺乏文化交流，才有了谈判过程中的尴尬一刻。我们在谈判时一定要做好充分准备，了解对方文化，给对方留下好印象。

三、身式动作

（一）上肢动作

手和臂膀是人体比较灵活的部位，通过人们不同的手势，可以很好地展现出人的内心活动，传递一定的信息量，从而在谈判中帮助我们判断对方的心理活动和心理状态。

1.拳头紧握，是一种向对方挑战或者紧张的情绪表现。握拳的同时如果还伴有手指关节活动的声音，或者是用拳击掌，可以理解为给对方的威吓或是发出攻击的信号。当一个人全身肌肉紧张时，力量比较集中，但一般只有在遇到外部的威胁或是挑战时，人们才可能会紧握拳头，准备对其进行攻击。

2.如果用手指或者手中的笔敲打桌面，或是在纸上乱涂乱画，这往往表示听者对对方的话题不感兴趣，有时也有不同意或者不耐烦的意思。之所以这样做，是因为一方面可以消磨时间，另一方面也有提醒对方注意的作用。

3.当两手手指并拢并放置胸前或者成塔尖状，这样的动作表示充满信心。这种动作在主持会议、领导讲话、教师授课等场合特别常见。这样的手势可以表现出讲话者高傲独断的心态，同时也能起到一种震慑听讲者的作用。

4.双臂交叉于胸前，表示保守或防卫；两臂交叉于胸前并紧握在一起，往往是一个怀有敌意的标志。

5.握手所传达的信息。标准的握手姿势应该是：用手指稍稍用力握住对方的手掌，同时对方也应该用同样的姿势回握，握手的时间通常在1～3秒钟之间。如果双方握手姿势与标准姿势稍有不同，就会有问候、礼貌之外的附加含义。常见的包括以下几种情况：

（1）如果感觉对方手掌出汗，那么表明对方很可能处于兴奋、紧张或是情绪不稳定的心理状态之中。

（2）通过握手力度也可以看出一个人的性格。如果对方用力握手，表明此人好动、热情，这类人做事往往偏向于主动；如果握手过轻，一方面可能是这个人性格懦弱，缺乏气魄；另一方面，有时也是对方傲慢矜持、爱摆架子的表现。

（3）握手前先凝望对方一会儿，再伸手相握，在某种程度上，这种方式是想先在心理上战胜对方,将对方放置于心理的劣势地位。

(4)如果掌心向上伸手与对方相握,这一动作往往表现出其性格软弱,处于被动、劣势或是受人支配的状态,在某种程度上,这种方式有一种投靠对方的意思;相反,掌心向下伸手与对方相握,表示主动、优势或是支配地位,此外也常有居高临下的意思。

(5)用双手紧握对方的一只手同时上下摆动,这往往是表示热烈欢迎对方的到来,有时也表示真诚感谢或是有求于人。

(二)下肢动作

腿及足部是最先表露潜意识情感的部位,但这种动作常常被我们所忽略,它主要的动作及所传达的信息如下:

1.摇动足部或是用足尖拍打地板、抖动腿部这类动作说明焦躁不安、无可奈何、不耐烦或是想摆脱某种紧张感。

2.双足交叉而坐,对男性来讲常常是从心理上压迫自己的情绪的表现,例如对某人或某事持保留态度,也有可能表示警惕、防范,想尽量压制自己内心的紧张、恐惧。这一动作对于女性来讲,如果足部交叉同时将两膝并拢起来,就表示拒绝对方或是处于一种防御的心理状态。

3.分开腿而坐,说明这个人很自信,同时很愿意接受对方的挑战。如果一条腿驾到另一条腿上,一般是在无意识中表示拒绝对方,也有保护自己的势力范围、使其不受他人侵犯的意思。如果频繁变换架腿姿势,说明这个人很可能情绪不稳定、焦躁不安或是很不耐烦。

(三)腹部动作

腹部位于人体的重要部位,它的动作带有极其丰富的含义。以下腹部动作也是很容易被我们忽略的。

1.凸出腹部说明自己内心的优越感、自信与满足感,腹部可谓是意志与胆量的象征。这一动作也反映了扩大势力范围的意愿。这是威慑对方、让自己处于优势或是支配地位的表现。

2.解开上衣纽扣露出腹部,这样的动作表示他开放了自己的势力范围,对您不存在戒备的心理。

3.抱腹蜷缩,这样是在不安、消沉、沮丧等负面情绪支配下产生的防卫心理。

4.腹部起伏不定,表现出兴奋或是愤怒,但如果过度起伏,可能意味着即将爆发兴奋与激动的状态。

5.轻拍自己的腹部,表示自己有风度、雅量,有时也包含着一番较量之后获胜的得意心情。

四、特殊动作

中西方肢体语言对比研究表明,两者有很多相似的地方。如男子相见时不拥抱,一般情况下见面时握手即可;挥手则表示再见;皱眉很可能表示不高兴;耸耸鼻子表示不喜欢、厌恶或不快;撇嘴表示不痛快、情绪不佳或是愤恨;拍拍孩子的背表示赞扬、夸奖、鼓励等情绪。当然不同国家的肢体动作受到地方文化、民族、历史等因素的影响,存在较大的差异。虽然随着全球化的进程,这些差异在逐渐减小,但还是有必要了解这种差异。现将主要的不同之处举例如下:

(一)动作一样,意义不同

1.跺脚。在中国表示气愤、恼怒、悔恨;在西方有不耐烦之意。

2.鼓掌。在表演结束或有人发言结束时鼓掌,在中国表示感谢,是互相表示友好的方式;西方人却认为自己为自己鼓掌是极不谦虚的行为。

3.目不转睛地看。在中国,当好奇或惊讶时,容易盯着一个地方看;而在西方则认为是不礼貌的表现,因为会让人感到不自在。

4.发出嘘声。在中国认为有反对、责骂之意;但在西方是要求安静的动作。

5.用手拍别人的脑袋。在中国认为这是对成年人的一种侮辱;但西方人则认为这样的轻拍是给对方的安慰、鼓励或表示钟爱。

(二)意义相同,动作有差异

1."过来"(叫别人过来):在中国,通常想叫对方过来会把手伸向被叫人,手心向下,几个手指同时弯曲几次。在西方常用的方法在中国人看来是让人反感的,他们习惯于把手伸向被叫人,手心向上,握拳用食指前后摆动几次。

2."丢人""没羞"(半开玩笑):如果您看见一个中国人伸出食指,用指尖在自己脸上划拉几下,像搔痒一样,但手指是直的,这时他们可能传递出的是丢人等信息。与中国人不同,西方表达此类情绪的动作多是伸出两只手的食指,手心向下,一个食指轻擦另一个食指的背面。

3."我吃饱了":在中国,人们常会用一只手或两只手轻拍自己的肚子来表示自己吃饱了。西方人的表达方式是把一只手放在自己的喉头部位。

(三)只存在于一种文化中的动作

1.在西方常见的动作

(1)多数美国人在有大的思想负担、担心或是不知所措时会咬指甲。

(2)如果看到对方用大拇指顶着鼻头,其他四指弯着一起动,则是在向您传达挑战、蔑视之意。

(3)摇动食指,其他指头不动,这是警告别人不要做某件事,通常在对方做了错事的情况下使用。

(4)他们表示对某一建议、设想的不满或是强烈反对时会把胳膊放在胸前,握紧拳头,拇指向下,来回摆动几次。

(5)微笑着眨眼点头可以传达很多感情,一般有会意、赞许、鼓励、传递信息等,有时也会表示团结。

2.中方常见的动作

(1)在我们做了某件事之后,我们会用食指指自己的鼻子,以此示意对方这是我做的。

(2)在说不愿意让其他人听到的秘密时,会用手捂住自己的嘴巴。

(3)有些可以用一只手拿的东西我们有时也会双手拿以表示尊敬对方。

(4)别人给倒茶斟酒后,以一只手或是两只手掌心向上放在杯子边以表示感谢。

(5)有一个动作常常可以在戏曲中看到,即把双手食指立起慢慢靠近,表示男女喜结良缘。

对肢体语言的理解可以加深对语言的理解,二者相互依存。在一些情况下,偶尔也会出现肢体动作与说的话不一致,以及口语与肢体语言表达意思不一样的情况,这时就有必要了解肢体语言背后蕴藏的意思,借助对肢体语言的分析来获取信息。在有的文化中如果使用大幅度的手势说明此人是个大人物;而在另一些文化中,使用大幅度的手势则说明这个人举止不雅。我们不能忽视文化背景。在不同情境下肢体语言会传达出不同的意思,不要因为误解而产生不必要的麻烦。

案例 4-3

克林顿任美国总统期间,曾经到中国访问。在那次的旅途中,他在北京对中国大学生发表了一次演讲。总的来说,演讲效果还是不错的。演讲结束以后,紧接着开始了一场生动的学生答辩会。

当接受美国媒体采访时,一个学生说道:"在提问及回答的过程中,我不明白为什么选择提问者的时候,总统先生居然会用一个手指指向我们。我们可是从来不会用这么粗鲁的手势。"这位美国记者感到非常的困惑,于是就问那个学生总统先生应该怎么做,该用什么样的手势。这个学生用这样一个手势回答:手掌向上平摊,平扫一下。

案例分析:在不同文化中,手势有不同的含义,我们有必要了解各国的文化差异,包容不同的文化。如果我们用自己所处文化的立场去揣摩对方手势的含义,很容易产生误会。

第二节　口语差异

一、称谓及称呼

我们发现英语里的称谓名称比汉语里的要少得多,常常一个词就涵盖了不同的称谓。比如"cousin"一词,在汉语里就可以表达为堂兄、表弟、表姐及表妹等多种说法。汉语把表亲关系区分得十分严格,要说出性别同时又要分出大小,比起英语要复杂得多。这种语言现象的产生和中国宗法制度有关,在封建社会中高度重视血缘关系,强调封建等级秩序,提倡尊老爱幼、尊卑有序。亲属之间关系的亲疏、长幼及性别等方面不同,他们之间的权利及义务也是有区别的,这使得中国的称谓严格而细密。英语的称谓数不多,常用的有"dad"、"mum"、"grandpa"、"aunt"、"uncle",其他的称谓都很少用。英美国家的人相互称呼在中国人看来似乎有违情理,让人觉得不礼貌,没有教养。在家里小孩不把爷爷奶奶称作"grandpa"、"grandma",而是在很多时候直呼其名,年轻人在称呼老年人时只在其姓氏前加上"先生"、"女士"等头衔,这些他们都不会觉得不妥,认为一切都在情理之中。西方人追求人人平等,他们认为称谓本身就意味着不平等。

(一)亲属之间,包括直系、近亲及远亲

1.祖辈:汉语中对父母和上一辈人的称呼不同,有父系和母系的不同。英语则不分父系、母系,有时为了区分可能会在前面加上"父系的"(paternal)或"母系的"(maternal)这样的表达,在平时称呼时,一般都不加。

2.父辈:汉语中对每个亲属的称呼都有固定性和专用性。而英语里则相对简单一些,有很强的通用性,比如对父母同辈的兄弟姐妹,会把男的统称为"uncle",女的统称为"aunt"。

3.同辈:在汉语里,同辈之间的关系受到父辈的影响,也有很强的长幼之分。英语中平辈之间,很少受到父辈的影响,依然存在着不分长幼的特点。

4.晚辈:晚辈之间的中英差异类似,此处就不再展开。

总之,汉语有庞大的亲属词,有很多不同的称谓,受宗法制度影响,在我们的传统观念中有辈分森严、长幼有别、重男轻女、亲疏分明的特点,形成了上下有别、长幼有序的等级观念。称呼以家庭为中心向四面扩展,中国同姓的人聚在一起时常常会分长幼、论辈分,在此基础上建立亲属关系,彼此视为一家人,这样可以加深感情、加强相互联系。相比之下,英语里的称呼突出性别,不像中国人一样强调父系母系、血缘及家族关系,联姻产生的亲属的称谓会受到法律的认可,这种简洁、明了的表达方式,体现出他们法律至上的观念。与中国不同,各辈之间的称呼由上至下呈线性分布,并不向四周扩张。他们以简单的家庭关系为核心,用名字称呼亲属,是平等观念的体现。

(二)好朋友、熟人、老师、上下级之间

在这一群体中我们常用的称呼语可以分为三种:(1)直呼姓名;(2)姓加上官职;(3)姓加上一些特别的职业称谓,如老师、医生。在这一群体中称呼语的选择往往可以反映出交往双方的社会关系,可以看出双方情感亲疏,还可以看出双方之间的交往是否正式。这一类称谓涉及地位、年龄、性别和亲密程度等诸多因素。

在汉语中,同辈之间要好的朋友、同学、同事之间常常习惯于直接称呼名字。还有两种有趣的称呼方式,第一种是"小+姓",对一般朋友、邻居等熟悉而且年纪较小的人我们常用这种称呼方式,这有爱护、关心之意。还有一种是"老+姓",这一般是对年长或资历较深者表示尊敬的说法。除此之外上级称呼下级"小张"、"老赵"也有表示彼此间亲近、平等的意思。此外很有意思的就是在不同辈的人之间,我们常常根据辈分称呼自己亲属的朋友,例如称爷爷奶奶的朋友为"王爷爷"、"赵奶奶",称与父母同辈的人为"赵伯伯"、"孙阿姨"等。然而在交往双方身份与地位严重不对等的情况下,特别是学生与老师、下级与上级之间一般不可以直接称呼其名字或使用"小李"、"老罗"这类有亲近平等意味的词汇。中国传统观念认为"一日为师,终身为父",不论老师年龄、性别如何,他的辈分都相当于学生的长辈;上级是领导,是"父母官",辈分自然高于下级,所以逐渐形成了以"姓+职务/职称"称呼老师或是上级的习惯,比如:汪老师、周校长、赵书记、张科长等等,这种称呼不仅体现了说话者的敬意与自谦,也说明双方之间有一定地位上的差距。这样的称谓方式体现出中华民族"尊他卑己"、讲究礼仪的特点。

西方人,比如美国人在称呼对方时,在较正式的场合会使用全名(本人名+姓),还有的只称本人的名,即美语中的 FN(First Name)。有时又只称家姓,即美语中的 LN(Last Name)。在称家姓时前面常常带有一个头衔(title),这一形式简写为 TLN。FN 及 TLN 是美国社会最常用的称呼语,如 Mr.

Brown、Dr. David 等。英语中常用的职业称呼不多，其中 professor、doctor 是最常用的两个称呼。在 nurse、driver、waiter/waitress、operator、steward/stewardess、conductor、porter 等服务性行业称谓不需要加上姓氏。虽然"老"字加姓的称呼在中国很流行，但外国人特别是欧美人是十分忌讳"老"字的。在姓前加老字对中国人来说是敬称，但如果您用这样的方式称呼英美人，他们听了以后很可能会火冒三丈。

（三）非熟人的其他社会关系

在汉语中，在非正式的场合讲话可以称与自己年龄相仿的陌生人为"大哥"、"大姐"，年龄比自己大的为"大伯"、"大爷"、"大妈"，有时也会以自己孩子的口气称呼对方，比如"叔叔"、"阿姨"、"奶奶""爷爷"等等。此外有一种体现政治地位平等的称呼，最常见的是"同志"、"师傅"，此类称呼可以不分性别、年龄。有时会听到人们称年龄大的人为"老同志"，年龄相对小的为"小同志"。不过自改革开放以来，这一类群体的通用称呼语是先生、小姐。

这一群体的称呼在英语里十分简单："Sir"用于称呼男士，"Miss/Madam"用于称呼女士。受到妇女运动的影响，现在用"Mrs."这一不指明妇女婚姻状况的称呼使用范围也越来越广。

二、招呼语言

在每一种文化之下，见到朋友或者熟人打声招呼都被视为一种常见的礼貌行为，但受到传统文化和风俗习惯的影响，中西方见面打招呼时的用语有较大的差别。日常打招呼，中国人大多使用"吃了吗？""去哪儿？"等说法，在我们看来这种打招呼的方式说明彼此很亲近。中国饮食文化历史悠久，其内容博大精深，自古便有"民以食为天"的谚语。这种问候语实际上早已没有了原来字面的意思，不再是询问，而是成了一种打招呼的方式，至于回答"吃了""没吃"早已不再重要。但是如果您用这种方式和外国人打招呼，问他们"Have you had your dinner?"多数人会感到尴尬，甚至不快，因为在他们的文化中这句话意味着邀请，如果是男士询问女士，其中暗含着想与对方交朋友、约会的愿望。有时他们也容易将其理解为一种盘问，觉得您在干涉他的私生活。类似的打招呼的方式是"您去哪儿啊？""到哪儿去啦？"同样，回答去哪儿并不是主题，任意给一个回答就可以，不会觉得难堪。但是如果您以同样方式问西方人"Where are you going?"或是"Where have you been?"虽然嘴上可能不说什么，但他们可能会感到很不自在，内心可能会有"Why do you ask these questions? It's none of your business."一类的潜台词。另外还有一种特别的打招呼方式是看见您在做什么就问什么。举一个例子,当中国人看见自己认识的人在洗车,很可能会这样问对方:"洗车哪?"我们听到这类问题不会觉得有何不妥。可要是您对西方人说:"You are cleaning your car,aren't you?"这会让他们觉得不可理解:您明明看到我在洗车,为什么还要问这样的问题? 简直是在说废话。这也表现出英美人比讲究效率的特点,也因此使他们显得不如中国人那样热情。在西方,他们平常打招呼通常只会说一声"Hello",有时也会按时间段来区分,例如"早上好!""下午好!""晚上好!"初次谈话的内容一般会涉及天气、交通和社会,如"It's a nice day,isn't it?"这种打招呼的方式对中国人来说也是过于生疏的,一般较少使用。西方人和对方打招呼,一般是不涉及个人隐私问题的。

三、告别语

通常人们在日常交际时,离开前总会用一定的告别语来表明自己将要离开。在中国最常说的是"再见。"在英语里常说的是"Good-bye"、"Bye-bye"。在说告别语之前还会说些客套话。中西方社会文化习俗各不相同,告别语也会各具特色。

在中国的告别礼仪中,我们喜欢把道别的原因归到对方。例如,到朋友家做客,大多数人在走时会说"现在您一定很累了,我得走了""现在是时候告辞了,您明天还得早起上班。"而在美国,到别人家做客,他们道别的理由是与自己相关的,一般不涉及主人一方,他们会用告别语:"I'd better let you have some sleep."(我得让您休息了。)"Tomorrow I will get up early,I have to go now."(明天我要早起,我该走了。)还有一种是带有谢意的告别,比如:"I enjoyed the evening very much. But I have to go now. Thank you very much!"(我们今天晚上过得很愉快。但我得走了。非常感谢。)但这种说法在中国较少使用。按照中国人的习惯,在客人要离开时,主人一般会把客人送到家门口。此时客人会说"请留步"、"不要远送了",主人则会说一些例如"走好"、"慢走"这一类的客套话。但这些说法基本上都无法直接译成英语,如果你用这种中国式的方法向英美人道别,会让他们觉得尴尬,因为他们并没有要送您太远的意思。如果您要求的话,他们或许会远送您,但在一般情况下他们是不会那么做的。不远送并不表示他们不友好,这只是文化差异在告别语上的体现。也不要对外国人说慢走这一类的话,他们会按字面上的意思去理解,看成是一种实际要求。送别时可以和他们用常用的"Give my best regards to your parents."(替我问候您的父母。)这种方式更容易被他们接受。

此外还有在特殊场合常说的告别语。在医院和病人告别时,中国人最常说的是"多喝点水"、"多穿点衣服"、"早点休息"这一类的话,以表达对病人的关怀。而西方人一般不会说"多喝水"这一类的话,这样会让他们觉得您是在干涉他们的生活,他们会说"多保重"或"希望您早日康复"。在学校,中国学生习惯于在问完老师问题后说:"抱歉占用您那么多时间。"这也是一句有中国特色的告别语,但如果对国外的老师说了这样的话,他们就会觉得尴尬,有时还会让他们觉得自己是在做一些无用的事,是在浪费时间,下次可能就不会帮您了,此时您只要表达您的感谢就可以了。

四、感谢语

在中国人的观念里只有对陌生的人才会说谢谢,对那些熟悉的人则很少会说谢谢,和亲近的人说谢谢反而会让人觉得很奇怪,觉得彼此之间的距离被拉大了。而在西方,一句"Thank you!"几乎通用于一切场合,即使是在父母与子女、兄弟姐妹之间也不例外。对别人的帮助与服务表示感谢是最起码的礼节,这是世界通用的,但是表达方式不同。在点餐时,被询问到要吃什么的时候,中国人习惯于客气推辞一番,他们会说:"不用了"、"不必麻烦",但如果您是在国外,想要就不必推辞,可以说一句"Yes,please."如果不想要,只要说"No,thanks."就行了。可以看出,在讲英语的国家里,人们习惯用迎合对方的方式表示接受,用这样的方式表达对对方的肯定与尊重,而中国人喜欢采用否认或自贬的方式给予拒绝,以此表示礼貌或谦逊。

五、赞美与批评

西方人喜欢赞扬别人,而且被赞扬者总是会坦然接受。在中国人的传统观念中,受到表扬时总习惯性地给予礼貌地否定以示谦虚。对于批评,西方人对别人的批评常常是直截了当的,中国人批评别人时则习惯用婉转、含蓄、间接的方式。我们可以把英美人的思维模式描述成直线型思维,多数人喜欢直接表达观点。相比之下,中国人的思维模式可以被描述为螺旋形思维,其倾向于委婉、含蓄地表达观点。在与中国人进行交际时,外国人不理解中国人在受到赞扬或恭维时为什么会表现出不知所措,有时还会谦卑地贬低、否认自己,他们自己一般会坦然接受,在受到表扬时大大方方说一句"Thank you!"这是对对方表扬的肯定,说明对方赞扬的事是值得赞扬的。有时因为西方人不太了解中国以谦虚为美德的传统文化,他们不能接受中国人这种谦虚的回答,中国人的谦虚有时会被误解为不礼貌,而且这种过分的谦虚有时也会被看成不诚实的表现。因此,我们应该了解英美人对赞扬与恭维的应答习惯,学着接受对方赞扬,以避免中西方交际过程中产生不必要的误会。

六、劝告及建议

关于劝告、建议我们以婚姻状况为例来说明。在中国,对别人的婚姻及家庭状况表示关心是有礼貌的表现。但对于西方人而言,婚姻是私生活,别人无权干涉。如果您问一个到了婚嫁年龄却没有结婚的人"您有没有女朋友?"或者"您该交个女朋友了。"这句关心及建议的话容易使这位朋友感到自己很不幸福,也会让他生气,因为在他看来,这种建议干涉了自己的私生活。

七、话题的选择

跨文化交际通常是通过说话的方式来进行的。很多学习外语的人想与外国人交流、练习英语,但因为他们不能正确地选择话题,常常遭到外国人的拒绝。在中国人私下的谈话中,就算是初次见面,也喜欢谈论年龄、家庭情况、家庭地址、身体状况、工资收入、婚姻状况,我们把这些问题理解为对对方的关心。但是,所有这些在西方人看来都是个人隐私。西方国家特别强调对个人私生活的保护与尊重,认为打听别人的事是很不得体的行为。正如一句谚语所说:"A man's home is his castle."(一个人的家即是他的城堡,是神圣不可侵犯的)但在中国,人们大多聚族而居,邻里之间几乎无话不谈。在西方的工业社会,聚族而居极为少见,所以人们独立意识较强,一般互不干涉、注重隐私。当与英美人交谈时,要选择适当的话题,选择一些表面性的问题,比如"您的手表不错"、"今天天气如何"等,以免让西方人觉得个人隐私受到了侵犯。因为英美国家天气多变,天气又对人们的生活、工作有很大的影响,人们刚见面谈论的话题一般都和天气有关,所以和他们聊天时最好选择天气这样的中性话题。

第三节　语言差异的影响

如果我们把文化比作一棵树,那么语言就是这棵树的根。如果了解了一国的文化却没有掌握该国的语言,那么这棵文化的树就是一棵枯树。高质量谈判的前提就是要掌握对方的语言。强烈的语言意识必须贯彻、落实在整个谈判过程中,加之了解文化才可能促进谈判的成功。我们可能会和来自不同语言文化背景的人进行洽谈,研究、了解语言表达方面的差异可以有效避免在谈判过程中由于语言差异造成不必要的误会和损失。

谈判实际上是以语言为载体、受利益驱动而进行的一系列活动。口语谈判最早开始于谈判双方的直接会面上。双方可能是首次见面,也可能是多年的合作伙伴。开始阶段气氛的好坏对整个谈判过程有很大的影响,这就表明谈判人员之间的交流是十分重要的,而口语表达能力的强弱又会直接关系到交流的效果。恰当的口语运用在谈判过程中至关重要。

不同的国家、民族有着不同的文化、价值观。在语言的表达及认识上也存在着一定的差异,这种差异直接表现在日常口语中。这些语言差异给谈判增加了许多不确定性因素。中西方口语差异的表现已经在上一节讲过,这节我们通过以下几个案例分析口语差异对国际商务谈判的重要影响。

一、委婉语使用造成的影响

案例 4-4

~~~~~~○

A 中方,B 美方

A:I hope through your visit,we can settle the price for our chinaware, and conclude the business before long.

A:我希望通过此行我们能够尽快定下瓷器的价位,结束谈判。

B:I think so,We came here to talk to you about our requirements of chinaware. Can you show us your price-list and catalogues?

B:我也这么想。我们此行就是想和您谈谈我们对于瓷器的要求。您能让我们看看您的价目清单和目录吗?

案例分析:中方谈判人员希望在这次会谈中能够确定产品最终价格,但在用语上非常模糊及委婉,用了"I hope"、"before long"等词语,这样的表达没有显示出强烈的达成共识的意愿,非常容易让谈判对方误解,因此通常情况不会像中方谈判人员希望的那样,马上达成共识。而美方谈判人员则相反,他们直奔主题,在一开始就提出了谈判的内容,要求中方出示瓷器的价格清单及目录,这样做可以使谈判双方明确谈判的任务,是一种节省谈判时间、提高谈判效率的做法。

案例 4-5

〰〰〰〰〰〰〰〰〰〰〰〰〰〰〰〰〰〰〰〰〰〰〰〰〰〰〰〰〰〰〰〰〰〰〰〰〰

A 中方,B 美方

A:Excuse me,but it seems to me we're giving up too much in this case. We'd be giving up the five-year guarantee for increased yearly sales.

A:对不起,这笔单子我们让步得太多了。为了增加年收入我们需要牺牲五年的担保金。

B:You've got to give up something to get something.

B:要知道有所得必有所失嘛。

案例分析:中方谈判人员对对方谈判人员提出的条件不满意,但习惯用词比较委婉,用"Excuse me"加上"It seems"及"too much"来含糊表达自己的观点,这样的表达方式会让谈判对手觉得中方人员虽然不同意提出的条件,但是还有挽回的余地,并不是完全的拒绝,还可以继续争取。而美方人员直接反驳中方人员,他们提出"you've got to give up something to get something"。态度鲜明,有一种不容反驳的感觉。因为中方代表使用了不必要的委婉语,使他们在接下来的谈判中产生了矛盾,双方沟通中存在的歧义影响了谈判的顺利进行。

二、对抗语的使用造成的影响

案例 4-6

〰〰〰〰〰〰〰〰〰〰〰〰〰〰〰〰〰〰〰〰〰〰〰〰〰〰〰〰〰〰〰〰〰〰〰〰〰

中国某公司与美国某公司谈判投资项目。其间双方对原工厂的财务账目反映的原资产总值有分歧。

美方:中方财务报表上有模棱两可之处。

中方:美方可以核查。

美方:核查也难,因为核查的依据本身就不可靠。

中方:美方空口无凭,应该提供凭据证明查账的依据不可靠。

美方:所有的财务证明均系中方工厂所造,我作为外国人无法一一核查。

中方:那贵方可以请信得过的中国机构协助核查。

美方:目前尚未找到可以信任的中国机构帮助核查。

中方:那贵方的断言是主观的,不令人信服的。

美方:虽然我方没有法律上的证据证明贵方账面数字不合理,但我们的经验告诉我们贵方现有资产不值账面的价值。

中方:尊敬的先生,我承认经验的宝贵,但财务数据不是经验,而是事实。如果贵方诚意合作,我愿意配合贵方查账,到现场一一核对物与账。

美方:不必贵方做这么多工作,请贵方自行纠正后,再谈。

中方:如果贵方不想讲道理,我奉陪!

美方:不是我方不想讲理,而是与贵方的账没法说理。

中方:贵方是什么意思,我没听明白。

美方:请原谅我方的直率,我方感到贵方想要利用账面值来扩大贵方所占股份。

中方:感谢贵方终于说出了真心话,给我指明了思考方向。

美方:贵方应该理解一个投资者的顾虑,尤其在我公司与贵方诚心合作的情况下,如果让我们感到贵方账目有虚占股份之嫌,实在会使我方却步不前,还会产生不愉快。

中方:我理解贵方的顾虑。但在贵方心理恐惧面前,我方申辩没有用。愿听贵方有何要求。

美方:我通过与贵方的谈判,深感贵方代表的人品,但由于账面值让人生畏,可不可以请贵方考虑修改?

中方:为了合作,为了让贵方安心,我方可以考虑账面总值的问题。至于怎么做账是我方的事。如果我没理解错的话,我们双方将就中方现有资产的作价进行谈判。

美方:是的。

案例分析:在上述谈判中,双方均运用了商业法律语言、外交语言、军事用语及文学用语。但美方说的"外国人无法一一检查"、"目前尚未找到可以信任的中国机构帮助核查",以及"请贵方自行纠正、再谈",均有不妥之处。中方说的"贵方不想讲理,我奉陪!"也不妥当。若自己账目做得真的存在问题,再这么讲就无礼了。对于合作性的谈判,双方均应该先使用文学用语调节气氛,减少对抗,再以商业法律语言讲事实、谈问题。美方可以指出不妥之处或提出相应的要求,中方也可以再做一次账,然后再谈。

三、称呼语使用造成的影响

称呼语是人们在日常语言交际中彼此当面招呼对方时使用的名称。正确使用招呼用语可以维持、加强甚至建立人际关系,可以促进交际的顺利进行。面对不同的环境,对同样的人称谓要做出相应的变化,误用称呼用语会被别人认为不懂礼貌,甚至会影响日常交际。

案例 4-7

一位年近八旬的美国妇女与其合作者共商合作事宜,因合作者年龄与其孙女相仿,中方合作者为了拉近两人的距离,增强双方的感情,亲切地称呼这位美国妇女"奶奶",结果她却愤然离场,直接导致了这场谈判的失败。

案例分析:在中国,为了表示对老年人的尊敬,孩子们称呼他们"爷爷","奶奶"。然而在西方国家,"奶奶"之类的词则与"无活力"等词联系在一起,称呼这些词意味着他们时日不长。西方国家向来注重个人隐私,尤其是年龄、婚姻状况,他们不愿意承认自己年老,喜欢一直保持在年轻、有活力的状态。所以在西方国家,人们的称呼习惯于在名字前加上"先生"、"夫人"或者"小姐"以示尊重。当不知道该如何称呼某人时,可以询问对方:"我应该怎么称呼您呢?"借此避免许多不必要的误会和麻烦,从而使谈判顺利地进行。

三、感谢语使用造成的影响

中西方文化差异影响着人们的思维方式,不同地区的习惯用语也不相同。中国人比较含蓄,面对别人的夸奖我们往往会表现得谦虚承让。而西方人直线型的思维会把这种过分的谦虚理解为对自身的否定,或者会把这种谦虚理解为对方的产品质量或者服务不达标。双方沟通、理解方面微小的差异很有可能会导致一场谈判的失败。

案例 4-8

谈判前期视察产品时,一位外国技术人员对中方人员表示:"你们的产品新颖独特,必将受到消费者的青睐。"而中方人员却根据中国的习惯回答道:"不,不,我们的产品技术还不完善,有待提高。"中方人员这样的话语被西方技术人员理解成对他们自己产品的描述,他们的产品真的有缺陷,不值得信赖,那么自然也就不会有之后的视察与谈判,合作谈判还没开始就宣告结束了。

案例分析:在口语运用中,不同的表扬及称赞方式往往有不同的效果。人们都知道如果想要向他人表达感激之情,应该说"谢谢您",但却不知道西方人也用"谢谢您"来礼貌地回答所有的赞赏或祝贺。但上述例子恰恰相反,这样的回答在中国是非常普遍的,因为中国人含蓄,把谦虚当作传统美德,所以在口语的运用上没有西方国家那么直截了当。对西方人而言,这样的回答却是无法理解及无法接受的,他们不会因此而认为您谦虚,反而会认为您不相信他们的判断力,他们还可能会认为您是一个自大而且虚伪的人。因为接受对方的称赞时说"谢谢",意味着对对方观点的赞同,而且肯定对方是在真心赞美。因此,在与西方人进行谈判时,没有必要"假装谦虚"。在中文口语里,"没什么","这是我应该做的"之类的表达就可以用来回答别人所说的"谢谢",但在英语口语中,回答别人要视情况而定,如"别客气"、"真的没什么"等等。

案例分析

案例一:

江苏某工厂、贵州某工厂、东北某工厂、北京某工厂要引进环形灯生产技术,各家的产量不尽相同。北京某进出口公司是其中一家工厂的代理,当知道其他三家的计划后,主动联合这三家在北京开会,建议联合对外,统一谈判,这三家觉得有意义,同意联合。该公司代表将四家召集在一起做谈判准备。根据市场调查,日本有两家环形灯生产厂,欧洲有一家工厂曾来过中国,有的还与其中的一家工厂做过技术交流。进出口公司组织他们与外商谈了第一轮后,谈判就中止了。外商主动找了熟悉的工厂直接谈判,工厂感到高兴,觉得更直接,而且,外商对工厂谈判的条件比公司谈判时灵活,价格也更优惠。有的工厂一看联合在一起,自己好处不多,于是提出退伙,有的外商故意不报统一的价格,也与想和自己成交的工厂直接联系,请工厂代表吃饭,单独安排见面,工厂认为这对自己有好处,来者不拒。进出口公司的代表知道后劝说工厂,工厂不听。于是最终这四家工厂各自为政,联合对外谈判宣告失败。

问题:

1.这种联合算不算联合?为什么?

2.外商主持的谈判成功在哪儿?

3.北京进出口公司主持的谈判失败在哪儿?

4.是否有可能将这四个不同省市的工厂联合起来呢?怎么做才可以实现联合的目标?

案例二:

国外某公司向中国某公司购买电石,此时是他们之间交易的第五个年头,谈价时,外方压了中方30美元/吨,今年又要压20美元/吨。据外方讲,他已拿到多家报价。但据中方了解,370美元/吨是个体户报的价,430美元/吨是生产力较小的工厂供的货,供货厂的厂长与中方代表共 4 人组成了谈判小组,由中方公司代表为主谈。之前,工厂厂长与中方公司代表就价格达成了共识,工厂可以在 390 美元成交,因为工厂需要订单连续生产。公司代表讲,对外不可以说,价格水平我会掌握。公司代表又向其主管领导汇报,分析价格形势;主管领导认为价格不能取最低,因为我们是大公司,讲质量,讲服务。谈判中可以灵活,但步子要小。若在 400 美元以上拿下则可成交,拿不下时把价格定在 405～410 美元之间,然后主管领导再出面谈。请工厂配合。中方公司代表向工厂厂长转达了此意见,并达成了共识与工厂厂长一起在谈判桌前争取该条件。中方代表为主谈。经过交锋,价格仅降了 10 美元/吨,最终以 400 美元成交,比工厂厂长的成交价高了 10 美元/吨。工厂代表十分满意,日方也表示满意。

问题:

1.怎么评价该谈判的结果?

2.该谈判中方在组织和主持上有何经验?

案例三:

一中国谈判小组赴中东某国进行一项工程承包谈判。在闲聊中中方负责商务条款的成员无意中评论了中东盛行的伊斯兰教,引起对方成员的不悦。当谈及实质性问题时对方激进的 4 号谈判人员丝毫不让步,并一再流露出撤出谈判的意图。

问题:

1.案例中沟通的障碍主要表现在什么方面?

2.这种障碍导致谈判出现了什么局面?

3.应采取哪些措施克服这一局面?

4.在这一案例中,中方谈判人员要吸取什么教训?

第五章　商务谈判沟通用语

重点与难点

```
＊介绍用语
＊招呼用语
＊道别用语
＊感谢用语
＊商务谈判常用语
```

　　简洁的语言、清楚的表达是谈判成功的必要条件之一。在进行商务谈判时,除了对谈判术语的灵活运用之外,日常交际用语的使用也是至关重要的。良好的日常交际用语有助于双方在初次见面时就建立起良好的人际关系。

第一节　商务谈判基础用语

一、介绍用语

（一）自我介绍

1. A：May I introduce myself? My name is Fred Artner and I'm Head of Marketing here.

　　B：How do you do? My name is Mary Bell.

　　A：请允许我自我介绍一下：我叫弗雷德·阿特纳。我是这儿的营销经理。

　　B：您好。我叫玛丽·贝尔。

2. Hello, let me introduce myself. I'm William Smith. I'm in charge of auditing.

您好,让我自我介绍一下:我是威廉·史密斯。我主管审计。

3. Good morning. Allow me to introduce myself. Hannes Dopsch from London. Here's my business card.

早上好。请允许我介绍一下自己:我是伦敦来的汉纳斯·多普什。这是我的名片。

4. I'd like to introduce myself. Hans-Jorg Ertl, central bank, Vienna.

我来自我介绍一下。我是维也纳中央银行的汉斯—纳尔格·艾尔特尔。

5. A: Excuse me. I don't think we've met before. My name is Tom Abbey. I work with Mr. Smith.

B: How do you do? Mr. Abbey. I'm Karl Bender from Austrilian Industries.

A:对不起,我想我们以前没有见过面吧？我叫汤姆·阿比,与史密斯先生共事。

B:您好,阿比先生。我是澳大利亚工业公司的卡尔·本德尔。

6. A: How do you do, Mr. Bender?

B: Good morning, Mr. Adams. May I introduce our Sales Manager, Mr. Wagner?

A:您好,本德尔先生。

B:早,亚当斯先生。请让我介绍我们的销售经理瓦格纳先生。

7. A: Hello, My name's Adrian.

B: Mine's Barbara. Nice to meet you.

A: You're German, Aren't you?

B: Yes, that's right.

A:您好,我叫亚德里恩。

B:我叫芭芭拉。很高兴见到您。

A:您是德国人,对吗?

B:是的。

8. A: It's nice to meet you. Anger's my name.

B: Nice to meet you.

A:很高兴见到您。我叫昂格尔。

B:很高兴见到您。

9. A：Mr. Brand，isn't it?

B：Yes，that's right. Walter Brand.

A：您是布兰德先生吧？

B：是的。沃尔特·布兰德。

10. A：How do you do? I'm Tony Adams.

B：How do you do, Mr. Adams？ I hope I'm not putting you to any trouble.

A：Not at all.

A：您好，我是托尼·亚当斯。

B：您好，亚当斯先生，但愿我没给您添麻烦。

A：一点儿也没有。

11. A：Miss Branny?

B：Yes，That's right，I'm Donna Branny.

A：Hello，I'm Robert Achatz. Welcome！ It's great to have you with us.

B：Pleased to meet you，Mr. Achatz.

A：是布兰妮小姐吗？

B：是的，我是唐娜·布兰妮。

A：您好，我是罗伯特·阿赫茨。欢迎您。您能来真是太好了。

B：很高兴见到您，阿赫茨先生。

12. A：Hello！ You must be Charles Bolder.

B：Yes，that's right.

A：您好，您一定是查尔斯·博尔德。

B：是的。

13. A：Hello. You're the new export clerk，aren't you？ My name is Sarah Adlington. I do most of the secretarial work in the office.

B：It's very nice to meet you，Miss Adlington. I'm Peter Baumer.

A：您好，您是新来的出口业务员吧？ 我叫莎拉·艾德林顿。我主要做办公室秘书工作。

B：非常高兴见到您，艾德林顿小姐。我是彼得·鲍默。

14. A：Please call me Sarah.

B：And I'm Peter.

A：请叫我莎莉。

B：我是彼得。

15. A：Allow me to introduce myself. I am Peter ，the interpreter.

A：请允许我介绍一下自己。我是彼得，担任翻译。

16. A：Excuse me. I haven't had the honor of knowing your name.

B：Yes, my name is Lily.

A：打扰一下，我之前不知道您的名字吧？

B：是的，我的名字叫莉莉。

17. A：I don't believe we've met.

B：No, I don't think we have.

A：My name is Chen Sung-lim.

B：How do you do? My name is Fred Smith.

A：我们以前没有见过吧？

B：我想没有。

A：我叫陈松林。

B：您好，我是弗雷德·史密斯。

18. A：Here's my name card.

B：And here's mine.

A：It's nice to finally meet you.

B：And I'm glad to meet you, too.

A：这是我的名片。

B：这是我的。

A：很高兴终于与您见面了。

B：我也很高兴见到您。

19. A：Is that the office manager over there?

B：Yes, it is.

A：I haven't met him yet.

B：I'll introduce him to you.

A：在那边的那位是经理吧？

B：是啊。

A：我还没见过他。

B：那么，我来介绍你们认识。

20. A：Do you have a calling card?

B：Yes, right here.

A：Here's one of mine.

B：Thanks.

A:您有名片吗?

B:有的,就在这儿。

A:这是我的。

B:谢谢。

21. A:I'll call you next week.

B:Do you know my number?

A:No, I don't.

B:It's right here on my card.

A:我下个星期会打电话给您。

B:您知道我的号码吗?

A:不知道。

B:喏,就在我的名片上。

22. A:Have we been introduced?

B:No, I don't think we have been.

A:My name is Wong.

B:And I'm Jack Smith.

A:对不起,我们互相认识了吗?

B:不,我想没有。

A:我姓王。

B:我叫杰克·史密斯。

23. A:Is this Mr. Jones?

B:Yes, that's right.

A:I'm just calling to introduce myself. My name is Tang.

B:I'm glad to meet you, Mr. Tang.

A:是琼斯先生吗?

B:是的。

A:我打电话是向您作自我介绍,我姓唐。

B:很高兴认识您,唐先生。

24. A:I have a letter of introduction here.

B:Your name, please?

A:It's David Chou.

B:Oh, yes, Mr. Chou. We've been looking forward to this.

A:我这儿有一封介绍信。

B：请问尊姓大名？

A：周大卫。

B：啊，周先生，我们一直在等着您来。

25. A：I'll call you if you give me a name card.

B：I'm sorry，but I don't have any with me now.

A：Just tell me your number，in that case.

B：It's 322－5879.

A：给我一张名片吧，我会打电话给您。

B：真抱歉，我现在身上没带。

A：这样啊，那就告诉我您的电话号码好了。

B：322－5879。

（二）介绍他人

1. A：Let me introduce you to my partner Brigitte. Brigitte，this is Chris Carter.

B：Hello，Chris. Nice to meet you.

A：请允许我将您介绍给我的合伙人布里吉特。布里吉特，这位是布里斯·卡特。

B：您好，克里斯。很高兴见到您。

2. A：I'd like to introduce you to Mrs. Chlepac. She'from Austrilia.

B：Nice to meet you，Mrs. Chlepac. My name's Boyd，James Boyd.

C：Very nice to meet you too.

A：我想给您介绍一下克莱帕克夫人。她是澳大利亚人。

B：很高兴见到您，克莱帕克夫人。我叫博依德，詹姆斯·博依德。

C：我也很高兴见到您。

3. A：Dr. Bell，may I introduce you to Dr. Crimson? Dr. Crimson，Dr. Bell.

B：How do you do？

C：How do you do？

A：贝尔博士，请让我给您介绍一下克里姆森博士。克里姆森博士，（这位是）贝尔博士。

B：您好。

C：您好。

4. A：Mr. Bond，please allow me to introduce to you one of our consultants，Jane Colby from London.

B：Pleased to meet you, Miss Colby.

C：The pleasure's all mine. And please call me Jane.

A：邦德先生，请允许我向您介绍我们的一位顾问，从伦敦来的简·科尔比。

B：见到您很高兴，科尔比小姐。

C：我也很高兴，请叫我简吧。

5. A：Mr. Bacher, I'd like you to meet Linda Clemence. She's our new Advertising Manager.

B：How do you do?

C：How do you do? I'm very pleased to meet you. Mr. Bacher.

A：巴赫尔先生，我想让您见见琳达·克莱门斯。她现在是我们新的广告部经理。

B：您好。

C：您好。见到您非常高兴，巴赫尔先生。

6. A：Barbara, I want you to meet a colleague of mine, Carol Simpson. Carol, this is Barbara Barxter. I don't think you've met.

B：Hello, Carol.

C：Hello.

A：芭芭拉，我想让您见见我的一个业务伙伴卡罗尔·辛普森。卡罗尔，这是芭芭拉·白柯斯特。我想你们没见过面。

B：您好，卡罗尔。

C：您好。

7. A：Bruno, I'd like you to meet Miss Taylor. She has just arrived from New York and she is going to work as a management trainee here.

B：How do you do? I'm delighted to meet you, Miss Taylor. I hope you have had a good flight.

A：布鲁诺，我想让您见见泰勒小姐。她刚从纽约来，准备做管理实习生。

B：您好，很高兴与您见面，泰勒小姐。您旅途顺利吧？

8. A：Bob, have you met Peter Cromwell, my new assistant, yet?

B：No, I don't think so. How do you do, Mr. Cromwell?

C：How do you do?

A：鲍勃，您见过我的新助理彼得·克伦威尔吗？

B：不，我想还没有，您好，克伦威尔先生。

C：您好。

9. A：I don't think you've met Dr. Randolph yet，have you?

B：No，I haven't yet had the pleasure.

A：我想您还没见过兰道夫博士吧？

B：没有，我一直没有这份荣幸。

10. A：By the way，do you know Mr. Redford?

B：No，I don't think so. Pleased to meet you.

A：顺便问一下，您认识莱德福特先生吗？

B：不，不认识。见到您很高兴。

11. A：Have we met before?

B：No，we don't actually. But I've heard a lot about you. How do you do，Mr. Redford? I'm delighted to meet you.

A：我们见过吗？

B：不，我们没见过面。但我常听人谈起您。您好，莱德福特先生。见到您真高兴。

12. A：I don't think you know Mr. Crane，our Production Manager，do you?

B：No，we haven't met. How do you do，Mr. Crane?

C：How do you do? I'm very pleased to meet you，Mr. Benson.

A：我想您还不认识我们的生产经理克雷恩先生吧？

B：是，还不认识。您好，克雷恩先生。

C：您好，见到您我很高兴，本森先生。

13. A：Brian，this is Wolfgang Cech from Austrilia. He's over here on business. Wolfgang, Brian Baxter，our Export Manager.

B：Nice to have you with us.

A：布莱恩，这位是从澳大利亚来的沃尔夫冈·柴赫。他是来出差的。沃尔夫冈，（这位是）布莱恩·白柯斯特，我们的出口部经理。

B：很高兴和您见面。

14. A：How do you do，Mr. Baxter?

B：Have you been to London before，Mr. Cech?

A：No，this is my first time here. I went to Brighton a year ago, but I didn't come here.

A：您好，白柯斯特先生。

B：您以前来过伦敦吗，柴赫先生？

A：没有，这是第一次。一年前我去过布莱顿，但没到这儿来。

15. George, this is Mary. Mary, this is George. He's a friend of mine.

乔治，这是玛丽。玛丽，这是乔治，我的一个朋友。

A：Will you introduce me to the new purchasing agent?

B：Haven't you met yet?

A：No, we haven't.

B：I'll be glad to do it.

A：请替我引见新来的负责采购的人好吗？

B：你们还没见面吗？

A：嗯，没有。

B：我很乐意为你们引荐。

二、招呼用语

1. A：Good morning, Mr. Brown!

B：Morning, Ann.

A：早上好，布朗先生。

B：早上好，安。

2. A：Hi, Betty.

B：Hello, Adrian.

A：您好，贝蒂。

B：您好，亚德里恩。

3. Hello, Jane. I'm afraid I'm rather late. Have you been waiting long?

您好，简。不好意思我来晚了。您久等了吧？

4. I'm glad to have met you.

见到您很高兴。

5. A：Morning, Bill. Nice to see you.

B：Hello, Ann. You're looking very well.

A：早，比尔，很高兴见到您。

B：您好，安，您看上去气色不错。

6. A：Hello, Bill.

B：Hello, this is a pleasant surprise.

A：It's very nice to see you again, Bill. It's been a long time.

A：您好，比尔。

B:您好,真是个意外的惊喜。

A:见到您我非常高兴,比尔。好久没有见到您了。

7. A:Good morning, Mr. Beeston. Come along in. Do sit down.

B:Thank you.

A:早上好,比斯顿先生。进来吧。请坐。

B:谢谢。

8. A:Hello, Mr. Bauer, I don't know if you remember me. David Allen, we met at...

B:Of course! It's nice to meet you again, Mr. Allen.

A:您好,鲍尔先生。不知道您是否还记得我。大卫·阿伦,我们那会见面是在……

B:我当然还记得! 很高兴再见到您,阿伦先生。

9. I'm very pleased to meet you again, Mr. Allen.

我非常高兴再次见到您,阿伦先生。

10. A:Good evening, Mr. Bloch. How are you?

B:Very well, thank you. And how are you?

A:I'm very well, too, thank you.

A:晚上好,布洛赫先生。您好吗?

B:很好,谢谢。您好吗?

A:我也很好,谢谢。

11. A:Nice to see you again, Mrs. Bear. How are you?

B:Very well, thank you, Mr. Auer. I hope you are well too.

A:很高兴又见到您,贝尔夫人。您好吗?

B:很好,谢谢,奥尔先生。希望您也很好。

12. A:Bill! Good to see you again! How are you?

B:I'm fine, thanks. How are you?

A:I'm okay, thanks. Nice of you to come.

A:比尔,又见到您了真好! 您还好吗?

B:我很好,谢谢您。您好吗?

A:我也很好,谢谢。您能来真好。

13. A:Hi, Ben. How are things going?

B:Great, thanks. I've got a really interesting new job. How about you?

A:I'm all right, thanks.

A：您好，本！一切可好？

B：非常好，谢谢。我找了一个很有意思的新工作。您呢？

A：我还不错，谢谢。

14. A：Morning. How are things with you, Brigitte?

B：Oh，not too bad，thanks.

A：How are you enjoying your stay in New York?

B：Very much. I love it here.

A：您早。您一切可好，布里吉特？

B：还不错，谢谢。

A：在纽约这儿感觉怎么样？

B：非常棒。我喜欢这儿。

15. A：Small world，isn't it?

B：Yes，we meet again.

A：这个世界真小，难道不是么？

B：是的，我们又见面了。

16. A：Long time no see.

B：Yes，I miss you very much.

A：好久不见。

B：是的，我很想念您。

17. I didn't expect to meet you here!

真没想到会(在这里)遇见您。

18. A：I am so pleased to have met you.

B：Me too.

A：见到您很开心。

B：我也是。

19. Fancy meeting you here.

在这里见到您真是太好了。

20. We have been longing to meet you for a long time.

我们早就想和您见面了。

21. How do you do?

您最近怎么样？

I am fine.

我很好.

三、道别用语

1. A：Goodbye，Dr. Benson.

A：再见，本森博士。

B：Goodbye.

B：再见。

2. A：I'll see you then, Bill. Bye!

A：那就再会了，比尔。再见！

B：See you, Ann.

B：再会，安。

3. A：See you on Friday!

A：星期五见！

B：Ok，Bye for now!

B：好的。再见了！

4. A：See you later，bye!

A：待会儿见！

B：Take care. Bye for now!

B：小心点儿，再见。

5. A：I'll be seeing you!

A：再会！

B：Look after yourself. Bye-bye!

B：照顾好您自己。再见！

6. A：Goodbye，It's been nice meeting you.

A：再见，很高兴认识您。

B：Goodbye，and thank you very much for coming!

B：再见，非常感谢您的光临。

7. A：Goodbye. I have enjoyed talking to you.

A：再见。很高兴和您交谈。

B：Yes, bye, and I hope your meeting goes well this afternoon.

B：好的，再见，我希望您今天下午的会议进展顺利。

8. A：Goodbye and all the best. It's been a pleasure meeting you.

A：再见，祝您万事如意。见到您真是荣幸。

B：Yes, I've thoroughly enjoyed my stay here. I hope to see you again soon. Goodbye.

B：是呀，我非常喜欢这里。希望会再见到您。再见。

9. A：I'll see you again tonight, Brian.

A：咱们今晚再见，布莱恩。

10. A：Well, thanks very much, Bill. Very pleased to have met you.

A：非常感谢，比尔。见到您十分高兴。

B：It's been most enjoyable. I'll look forward to seeing you next year.
Goodbye for now.

B：我也感到非常愉快。我期待着明年与您再见。再见！

A：Bye, Bill.

A：再见，比尔。

11. A：You're going back to Austrilia tomorrow, aren't you?

A：明天您就要回澳大利亚了，是吗？

B：That's right. We won't be seeing each other for a while.

B：对。我们很长时间都不能见面了。

A：Well, take care of yourself and do keep in touch.

A：您好好保重，保持联系。

B：Right, bye.

B：好的。再见。

12. A：When are you off?

A：您什么时候走？

B：Tomorrow morning, first thing.

B：明天一大早。

A：Goodbye then, and all the very best.

A：那么再见了，祝您万事如意。

13. A：I'd like to say goodbye to you all.

A：我想向诸位道声再见。

B：Oh, are you off now? Have a good journey!

B：您现在就走吗？祝您旅途愉快！

14. A：I think that's everything, Mr. Bene. We've covered all the points,
we need to discuss for the moment.

A：我想就这些了，本纳先生。我们需要讨论的问题都已经谈过了。

B：Fine , I'll say goodbye for now then, and thank you. It's been a useful meeting.

B:好的,那么现在我得说再见了,同时向您道声谢。这是一次非常有意义的会议。

15. Sorry,I must be off now.

对不起,现在我得离开了。

16. I think I really ought to be going.

我想我真的该走了。

17. I really should be getting back to my hotel. It's getting very late and I have got an early morning flight.

我真的该回酒店了,现在已经很晚了,而且我还得赶明早的飞机。

18. A:I hope you don't mind but I really have to go now.

A:希望您别介意——我现在真得走了。

B:That's OK, see you again soon.

B:好的,不久以后再见吧。

19. It's been very nice talking to you,but I'm afraid I cannot stay here any longer.

和您谈话真的很有意思,但可惜我不能再待了。

20. Wish you all the best in your visit.

祝愿您旅途顺利。

21. I look forward to the opportunity of hosting you here again.

我希望还能够有机会在这款待您。

22. I hope we'll meet again some time.

希望不久之后能再见到您。

四、感谢用语

1. A:Thank you (very much).

B:Not at all.

A:非常感谢。

B:不用谢。

2. A:Thanks a lot.

B:It's(That's) all right.

A:多谢。

B:不用谢。

3. A. Many thanks.

B：You are welcome.

A：多谢。

B：不用谢。

4. Thanks(Thank you) for listening.

感谢大家倾听。

5. It's very kind of you (to help me).

您真是太好了(帮了我这么大的忙)。

6. It's most thoughtful of you.

您真是想得太周到了。

7. I don't know how I can thank you enough.

我不知怎样谢您才好。

8. I don't know what I should have done without your help.

没有您的帮助我真不知道怎么办。

9. Thank you all the same.

一样要谢谢您。

五、商务谈判常用语

（一）集思广益，慎重选择

卓越的谈判者会通过营造和谐的氛围鼓励大家形成一个整体，集思广益，共同探索有潜力的解决方法。只有符合双方共同利益的选择才是可取的。

1. Let's brainstorm to see if we can come up with a solution for both of us.

让我们开动脑筋，看看能否找到对我们都适用的方案。

2. if we… it would accomplish your objectives, but what about…

如果我们……的话，就可以实现您的目标，那如果……会怎么样呢？

3. Both of us are trying to… so we might as well…

我们双方都试图……所以我们不妨……

4. That idea is a good start, but what about adding…

这个主意是个好的开端，但是如果再加上……会怎么样呢？

（二）定位与思考

正确的态度是将谈判伙伴看作同盟者而不是对手。不要陷入对立的观点不可自拔，而是要洞察双方的根本利益。无须担忧彼此间利益的差异，而是要寻找实现双方利益的最佳方式。

1. What you're interested in is… Is that right? Well，I Would like to see… because…

您感兴趣的是……对吗？那我看下……，因为……

2. That dovetails nicely into my requirements，if we… then both our requirements will be satisfied.

那与我的要求正好吻合，如果我们……那我们双方的要求就都满足了。

3. We offer you our best prices, at which we have done a lot of businesses with other customers.

我们向你们报的是最优惠的价位，按照此价我们已与其他很多客户做了大批的生意。

4. Will you please tell us the specifications, quantity and packing you want，so that we can work out the offer ASAP.

请告诉我们贵方对规格、数量及包装的要求，以便我方尽快制定出报价。

5. This is the pricelist, but it serves as a guideline only. Is there anything you are particularly interested in?

这是价格表，但只供参考。您有没有特别感兴趣的商品？

6. Do you have specific request for packing? Here are the samples of packing available now，you may have a look.

你们对包装有什么特别要求吗？这是我们目前用的包装样品，您可以看一下。

7. I wonder if you have found that our specifications meet your requirements. I am sure the prices we submitted are competitive.

我们的规格符合您的要求吗？我敢肯定我们的价格是非常有竞争力的。

8. Heavy enquiries witness the quality of our products.

大量的询盘证明我们的产品质量是相当过硬的。

（三）观点态度

在双方谈判的过程中，一定要注意倾听对方的发言。

1. 如果想表示对对方的观点已经了解，可以说：

I see what you mean. 我明白您的意思了。

That's a good idea. 这是个好主意。

I agree with you. 我赞成。

2. 如果是有条件地接受，可以用 on the condition that 这个句型，例如：

We accept your proposal，on the condition that you order 20 000 units.

如果您订2万台,我们就会接受您的提案。

3. 在与外商尤其是欧美国家的商人谈判时,如果有不同意见,最好坦白地提出来而不要拐弯抹角,比如,无法赞同对方的意见时,可以说:

I don't think that's a good idea.

我不认为那是个好主意。

Frankly, we can't agree with your proposal.

坦白讲,我们无法同意贵方的提案。

4. 如果想要拒绝,可以说:

We're not prepared to accept your proposal at this time.

我们现在还无法接受贵方的建议。

有时,还要讲明拒绝的理由,如:

To be quite honest, we don't believe this product will sell very well in China.

说老实话,我们担心该产品在中国的销量。

5. 在谈判期间,由于言语沟通方面的问题,出现误解也是在所难免的:对方可能会误解您,您也可能会误解对方。在这两种情况出现后,您可以说:

No, I'm afraid you misunderstood me. What I was trying to say was…

不,恐怕您误解了。我想说的是……

Oh, I'm sorry, I misunderstood you. Then I go along with you.

对不起,我错怪您了,我同意您的观点。

(四)整体完善

当达成了双方基本认可的观点时,必须做到主旨明确。总之,要优化初步的意向,使其非常正式,并使双方都能一目了然。

A:Okay, let's review our terms once more. You are interested in a lower overall budget because your current available resources are limited. I can only offer a lower price if we limit on-site support. We can't afford to give a lower discount if our employees are working overtime and getting paid overtime. So I think if you agree to supply your own on-site workers, we should be able to give you the discount you need.

B:Sounds like it should work for both of us!

A:好的,让我们回顾一下我们的条件。由于贵方最近可用的资源非常有限,所以您所感兴趣的是一个较低的总预算。如果贵方能在现场支持方面降低要求的话,我们可以给出一个更低的价格。如果我们的员工加班工作,还需要我们支付额外的加班费的话,那我们没有办法再降价了。所以我想如果您同意提供雇员的话,我们可以给您更多的折扣。

B:听上去这对我们双方都适用。

(五)总结

通常人们将谈判视为唇枪舌剑的对抗性运动,或者将其理解为谈判双方在利益面前势不两立。事实上,谈判应该是一个双方共同努力、不动干戈地创造双赢机会的过程。

六、商务谈判中转移议题的常用语

Now let's move on to the next issue, which is how to compensate for the loss.

现在我们转到下一个议题:如何赔偿损失。

If you'll allow me, let me go on to the question of improving sales performance.

如果您允许的话,我想接着谈改善销售业绩的问题。

Now that the problem of payment terms has been dealt with, I'm eager to know if you can effect shipment in May.

现在付款方式的问题已经得到了解决,我很想知道贵方能否在5月份完成装运。

I'm glad we have arrived at a complete agreement on the clauses discussed so far. There remains only the question of packing.

我很高兴我们对于各项条款的讨论已经取得了完全一致的意见,剩下的就只是包装的问题了。

What shall we discuss next? I suggest we have a word about insurance.
接下来谈什么? 我建议谈谈保险的问题。

Next, we'd like to hear the comments by everyone present at the meeting.
下面我想听取出席会议的每位同仁的意见。

Now I'd like to turn to the possible solutions.
现在我想把话题转向探讨可行的解决方案。

七、谈判对话案例

(一)谈判出现裂痕的情境

There's a break in the dialog where Jane sees that the talks are pointless..She tries walking away. However, this time Jane has to work with this company, so she can't simply walk away. She has to find a way to make the deal work.

在下面这个对话中,两个人的谈判出现裂痕,简想和对方做生意,所以不能说走就走。她得想办法弥补裂痕。

Bob:Well, it's the best I can do.

鲍伯:这是我能给您的最好的价格了。

If you want to sell me your DVD players, you need to accept my offer. Do we have a deal?

如果您想要把你们的 DVD 放映机卖给我们,您就得接受我的提议,可以成交了吗?

Jane:I'm afraid not, Bob. I really don't have any more room to maneuver.

简:恐怕不行,鲍伯,我真的没办法再降了。

You're going to have to raise the price some more, a lot more.

您得将价格提高点,甚至要提高很多。

Bob:Jane, I told you, with business the way it is, the Koreans dumping units in our market, the down economy, our decreased market share in the last three quarters.

鲍伯:简,我告诉过您,现在业界的状况是,韩国人向市场倾销了大量的 DVD 放映机,经济又不景气,我们的市场占有率已经下跌了三个季度了。

We can't compete if we pay your price.

付了您这个价码,我们就没有竞争力了。

Jane:Bob, you're breaking my heart, but my hands are also tied.

简:鲍伯,您真是让我难过。但是我也没办法啊。

My boss told me not to sell these units for less than what it costs to make them.

老板有指示,售价不能低于造价。

I can't go any lower.

我真的不能再降了。

I already made two counter offers to yours and you haven't budged.

我已经还了两次价,而您一点都不让步。

Now I've redemonstrated my willingness to work with you, and what you can say is "take my offer".

我展现出了我们的合作诚意，但您还是那句老话，让我们接受您的价格。

Bob：It's a good offer，the best we can do.

鲍伯：我提出的条件已经很好了，这是我们所能提供的最好的价格了。

Jane：Look，this is getting us nowhere.

简：您看，我们这样是谈不出结果的。

We've been here for more than seven hours and we're no closer to a deal than when we started.

我们已经谈了 7 个小时，却一点进展都没有。

I suggest we call it a day，and try again tomorrow.

我看今天就谈到这里吧，明天再继续谈。

That is if you think we have anything to talk about tomorrow.

那得看我们明天还有没有什么可谈的。

Bob：Maybe you're right.

鲍伯：也许您说的对。

Look，this isn't an official offer.

这并不是正式的报价。

I'm not authorized to go any higher，but during the evening I'll check with my people and see if we can sweeten our offer a little bit.

我没有权限再提高价格，但晚上我会和我们的人谈谈，看看能不能给出更好的价格。

Like I said，this isn't official but maybe I can come up a little. Maybe as much as twenty-five cents per unit.

就像我说的，这个报价不是正式报价，也许我们可以再多让一点，大概平均提高 25 美分。

Jane：Bob，you know I need something more like two and a half dollars.

简：鲍伯，您也知道多个两块五才是我希望的。

That's still way too low.

那(25 美分)也还是太少。

Bob：I know，but don't forget that wasn't an official offer.

鲍伯：我知道，但别忘了，那并不是报价。

I'm not authorized to offer any more.

我没有权限给出更好的价格。

I'm just sort of thinking out loud that maybe my people will allow me to come up that much.

说不定公司的人可以让我提高那么多,但我只是想想而已。

Jane:When you talk to them,I suggest you discuss some larger numbers, and I'll call Taiwan.

简:当您和他们讨论时,我希望您建议步子迈得大一点。我也会打电话回台湾的。

(二)有关盈利与亏损的商务对话

Beth:Sally,do you have some batteries that I can borrow?

贝丝:萨莉,我想借块电池,您那儿有么?

Sally:Sure,why do you need them?

萨莉:没问题,您为什么要电池呀?

Beth:I need my calculator to work out the profit since last month.

贝丝:我要用计算器算从上月起的公司利润。

Sally:It is very important that you cannot make mistakes when you are calculating those numbers. So,take my calculator.

萨莉:您在算这些数的时候,千万别出错误,这非常重要,就用我的吧。

Beth:Thanks Sally. The senior managers need the results from last month straight away,so I can't stop to talk.

贝丝:谢了,萨莉,高级主管马上就要从上个月到现在的结果,所以我不能跟您说话了。

Sally:See you later,Beth.

萨莉:一会儿见,贝丝。

Sally:I will bring your calculator back as soon as I have finished with it.

萨莉:我一算完就把计算器还给您。

Beth:No problem,just make sure the profits are right!

贝丝:没问题。只要保证利润核算正确就好。

(三)讨价还价的案例

某国一家运动产品公司专程来中国寻找加工合作伙伴。接洽的加工产品为一种石膏护垫,受伤的运动员使用这种产品,既可保护受伤部位,又不妨碍运动。现在,我们来看看两人是如何开始谈判的:

A:We found your proposal quite interesting. We'd like to weigh the pros and cons with you.

A:我们对您的提案很感兴趣。我们来衡量一下得失吧。

B：We have looked all over Asia for a manufacturer，your company is one of the most suitable.

B：我们一直在亚洲寻找制造商,贵公司再合适不过了。

A：If we can settle a number of basic questions，I'm confident in saying that we are the most suitable partners for your needs.

A：如果我们能够谈妥几个基本问题的话,我们的确会是最合适的合作伙伴。

B：I hope so. And what might be the basic questions you have?

B：希望如此。那么几个基本问题是什么呢?

A：First，do you intend to take a position in investing in our company?

A：首先,贵方有没有打算在我公司投资呢?

B：No，we don't，Mr. Liu. This is just OEM.

B：我们没有投资的打算,我方会负责原始设备制造。

A：I see. Then，the most important thing is the size of your orders. We'll have to invest a great deal of money in the new production process.

A：好的。那么我们最想知道的是贵方的订单规模。我们需要在生产流程上大量投资。

B：If you can guarantee continuing quality，we can sign a commitment for 75 000 pieces a year，for five years.

B：只要质量一直有保证,我们会签署承诺,五年间由贵方每年加工 75 000 件。

A：At U.S. ＄1 000 a piece，we'll make an average return of just 4％. That's too great a financial burden for us.

A：在美国,该产品的售价是每件 1 000 美元,我们只有 4％的回报,这对我们是一个很大的负担。

B：I'll check the number later，but what do you propose?

B：具体数目可以商量,您有什么建议吗?

A：Here's how you can demonstrate commitment to this deal. Make it ten years，increase the unit price，and provide technology transfer.

A：您如果能这么做的话就会显示出您的诚意:签十年的协议、提高单价、提供技术转让。

我方在谈判的最后提出签约十年的要求,外方会不会答应呢? 如果答案是否定的话,我方又该做何打算呢? 我方一心为公司的利益着想,极力争取获得技术转让,对方会甘心出让此项比金钱更珍贵的资产吗？请看接下来的对话：

B:We can't sign any commitment for ten years. But if your production quality is good after the first year, we could extend the contract and increase our yearly purchase.

B:我们不能签十年的协议,但如果第一年贵方产品质量过硬的话,我们可以续签并增加年购买量。

A:That sounds reasonable. But could you shed some light on the size of your orders?

A:这样比较合理。那您能透露一下贵方的订单规模吗？

B:If we are happy with your quality, we might increase our purchase to 100 000 a year, for a two-year period.

B:如果我们对质量满意的话,我们可以在两年间将购买量增加到100 000件。

A:Excuse me, but it seems to me we're giving up too much in this case. We'd be giving up the five-year guarantee for increased yearly sales.

A:对不起,这样的话我方损失太大。我们会因为年销售量的增加而损失了五年间合作的保证。

B:You've got to give up something to get something.

B:有所得必有所失嘛。

A:If you're asking us to take such a large gamble for just two year's sales, I'm sorry, but you're not in our ballpark.

A:对不起,为了两年间的合作冒这么大的风险,我不能接受。

B:What would it take to keep you interested?

B:怎么才能让您对合作感兴趣呢？

A:A three-year guarantee, not two. And a quality inspection tour after one year is fine, but we'd like some of our personnel on the team.

A:为期三年的协议,而不是两年,一年以后来检查质量是可以的,但检查组里必须有我们的人。

B:Acceptable. Anything else?

B:可以接受,还有别的要求吗？

A:We'd be making huge capital outlay for the production process, so we'd like to set up a technology transfer agreement, to help us get off the ground.

A：我们需要为生产流程支出大量的资本，所以我们希望能够签署技术转让协议来帮助我们起步。

到目前为止，谈判都还算是在和谐的气氛下进行的，双方各自寻求着获利的方案。但针对技术转让这一项内容，外方提出的保证和要求能否消弭中方的顾虑呢？以下对话即将为您揭晓：

B：If we transferred our technical and research expertise（技术与研究的专业知识），what would stop you from making the same product?

B：如果我们转让了技术，那么怎么能杜绝贵方生产同样的产品呢？

A：We'd be willing to sign a commitment. We'll put it in writing that we won't copycat the product within five years after ending our contract.

A：我们可以签署协议，用书面形式保证在合同终止后五年内不会仿冒该产品。

B：Sounds OK, if it's for any "similar" product, that would give us better protection. But we'd have to interest on a ten year limit.

B：如果贵方保证不生产任何类似的产品的话，可以接受。但是我们需要在十年内对贵方采取利益限制。

A：Fine. We have no intention of becoming your competitor.

A：好的，我们无意成为贵方的竞争者。

B：Great. Then let's discuss the details of the transfer agreement.

B：太好了。那我们来谈谈技术转让协议的细节吧。

A：We'll need you to send over some key personnel to help us purchase the equipment and train our technical people. How long do you anticipate that will take?

A：我们需要贵方派专业人员帮助我们购买设备、训练技术人员。这些需要多长时间呢？

B：A week to put the team together, three weeks to train your people. If so, when do you estimate starting production?

B：一周的时间组成外派小组，三周时间训练技师。如果这样的话，贵方何时能开始生产呢？

A：Our first production run should be one week after our team finishes its training. But I'd like your team to stay a full week after that, to handle any kitches that pop up.

A：培训结束后一周就可以组织第一批产品的生产,但培训人员最好在生产开始一周后再撤离,以处理突发事件。

B：Can do. Everything seems to be set. I'll bring in a sample contract tomorrow. If you like, we can sign it then.

B：可以. 差不多每件事都谈妥了,明天我会带草拟的协议过来,如果您愿意,届时可以签署协议。

案例分析

中方从一开始就提出了必须满足我方的几个条件才能有合作的可能。在对方不同意投资的前提下,马上询问订单规模,并要求签十年的协议、提高单价、转让技术。不轻易做让步,不同意因为提高产量而减少合作的年限。主动提出签署保证书,打消对方对于转让技术的顾虑,还要求质检小组里己方的人员。可谓滴水不漏,面面俱到。立场坚决,攻守兼顾。

第二节 谈判口语要素

一、谈判能力的来源

关于商业经营中的诚信原则中国自古就有"货真价实,童叟无欺"的八字经典,有趣的是,在英文中也有一个八"字"真言：NO TRICKS,与中文的意思非常相近。

谈判能力在每种谈判中都起到了重要的作用,无论是商务谈判、外交谈判,还是劳务谈判,双方谈判能力的强弱差异都决定了谈判结果的差别。对于谈判中的每一方来说,谈判能力都来源于八个方面：需要、选择、时间、投资、可信度、知识和技能。

对于买卖双方来说,谁的需求会更强烈一些呢？如果买方的需要较多,卖方就拥有相对较强的谈判能力,如果卖方急于卖出产品,买方就会拥有较强的谈判能力。如果谈判不能最后达成协议,那么双方会做出什么选择呢？卖方如果有很多可供选择的机会,对方就会认为卖方的产品、服务是唯一的,买方没太多选择,卖方也就拥有了较强的谈判能力。时间是指谈判中可能出现的有时间限制的紧急事件,如果买方有时间上的压力,卖方的谈判能力自然会增强。

如果与顾客之间建立了紧密的关系,在与顾客谈判时就会拥有优势。如果顾客觉得卖方只是为了推销,因而不愿与之建立深入的关系,这样在谈判过程将会比较吃力。在谈判过程中投入了更多时间精力、对达成协议承诺更多的一方往往拥有较弱的谈判能力。

潜在顾客对产品的相信程度也是谈判力的一种,如果推销人员知道顾客曾经使用过某种产品,而他的产品又具有价格和质量等方面的优势,卖方无疑会增强自信,但这一点并不能决定最后是否能成交。知识就是力量。如果您充分了解了顾客的问题和需求,并预测到您的产品能在多大程度上满足顾客的需求,这些知识无疑会增强对顾客的谈判能力。反之,如果顾客对产品拥有更多的知识和经验,顾客就有了较强的谈判能力。

技能是增强谈判能力的最重要内容,不过,谈判技巧是一门综合的学问,需要广博的知识、雄辩的口才、灵敏的思维。总之,在商业谈判中,应该充分利用这八种来源,同时做到"货真价实,童叟无欺"。

二、谈判口语要素

下面是各类谈判中使用最频繁、最有效的句子,它们是谈判的口语要素。在任何谈判环境下,这些口语要素都能够被灵活地运用到对话中。只有熟练掌握了这些对话,我们在谈判中才能做到沉稳、有条理、思路清晰、表达明确。

1. Would anyone like something to drink before we begin?

在我们正式开始前,大家想喝点什么吗?

2. We are ready.

我们准备好了。

3. I know I can count on you.

我知道我可以依靠您。

4. Trust me.

请相信我。

5. We are here to solve problems.

我们就是来解决问题的。

6. We will come out from this meeting as winners.

这次会谈将是双赢的。

7. I hope this meeting is productive.

我希望这是一次富有成效的会谈。

8. I need more information.

我需要更多的信息。

9. Not in the long run.

从长远来说并不是这样。

10. Let me explain to you why.

让我给您解释一下原因。

11. That's the basic problem.

这是最根本的问题。

12. Let's compromise.

让我们还是各退一步吧。

13. It depends on what you want.

那要视贵方的需要而定。

14. The longer we wait, the less likely we will come up with anything.

时间拖得越久，我们成功的机会就越少。

15. Are you negotiable?

您还有商量的余地吗？

16. I'm sure there is some room for negotiation.

我肯定还有商量的余地。

17. We have another plan.

我们还有一个计划。

18. Let's negotiate the price.

让我们来讨论一下价格吧。

19. We could add it to the agenda.

我们可以把这一项也列入议程。

20. Thanks for reminding us.

谢谢您的提醒。

21. Our position on the issue is very simple.

我们的意见很简单。

22. We cannot be sure what you want unless you tell us.

希望您能告诉我们，要不然我们无法确定您想要的是什么。

23. We have done a lot.

我们已经取得了不少的进展。

24. We can work out the details next time.

我们可以下次再来解决细节问题。

25. I suggest that we take a break.

我建议休息一下。

26. Let's dismiss and return in an hour.

咱们休会,一个钟头以后再谈。

27. We need a break.

我们需要暂停一下。

28. May I suggest that we continue tomorrow?

我建议明天再继续,好吗?

29. We can postpone our meeting until tomorrow.

我们可以把会议延迟到明天。

30. That will eat up a lot of time.

那会耗费很多时间的。

第六章　商务谈判英语

重点与难点

* 产品介绍句型、对话
* 价格句型、对话
* 合同句型、对话
* 订单句型、对话
* 付款句型、对话
* 运输句型、对话
* 索赔句型、对话
* 代理句型、对话

第一节　产品介绍

一、简介

产品是市场上任何一种能被人注意、获取、使用,或者能够满足某种消费需求和欲望的东西,一般是指物质生产领域的劳动者创造的物质资料;广义上是指具有使用价值、能够满足人们的物质需要或者精神需要的劳动成果,包括物质资料、劳务和精神产品。产品总是在一定的社会生产关系下生产出来的。而为了满足人们的生活需要,自然需要多种多样的产品来为我们服务,在此前提下就需要产品的供应商对自己的产品做出详细、准确的评价,使购买者能够在了解产品性能的基础上做出正确的选择。

二、基本句型

This is the best seller.

这是最畅销的产品。

It is a widely marketable product.

这是一种市场份额最大的产品。

Our natural honey is a very popular item in various markets abroad.

我们的天然蜂蜜在各种国际市场上是一种非常畅销的产品。

Our products have already gained a strong footing in many markets.

我们的产品已经在市场上占据一席之地了。

Our products enjoy wide acceptance in many markets abroad.

我们的产品已经进入了很多的国外市场。

Our products are highly reputed for their quality and designs. They can compete with the products from any other country.

我们的产品以质量和设计新颖而著称，可以同任何其他国家的产品竞争。

The goods are in great demand.

这种产品卖得很好。

There is disparity between supply and demand.

供求是不平衡的。

Our products are reputed for their fine quality.

我们的产品以质量著称。

The material is absolutely of prime quality.

这种材料是质量最好的。

The goods have enjoyed world renown for their excellent quality.

这种产品凭借质量成功地打入国际市场。

The quality of our goods is admired in many markets.

很多市场认可我们产品的质量。

Our commodity has always come up to our export standards.

我们的商品已经达到了出口的标准。

The material conforms in every respect to your requirement.

这种材料在各方面都符合您的要求。

We have a great variety of wooden decorations for you to choose from.

我们有各种各样的木制装饰品供您选择。

Our product quality can satisfy the national characteristics and habitual tastes in different countries.

我们商品的质量可以满足各个国家的民族特性和习惯品味。

Our quality is based solely on our sales samples.

我们的质量完全以货样为准。

We sell goods as per the sales sample, not the quality of any previous supplies.

我们销售产品是以货样为标准,而不是凭借过去任何一批货的质量。

This model of typewriter is efficient and durable, economical and practical for middle school students.

这个型号的打字机对于中学生来说高效、耐用、经济、实惠。

The computer we produced is characterized by its high quality, compact size. It is energy-saving and is also easy to learn and easy to operate.

我们生产的计算机质量好、体积小、节能而且易学好用。

They are not only as low-priced as the goods of other makers, but also distinctly superior in the following respects.

它们不但和其他厂家的产品一样低廉,而且在以下几个方面都有其独特的优越性。

You will get a 30% increase in production upon using this machine and also it allows one person to perform the tasks of three people.

一旦使用该机器,会增产30%,而且1个人可以顶3个人用。

This product will pay its own way in a year.

该产品一年就可收回成本。

This machine will pay back your investment in six months.

该机器半年就可收回成本。

The new type of suitcase car designed by our engineers is very ingenious and practical.

我方工程师设计的新款行李车非常精巧、实用。

Our products are of superb quality as well as the typical oriental make-up.

我方产品质量优良,且具有典型的东方特色。

The garments are magnificent and tasteful and have long enjoyed great fame both at home and abroad.

这些服装华丽、高雅、驰名中外,久享盛誉。

We feel that our product is the best kind in Asia and we can compete very well against Japan in price.

我们认为我们的产品在亚洲是最好的,在价格上完全可以与日本竞争。

Our goods are greatly appreciated in other markets similar to your own.

我们的产品在其他市场同在贵方市场一样受欢迎。

By virtue of this superior quality, this product is often sold out of stock in many areas.

我们的产品因其优良的质量,在很多地区经常脱销。

Our products are superior in quality and moderate in price and are sure to be salable in your market.

我们的产品质量优良、价格适中,在贵方市场上一定会很畅销。

These items are most salable in our market.

在我方市场上,这些产品是最畅销的。

三、对话

1. A:I can promise you that, if you buy our product, you will be getting quality.

B:I've looked at your units, and I am very happy with them. Your goods are all far above standard quality.

A:We spend a lot of money to make sure that our quality is much better. We don't sacrifice quality for quick profits.

B:Well, we're really interested in placing an order under negotiation. We can start the negotiations as soon as you want.

A:That's great. I'm glad we'll be able to do business together. I'll have some quotes ready for you by tomorrow morning.

B:Fine. Also, would you mind if I ask to see a surveyor's report of your products? I may have a few more questions about your quality analysis.

A:我可以向您保证,如果您买了我们的产品,您会得到高品质的产品。

B:我看过你们的单件,我很满意。你们的商品质量已经远远超过了质量标准。

A:我们投入了大量的资金来确保一流的质量。我们不会为了眼前利益而影响质量。

B：是的，我方真的很愿意谈判后就订货。你们想要谈判的话我们随时都可以。

A：那最好不过了。我很高兴我们能在一起做生意。到明天早晨我方将为您准备好报价单。

B：很好。还有，您不介意让我看一下贵方产品的检查报告吧，对贵方的质量分析我可能还有一些问题。

2. A：I'm interested in all kinds of your products，but this time I would like to order some fireworks and mosquito coil incense. Please quote us C. I. F. Rangoon.

B：Please let us know the quantity required so that we can work out the premium and freight charges.

A：I'm going to place a trial order for 1 000 units of a dozen fireworks and 500 cartons of mosquito coil incense.

B：All right. Here are our F. O. B. price lists. All the prices are subject to our final confirmation.

A：Your price is reasonable but I wonder if you would give us a discount. You know for the products like yours we usually get 2％ or 3％ discount from European suppliers.

B：We usually offer on a net basis only. Many of our clients have been doing very well on this quoted price.

A：我对贵方所有的产品都感兴趣，但这次我想购买烟火和蚊香。请报一下仰光到岸价。

B：请您说明需求数量，以便我们计算出保险费和运费。

A：我打算试订 1 000 打烟火和 500 箱蚊香。

B：好吧！这是我们的离岸价目表。所有的价格都要以我方最后确认为准。

A：贵方的价格很合理，但我想知道贵方能否再给折扣？因为购买这样的商品，我们通常能从欧洲供应商那里得到 2％ 到 3％ 的折扣。

B：我们通常只报净价。我们的许多客户在这个报价上都做得很好。

四、翻译练习

1.我们的商品一直是符合出口标准的，牢固性和可靠性是我们产品的两大优点。

2. 这些产品完全是手工制造的,工艺精湛。

3. 我们的产品位居同类产品的榜首,在国际市场上很受欢迎。

4. 这些皮鞋是用特殊的工艺制造的,穿着很舒服,一穿就合脚。

5. 我们的鞋类产品以设计精美、质量上乘而著称。

6. 我们的钢材在质量和价格上都足以同德国商品媲美。

7. 这种牌子的家电在国际市场上很有竞争力,而且是同类产品中销量最好的。

8. 我们的质量绝对值得信赖。

9. 我们公司一向信奉"物美价廉"的原则。

10. 根据市场情况来看,我们的产品广受消费者青睐。

第二节　价格

一、简介

在现代社会的日常应用中,价格一般是指进行交易时买方所需要付出的代价或者付款。对于商务谈判而言,谈判的主要侧重点就是价格,在价格符合要求的前提下才能进行下一步的谈判。谈判双方也会就商品的价格进行多次的探讨和讨价还价,以确保自己能够获得最大的利益。

二、基本句型

(一)询盘

Please quote us your most competitive price in order to consummate business.

请报出贵方最具竞争力的价格,以便达成交易。

Please quote us your lowest price.

请向我方报一下最低价。

Please quote us your best price and let us know the minimum quantity for each order.

请报一下最优惠的价格,并告诉我们每一张订单所必需的最少订购量。

We have already made an inquiry for your articles, please make an offer by the end of this month.

我们已对你们的产品进行了询价，请在月底前报价。

I would like to make an inquiry about this good.

我想询问一下这种商品的价格。

We shall be pleased if you will furnish us with your quotation for this product.

如果贵方能向我方提供该产品报价单的话，我方会很高兴的。

We are anxious to get an offer for your products.

我方急于要贵方产品的报价单。

We should like to know the offer for the price of this kind.

我们想知道这种商品的报价是多少。

We would like to know the minimum order quantities per color and per design.

我们想知道每种颜色、每种图案的最低订购数量。

If our order is a substantial one, how much will you bring your price down?

如果我方订购数目够大的话，贵方能降价的幅度有多大？

How much discount could you offer on an order of this size?

这么大的订单贵方可以给我方打多少折扣？

Please inform us what special offer you can make.

请告知我方贵方所能报的特优价。

We would appreciate it very much if you let us know how much discount you can grant us if we give you a large order of products.

若贵公司能告知我方在大量订购贵方产品的情况下可得到多少折扣，我方将不胜感激。

Is that your quoted prices?

这是贵方的报价吗？

Do you quote CIF or FOB?

您报的是到岸价还是离岸价？

Are the price on the list firm offers?

报价单上的价格是实价吗？

（二）报盘

This offer is subject to your reply reaching here on or before 26th June.

该报价需要贵方在 6 月 26 日或之前答复，否则无效。

If we can receive your order within the next ten days, we will make you a firm offer at the prices quoted.

如果我们在 10 天内收到贵方订单,我们愿意按所报价格报以实盘。

This offer is firm (open, valid) for 5 days.

该报价有效期为 5 天。

We have the offer ready for you.

我们已经为您准备好了报盘。

I'd like to remind you that we'll have to withdraw our offer if we don't hear from you by next Monday.

我要提醒您的是,如果下星期一以前仍未接到贵方的答复,我方就得撤回报价。

Since the market is advancing rapidly, the price we offered you is the best, I believe.

考虑到目前市场价格上涨很快,我相信我方的报价是最好的。

Here are our latest price sheets. You'll see that our prices are the most competitive.

这是我们最新的报价单,您会发现我方的价格极有竞争力。

We believe that the price we offer you can compete well with those of other firms.

我们相信我方所报价格与其他公司相比有很大的竞争力。

We hope you will accept our offer and give us your order soon.

我们希望贵方能接受我方的报价,并尽快下订单给我们。

We feel that our offer will give you full satisfaction and hope to receive a favorable reply from you soon.

我们认为我方的报价会令贵方十分满意,并期待着尽快收到贵方同意的答复。

If you think our proposal acceptable, please let us have your order at an early date.

如果认为我方报盘可以接受,请早日下单。

As prices are steadily rising, we would advise you to place your order without delay.

价格正稳步上升,建议贵方迅速订货。

Our product is in great demand and the supply is limited, so we would recommend that you accept this offer as soon as possible.

我方产品市场需求量很大,供货有限,建议贵方从速接受报价为好。

(三)还盘

We wish you will consider your price and give a new bid so that there can be a possibility for us to meet halfway.

希望贵方能重新考虑你们的报价,并报出一个新的价格,这样我们双方才有可能各让一步。

Your competitors are offering considerably lower prices and unless you can reduce your quotations, we shall have to buy elsewhere.

你们的竞争对手所报的价格要低得多,除非贵方降低报价,否则我们就要从其他地方购货了。

To accept your present quotation would mean a heavy loss to us, not to speak of profit.

如果接受贵方现报价格,对我方来说会是一个重大的损失,更不要说获利了。

I wish to point out that your offers are higher than some of the quotations from your competitors in other countries.

我想指出的是您的报盘比其他国家同行所报的价格要高一些。

Your price really leaves no margin for reduction whatsoever?

你们的价格确实没有还价或再降的余地了吗?

We can obtain the same quality through another channel at a much lower price than that you quoted us.

同等质量的货物我们可以通过其他渠道买到,但价格却比贵方的报价要低得多。

There is a big difference between your price and those of your competitors.

你们的报价和你们竞争对手所报的价格之间的差距太大了。

We hope that you will quote us your rock-bottom price, otherwise we have no alternative but to place our orders elsewhere.

我们希望贵方能向我方报最低价,不然的话我方只能向其他商家下订单了。

Your quotation is by no means favorable with those of other origins.

同其他货源比,贵方的报价显然没有任何优惠之处。

Compared with what is quoted by other suppliers, your price is uncompetitive.

同其他供货商所报价格相比,贵方的报价一点也不具有竞争力。

Your price compare unfavorably with your competitor's.

与贵方的竞争对手相比,您所报的价格一点也不占优势。

Our counter-offer is well in line with the international market fair and reasonable.

我们的还盘与国际市场的价格水平一致,公平、合理。

Your offer is wider than we can consider.

贵方所报价格超出了我们的考虑范围。

We regret to state that our end users here find your price too high and out of line with the prevailing market level.

我方很遗憾地告知贵方,我方市场的最终客户认为您的报价太高,偏离了现行市场的价格水平。

We appreciate the good quality of your goods, but unfortunately we are not going to accept the offer on your terms.

虽然我们很欣赏贵方货物的质量,但遗憾的是我方无法按照你们的条件接受报价。

We find your prices too high to be acceptable.

我们发现贵方价格太高,我方难以接受。

We regret to say that your offer is not in the least encouraging.

我方很遗憾的认为,贵方的报价一点都没有诱人之处。

The quotation submitted by you is too high.

贵方所报价格太高了。

We regret that it is impossible for us to entertain the bid.

很遗憾我们无法接受该报价。

You're making us pay too high a price. That'll put us in a tight corner.

您要的价格太高了,这会使我们很为难。

It would be impossible for me to push any sales at such high prices.

价格如此之高,我无法将产品推销出去。

You should know that the price of the same product should be fixed differently in different markets, but yours is definitely too high in our market.

贵方应该明白,相同的产品在不同的市场,其价格的确定应该是有所不同的,但贵方所报价格在我方市场上绝对是太高了。

We regret to say that your price is on the high side. We do not think there is any possibility of business unless you cut your price by 20%.

我方很遗憾地告诉贵方,你们的价格太高了,我方认为没有成交的可能性,除非贵方降价20%。

Your price has gone up so rapidly. It would be impossible for us to push any sales at such a price.

贵方的价格上涨得那么快,以这样一个价格推销产品,对我们来说是不可能的。

The price you offered is entirely unworkable.

贵方所报价格根本没法做。

If you hang on to the original offer, business is impossible.

如果贵方坚持原报价的话,生意将无法成交。

If you were able to lower the price, we might take a larger quantity.

如果贵方的报价再低一点的话,我们要的量可以大一些。

There is little likelihood of concluding business at your price.

以这个价格达成交易几乎没有什么可能。

Please give us your best price.

请给我们报最低的价。

I can't allow the price you ask for.

我不能同意您要求的价格。

Your price appears unworkable. It is rather out of line.

你们的价格似乎不可行,这已经超出了我们的承受范围。

Your price is not in the least encouraging.

您的价格对我们丝毫没有吸引力。

It is beyond our reach.

这个价格已经超出了我们的能力范围。

Compared with what is quoted by other suppliers, your price is not competitive at all.

和其他供应商报的价相比,您的价格根本就没有竞争力。

If you stand firm, we can hardly come to terms.

如果您坚持不让步,那我们很难达成协议。

Unless you can reduce the price, chances for business are remote.

除非您降低价格,否则做成生意的可能性很小。

If you want to get the order ,you'll have to lower the price.

如果您想得到这个订单,您最好降低价格。

A lower price would mean larger sales。

薄利多销。

There is every possibility of business if you can make some reduction in price.

如果您愿意在价格上作出让步,那么我们的生意成功还是有很大的希望的。

(四)对还盘的反应

Our price is fixed on a reasonable level.

我方的报价是在一个合理的水平上的。

Our products are moderately priced.

我方的产品定价适中。

This is the best price we can give you.

这是我方所能报的最优惠的价格了。

The price has been reduced to the limit.

该报价已经降到最低了。

Our price is already on its lowest level.

我方的价格已经是最低价了。

There is little scope for further reducing the price.

已经没有再降价的余地了。

Considerable quantities have been sold at this level，any further reduction is out of the question.

大量的货物都是以这个价位卖出去的,再进一步降价是不可能的了。

We cannot make any further discounts.

我方无法再多给折扣了。

This is our rock-bottom price. We can't make any further concessions.

这是我方的最低价,不可能再让了。

Sorry, we generally do not quote on a discount basis.

抱歉,一般来说我方的报盘不打折扣。

We can't make any allowance for this lot.

这批货我们不能再让价了。

This is the very best offer we can make for you. We consider this is a rock-bottom price indeed.

这是我方所能报的最优惠的价格了。我方认为这确实是最低价了。

I'm afraid there is no room to negotiate the price.

恐怕没有再讲价的余地了。

This is a special offer and is not subject to our usual discount.

这已经是优惠价了,没有平时的折扣了。

The possibility of a fall in price is rather remote, I'm afraid.

恐怕降价的希望是很渺茫的。

The price we offer you is the lowest, we cannot do better.

我方所报的价格已经是最低了,我们没法再让了。

We regret to say that we can't cut the price to the extent your required.

非常抱歉,我方无法将价格降到贵方所要求的程度。

We are in a difficult position to satisfy your request for reducing the price.

我们很难满足你们的降价要求。

It is really difficult to comply with your request for shading the price.

对于您要求降价一事,我们实难照办。

I dare say that the prices we offer compare favorably with any quotations you can obtain elsewhere.

我敢说,我们所报的价格比您从任何商家获得的价格都要优惠。

What we give you is a good price. We don't think it could be put better. Take it or not, it's up to you.

我们所报的价格是很优惠的,不可能再低了,要不要随您。

If you compare the quality of our goods with that of other countries, you will see that our price is very reasonable.

如果您把我们产品的质量与别的国家产品的质量比较一下,就能看出我们的价格是很合理的。

The present market situation is on an upward trend, so you don't have to worry about the profit.

目前的市场趋势在往上走,所以贵方不必担心利润的问题。

Our product is rather competitive, so there is no question of profit.

我方的产品极具竞争性,利润不是问题。

If you stick to your counter-offer without any compromise, we might not be able to make a deal.

如果贵方坚持还盘一点都不让步的话,这笔生意我们可能就无法成交了。

We regret that we cannot book your order according to your counter-offer.

很遗憾,我方不能按照贵方的还盘接受贵方订货。

We don't think that this price can be considered high in your market.

我们这个价格在贵方市场算不上是高价位。

We are not in a position to entertain business at your price, since it is far below our cost price.

由于贵方出价比我们成本低得多,我们不能接受订货。

Our price is realistic and based on reasonable profit.

我们的价格是很实际的,是根据合理的利润提出的。

It would be very difficult to come down with the price.

我们很难再降价了。

Our prices are the most reasonable.

我们的价格是最合理的。

We can offer you discount terms.

我们可以向您提供折扣。

Our price is fixed on a reasonable level. It cannot be bettered.

我们的价格是固定在一个合理的水平之上的,已经达到了最优。

Our price comes in line with the prevailing market level.

我们的价格是和当时的市场水平一致的。

There is little scope for reducing the price any more.

已经没有任何再降价的空间了。

We cannot accept your counter-bid, but this does not mean we are not willing to cooperate.

我们不能够接受您的价格,但是并不意味着我们不想合作。

The international market for this item has gone up considerably.

这一商品在国际市场上的行情已经大大地上涨了。

(五)要求优惠

Isn't it possible to give us a little more discount?

难道就没有可能再多打一些折扣了吗?

Should you be prepared to reduce your price, we might come to terms.

如果贵方准备降价的话,我们也许能成交。

If I show you an offer lower than yours, would you be able to conclude transaction at that price?

如果我给您一个比您低的价位,您愿意以那个价格成交吗?

If the order is a substantial one, how much will you come down?

如果订购数量相当大,您可以降多少价?

We'd like to ask for a reduction in price because of the big size of our order.

鉴于我方的订货量很大,希望贵方能降价。

Since the present market is so weak, you'll have to lower your price if you hope us to increase sales.

目前的市场不那么景气,所以如果贵方想要我方增加销量的话,就必须降价。

We invite quotation of the lowest price.

我们恳请报出最低价。

May we suggest that you could perhaps make some allowance on your quoted prices?

我们能建议贵方对所报价格打些折扣吗?

If an order is exceptionally large, we are prepared to increase the discount.

如果订货量特别大,我们愿意给更多的折扣。

We'll bring our price down by 4% for a good start for our business relationship.

为了使我们的业务关系有一个良好的开端,我方准备给贵方 4% 的折扣。

In order to close this deal we shall further reduce our price by 5%.

为了达成交易,我们将再次降价 5%。

(六)双方让步

In view of our good cooperation over the past few years, we are prepared to accept your price.

鉴于我们过去几年间的友好合作,我们准备接受您的报价。

How about meeting each other half way, and each of us makes a further concession so that business can be concluded?

能不能双方都作出让步? 各方再让一步,生意就能成交了。

I think that we should come to a compromise with each other in order to get the deal done.

我想为了做成这笔交易,我们双方应该达成一项折中的办法。

Business is quite possible if each side makes some concessions.

如果双方都作一些让步,生意是完全可以达成的。

In order to encourage business, we are prepared to make a reduction.

为了促销,我们准备减价。

After serious consideration, we can accept your counter-bid.

经过认真的考虑,我方可以接受贵方的还盘。

Considering your substantial order, we can give you this exceptional treatment.

考虑到您订货的数量巨大,我方可以给您这一破格的待遇。

To get business underway, we agree to take this as an exceptional case.

为了促成这笔生意,我们同意将它作为一个特例来处理。

To get things started , we will place a trial order.

为了让事情有一个好的开端,我们想先试订一批货物。

To start the ball rolling, we agree to your price。

为了让事情顺利进行,我们认同您的报价。

To get business underway, we take your price.

为了让生意正常进行,我们接受您的价格。

In view of our good cooperation over the past years ,we accept your price.

看在我们过去这些年合作愉快的面子上,我们接受您的价格。

We are pleased that our negotiation has come to a successful conclusion.

我很开心我们的协商取得了成功。

三、对话

1. A：May we hear your comments on our products?

B：We find the quality of your samples well up to standard and suitable for our requirements. On the other hand, we've received offers for higher quality products. So business depends very much on your prices.

A：Taking everything into consideration, you'll find that our prices compare favorably with the quotations you can get elsewhere.

B：I'm not sure of that. Before coming to the discussion of price, may I point out that we would like to have you quote us on a F. O. B. basis?

A：I don't quite understand. For bulk goods such as chemical fertilizers, it's the sellers who arrange the shipping space. It is more convenient for us, as well as for you.

B：Well，we prefer to have the US National Chartering Corporation take care of the shipping. It doesn't make a difference to you, does it?

A：Well，it does make a slight difference，but we'll do as your request.

A：请您说说对我们的产品的看法。

B：我们认为您的样品质量符合标准而且适合我们的需要，但是我们已经收到了高档货的报盘，所以能否成交在很大程度上取决于您的价格。

A：如果将各种因素综合考虑，您就会发现我们的价格比别处报的更便宜。

B：这点我不敢肯定，在谈判价格之前，我希望您报一下船上交货的价格，可以吗？

A：我不大明白，像化肥这样的大宗货物得由卖方安排舱位。这样对我们双方都方便。

B：我们希望由美国租船公司负责装船。这对您没有多大区别，不是吗？

A：稍微有点区别，但我们可以照您的意见办。

2. A：I have here our price sheet on a F. O. B. basis. The prices are given without engagement.

B：Good, if you'll excuse me, I'll go over the sheet right now.

A：Take your time.

B：I can tell you at a glance that your prices are much too high.

A：I'm surprised to hear you say so. You know that the cost of production has been skyrocketing in recent years.

B：We only ask that your prices be comparable to others. That's reasonable, isn't it?

A：Well, to get the business done, we can consider making some concessions on our price. But first, you'll have to give me an idea of the quantity you wish to order from us, so that we may adjust our prices accordingly.

A：这是我们船上交货价的价目单。所报价格没有约束力。

B：很好。如果可以，我想马上把价目单看一遍。

A：请便。

B：我一看这份价目单就知道您的价格太高了。

A：您这么说我很吃惊。您知道近年来生产成本在迅速上涨。

B：我们只要求贵方的价格能和别人差不多就行了。这个要求很合理，不是吗？

A：好吧，为了成交，我们可以考虑作些让步，不过希望您先说明您大概的订购量，以便我们对价格做相应的调整。

3. A：I've come to hear about your offer for bristles.

B：We have the offer ready for you. Let me see… Here it is. 100 cases Houston Bristles，57 mm，at 10 pounds sterling per kilogram，C. I. F. European Main Ports，for shipment in June 2001. The offer is valid for five days.

A：Why your price has soared? It's almost 25% higher than last year's. It would be impossible for us to push any sales at such a price.

B：I'm a little surprised to hear you say that. You know very well that markets for bristles have gone up a great deal in recent months. The price we offer compares favorably with quotations you can get elsewhere.

A：I'm afraid I can't agree with you there. I must point out your price is higher than some of the quotations we've received from other sources.

B：But you must take the quality into consideration. Everyone in the trade knows that US's bristles are of superior quality to those from other countries.

A：I agree that yours are of better quality. But there's competition from synthetic products，too. You can't very well ignore that. Prices for synthetic bristles haven't changed much over the years.

B：There's practically no substitute for bristles for certain uses. That's why demand for natural bristles keeps rising in spite of cheaper synthetic ones. To be frank with you，if it were not for the long-standing relationship between us，we would hardly be willing to make you a firm offer at this price.

A：Well，we'll have a lot of difficulties in persuading our clients to buy at this price. But I'll have to try, I suppose.

A：我是来听取您对猪鬃的报盘的。

B:我们已经为您准备好了报盘。让我找一找，啊，在这里，100 箱 57 毫米休斯敦猪鬃，运到欧洲主要口岸的成本加运费、保险费的离岸价每公斤 10 英镑，2001 年 6 月交货。报盘价五天内有效。

A:为什么价格猛涨，几乎比去年高出 25％呢？按照这种价格，我方卖不动啊。

B:您这样说让我有点惊讶。这几个月来猪鬃市价涨了很多。我报的价格与别处的价格相比，已经很便宜了。

A:恐怕我不能同意您的说法，您的价格比我们从别处得到的报价要高。

B:但是您必须要考虑质量的问题。同行都知道美国猪鬃质地要优于其他国家的供货。

A:我承认您的猪鬃质量高，但人造制品还是很有竞争力的。您恐怕不能忽视这一点吧。而且近年来，人造制品的价格并无多大变化。

B:在某些用途上，几乎没有东西可以代替猪鬃。所以尽管人造制品价格便宜，对天然猪鬃的需求还是在不断增长。老实说，如果不是因为我们长期以来的合作关系，我们不大可能报这样的实价的。

A:唉，要说服客户以这个价位购买猪鬃，对我们来说还真不容易。不过看来，我必须得试一试。

四、翻译练习

1.我们报给老客户的总是最优惠的价格。

2.我看到价目表上的价格全是离岸价，可我希望您能报一下到岸价。

3.如果这笔试销订单能得到特别关照，会带来更多的生意。

4.我们的还价和国际市场上的价格是相符的。

5.当前的市场条件对投资者不利。

6.希望通过双方努力，我们之间的贸易和友谊能朝着对双方都有利的方向发展。

7.在我看来，质量才是最重要的。

8.这是我方的底价，很抱歉我们不能接受对方的还价。

9.我们采取一个折中的办法吧。

10.在这个价位我们不会有什么利润。

第三节　合同

一、简介

合同(contract)，又称为契约、协议，是平等的当事人之间设立、变更、终止民事权利义务关系的协议。合同作为一种民事法律行为，是当事人协商一致的产物，是两个以上的意思表示相一致的协议。只有当事人所作出的意思表示合法，合同才具有法律约束力。依法成立的合同从成立之日起生效，具有法律约束力。在谈判中，必须保证合同公平公正，保证双方签署人的共同的正常的利益。因此，在谈判中，要重视合同的形式及其效力。

二、基本句型

We'd better draw up a rough draft to the contract then talk it over in detail at our next meeting.

我们最好先草拟一份契约，等下次见面时再讨论细节。

Before the formal contract is drawn up, I'd like to restate the main points of the agreement.

在正式签约之前，我们要重申一下协议的重点。

As some points concerning the contract have not yet been settled, negotiation has to be continued before the contract is signed.

由于合同中的某些问题尚未得到解决，在合同签署前仍需继续协商。

We hope that you won't object to our inserting such a clause in the agreement.

希望贵方不会反对我方在协议中加进这一条款。

If any other clause in this contract is in conflict with the supplementary conditions, the supplementary conditions should be taken as final and binding.

如果本合同其他任何条款与本附加条款有抵触，以本附加条款为准。

We think it is necessary to include a force majeure clause in this contract.

我们认为在合同中加进不可抗力这一条款很有必要。

After studying your draft contract we found it necessary to make a few changes.

在研究了贵方草拟的合同之后,我方发现有必要做几处修改。

Since both of us are in agreement on all the terms, shall we sign the contract now?

既然我们双方一致同意所有的条款,那我们现在就签约好吗?

We think your draw contract needs some modification.

我方认为贵方草拟的合同需要做一些修改。

Any modification alteration to the contract shall be made with the consent of both parties.

必须事先经双方同意,合同方可修改。

No changes can be made on this contract without mutual consent.

未经双方同意,不可对合同进行任何修改。

We must make it clear in the contract that you are obliged to complete the delivery of the goods within the contractual time of shipment.

我们必须在合同中明确指出,贵方有责任在合同规定交货期内完成交货。

If the shipment can not be made within three months as stipulated, the contract will become void.

如不能按原规定在 3 个月内交货,合同自动作废。

This agreement is made both in Chinese and English. The two versions of agreement shall have equal status in law.

本协议用中、英文两种文字写就,协议的两种文本具有同等的法律效力。

This agreement is drawn up separately in Chinese and in English. Each part holds one original and one duplicate of each language. The two languages are of the same effect.

本协议分别用中、英文两种文字写就,各方持有用两种语言写就的一份原件和一份复印件,两种语言具有同等的效力。

Both versions of this contract are equally authentic.

本合同的两种文字的文本具有同等的效力。

Any amendment of the contract shall come to force only after the written agreement is signed by both of us.

合约的任何修改都应该经过我们双方书面同意之后方可生效。

The contract shall become effective as soon as it is signed by both parties.

本合同经双方签字后立即生效。

This agreement will remain valid for one year and shall become effective on the date of signing.

本协议有效期为 1 年，自签署日起开始生效。

We'd like to make the contract valid for two years at the beginning.

刚开始，我们先把合约的期限定为 2 年。

If neither party considers it necessary to extend the contract, the proposing party may take the initiative to conduct negotiation with the other party one month prior to its expiration.

如果任何一方认为没有必要展延本合同，建议方应在合同到期日前一个月主动安排与对方的谈判。

The seller should try to carry out the contract in time, if not, the buyer has the right to cancel the contract.

卖方应及时按规定履行合同，否则买方有权撤消合同。

No party who has signed the contract has the right to break it.

签署合同的任何一方都无权撕毁合同。

Once a contract is signed, it has legal effect.

合同一旦签署即具有法律效力。

In case of breach of any of the provisions of this agreement by one party, the other party shall have the right to terminate this agreement by giving notice in writing to its opposite party.

如果一方违反本协议中的任何一项条款，另一方有权以书面形式通知对方终止本协议。

If you fail to make the delivery ten weeks later than the time of shipment stipulated in the contract, we shall have the right to cancel the contract.

如果贵方延期交货超过合同规定 10 周，我方有权取消合同。

If both parties do not agree to renew the contract at its expiration, it will automatically become void.

如果期限一到，双方不想再续约，合约就自动失效。

If you want to terminate the contract before its terms are up, you should notify us six months before the cancellation.

如果贵方想在期满之前终止合约，必须在 6 个月之前通知我方。

I'm glad that our negotiation has come to a successful conclusion.

我很高兴我们的谈判获得圆满成功。

三、对话

1. A：I made a very close study of the draft contract last night.

B：Any questions?

A：Yes. There are a few points which I'd like to bring up. First, the packing，it is stipulated in the contract that all the machine parts should be packed in wooden cases. This can be done with the machine parts，but it's impossible to pack a truck base like that.

B：I see.

A：Second，about the terms of payment. Your draft contract says that payment is to be made by D/P. This is not our practice. We prefer to have the payment made by L/C through a negotiating bank in France.

B：And...

A：And the third point is about arbitration. It's stipulated that arbitration shall take place in China. In all our past contracts signed with you，it was stipulated that arbitration took place in a third country.

B：Yes，that's right.

A：But how is it that this time you wish to have it carried out in China?

B：In our dealings with many countries，arbitration is to be carried out in China. The Arbitration Commission of CCPIT enjoys a high prestige among friendly companies. Personally I hope you'll accept this clause. Furthermore，the disputes that have arisen from our business transaction were all settled through friendly consultations. Very rarely was arbitration resorted to.

A：I see. OK. The new arbitration clause is acceptable. Is there anything else?

B：As far as the contract stipulations are concerned，there is nothing more. Thank you very much.

A：When should we sign the contract?

B：We'll revise the contract this evening，and have it ready to be signed tomorrow morning at ten. How's that?

A：Perfect.

A：昨晚我仔细审阅了合同草案。

B：有什么问题吗？

A：有，有几点我想提一下。首先，是包装。合同规定机器零件需要用木箱包装。机器零件可以，但是汽车底座用木箱包装是行不通的。

B：我明白了。

A：第二点是付款的有关条款。你们的合同草案规定付款方式为付款交单。我们通常不会这么做。我们希望经由法国的一家议付银行用信用证付款。

B：还有……

A：第三点是仲裁的问题。合同规定仲裁应该在中国进行，在我们过去和您签订的所有合同中都规定仲裁在第三国进行。

B：对，是这样的。

A：那么，为什么这次您希望仲裁在中国进行？

B：在我们与许多国家的交往中，仲裁都是在中国进行的。中国贸促会的仲裁委员会在各友好公司中享有崇高的声誉。从我个人来讲，我希望您能接受这一条款。此外，我们生意中出现的争端均会通过友好协商得以解决，很少会需要进行仲裁。

A：我明白了，新的仲裁条款可以接受，还有别的吗？

B：至于合同方面的规定，没别的了。非常感谢。

A：我们什么时候可以签合同呢？

B：今晚我们修改一下合同，准备明天早上 10 点签约，怎么样？

A：太好了。

2. A：We have brought the draft of our contract. Please have a look.

B：How long will the contract last?

A：This contract is valid for one year.

B：I am afraid that one year is too short. This contract must be valid for at least three years.

A：If everything is going satisfactorily, it could be extended for two years.

B：All right. We accept your suggestion.

A：What do you think of the wordings?

B：The wordings are really idiomatical. I am very satisfied with it.

A：Is there any other question?

B：No, nothing more.

A：We have finally reached a basic agreement on the problems that should be worked out.

B：Both of our parties have made a great effort.

A：That is true. It is time for us to sign the contract.

B：I have been looking forward to this moment.

A：Now, please countersign it.

B：Done. Congratulations!

A：Each of us has two formal copies of the contract, one in Chinese and one in English.

B：Thank you very much. I think the contract will bear fruit in no time, and I hope our continuing cooperation and further extension of our trade relations.

A：That is what I want, too. Let me propose a toast to the success of our negotiations, and to our future cooperation, cheers!

B：Cheers!

A：我们把合同的草案带过来了，请您过目。

B：合同的有效期是多长？

A：一年。

B：一年恐怕太短了．这合同的有效期至少应该是三年。

A：如果一切都进行得令人满意，可以再延两年。

B：好吧。我们同意。

A：您对合同的英文措词有什么意见？

B：英文很地道。我很满意。

A：还有其他问题吗？

B：没有了。

A：对一些需要解决的问题我们已经基本达成了协议。

B：为此我们双方都做出了很大的努力。

A：是的。是该签合同的时候了。

B：我一直在盼望着这个时刻。

A：现在请确认后签名。

B：签好了。祝贺！

A：我们双方都有两份合同。一份中文的，一份英文的。

B：非常感谢。我认为合同很快就会结出硕果。期待我们能够继续合作，期待我们贸易关系能够进一步发展。

A：这也是我所想的。让我们为谈判的成功，为我们未来的合作干杯！

B：干杯！

四、翻译练习

1.经过双方严密的探讨，最后就合同的各项条款达成了一致。

2.我想合同的这项条款还需要仔细的商讨。

3.如果卖方不修改这条规定，我们的谈判很难进行下去。

4.如果有任何一方违反了合同的规定，必须承担经济赔偿责任。

5.买卖双方都要严格地遵守合同中规定的各项权利与义务。

6.如果卖方在合同有效期内不能履行义务，那么买方有权随时终止合同。

7.合同一旦签署即具有法律效力。

8.本合同经双方签字后立即生效。

9.祝贺我们的合作取得了圆满成功。

第四节　订单

一、简介

订单是指企业采购部门向原材料、燃料、零部件、办公用品的供应商发出的订货单。谈判进行到后期，关于订单形式的讨论变得非常重要，订单得以确定就代表着双方之间的谈判即将完成。因此，谈判双方应确保订单完整、可靠。

二、基本句型

When can we expect your confirmation of the order?

您什么时候能确定订单？

We want to order this article from you.

我们想订这种货物。

What's the minimum quantity of an order for your goods?

你们订货的最低量是多少？

May I see your list?

我可以看一下您的货单吗？

We'll postponed the order.

我们要推迟订货。

Generally speaking, we can supply all kinds of goods.

一般来说，我们可以提供各种货物。

We have received your catalogue and price list, and now we order the following goods at the prices named.

已收到贵方目录和价目表，现按所示价格采购下列货物。

We find both quality and prices of your products satisfactory and enclose our trial order for prompt supply.

我们对贵方产品的质量和价格均感满意，现寄去试订单，请尽快供应现货。

I wonder if you could supply us with your latest products for regular orders.

我想知道你们能否为我们的定期订单供应您最新的产品。

We would prefer to confirm our order with your firm as soon as possible.

我们想尽快向贵公司落实订单。

There is a change we have to make in the order.

订单中有一处需要修改。

We can now confirm you the order for things.

我方现在可以确认贵方所订购的货物。

We are glad to receive your order and confirm the acceptance for it.

很高兴接到贵方订单，并确认予以接受。

This is the confirmation of your order place last week.

这是我方对贵方上周订单的确认。

We have now decided to supply you with all the parts as itemized in your order and going to apply to the government agencies concerned for export licenses.

我方现决定向贵方提供贵方所订购的所有部件并准备向政府有关部门申请出口许可证。

You may be assured that we shall do our best to execute the order to your satisfaction.

我方会尽力执行贵方的订单，包您满意。

We promise to give our best tension to the execution of your order.

我们保证认真执行贵方的订单,敬请放心。

Our prices depend on the quantity of your order.

我们的价格取决于您订单的数量。

We could reduce our price by 5％ if you place a substantial order with us.

如果您订货量大的话,我们可以减价 5％。

If the quality is suitable，we may order a large quantity.

如果质量符合我们的标准,我们会订购大量的货物。

If the quality proves to be satisfactory ，there is no question of further orders.

如果货物的质量是令人满意的,那么以后继续订购是没有问题的。

We must insist on immediate delivery, otherwise we shall be compelled to cancel the order.

我们坚决要求立即发货,否则我方将被迫取消订单。

As the goods you ordered are now in stock，we will ship them as early as possible.

因为贵方订货的商品尚有存货,本公司一定会尽快发运。

We have decided to accept your order in spite of the current shortage of the goods.

尽管现在的供应非常紧张,但我方还是接受贵方的订单。

We regret that owning to the shortage of stocks, we are unable to fill your order.

由于存货短缺,很遗憾,我方无法供应贵方所需的货品。

It is hard for us supply the amount you need.

我方很难供应您所需的数量。

At present，we can not undertake to entertain your order owning to the uncertain availability of raw materials.

我方无法确定原料供应量是否充足,所以目前我们不能接受贵方的订单。

We regret that we are unable to meet your requirement for the time being as orders has been fully booked.

货物已经被全部预订了,目前我方无法满足贵方的要求。

We are sorry to inform you that we are not able to supply these articles for the moment.

很抱歉,这些商品我们暂时不能供应。

We are too heavily committed to be able to entertain fresh orders.

向我们订货的人实在太多了,我们不能再接受新的订单了。

三、对话

1. A:Well, this morning I have looked over the catalog you gave me. I'd like to discuss prices on your loudspeaker.

B:OK. This is our price list.

A:Let me see. You type K-2-1 price is ten U. S. dollars. If a large number of orders, is there any discount?

B:Yes, of course. Order 100 or more, we have a discount of five percent.

A:If I place an order for six hundred, what kind of discount can you give me?

B:Six hundred, we can give you a discount of ten percent.

A:Time of delivery?

B:We could ship your order within ten days of receiving your payment.

A:So, you want to pay in advance?

B:Yes. You could wire transfer the payment into our bank account or open a letter of credit in our favor.

A:I'd like to go ahead and order six hundred.

B:Great! I'll just fill out the purchase order and have you sign it.

A:今天早上我已经详细看过您给我的目录了。我想讨论一下扬声器的价格。

B:好的。这是我们的价目表。

A:我看看。你们 K-2-1 型的标价是 10 美元。大量订购的话,有折扣吗?

B:当然有。100 或以上的订单有 5% 的折扣。

A:如果我下 600 的订单,你们可以给我什么样的折扣?

B:600 的话,我们可以给您 10% 的折扣。

A:交货时间呢?

B:在收到货款的 10 天内,我们就可以把货送出去。

A:那么,你们要提前付款吗?

B:是的。您可以电汇付款到我们的银行账户,或是开一个以我们公司为抬头的信用证。

A：那我想下 600 的订单。

B：好极了！我马上写订购单并请您签字。

2. A：Our toner cartridges are already out of ink… Could you make an order for a new set?

B：Do we need new cartridges for all of the office printers? That will be a large order, probably about two or three cases. The office supply store we usually go through might not have that many in stock.

A：You can double check with the housekeeping department, but I am pretty sure all of the machines will need new cartridges. Last time when we made our order to the supplier, the quantity was also especially high. They are used to receiving such bulk orders from us. As long as we give them a notice a couple of days in advance, they can usually fill the order.

B：OK, I will make a few calls and run our order by housekeeping first to make sure. Is there anything else we need to order while I am at it?

A：I think the only thing is toner. Try to see if they can deliver it before the end of business day tomorrow.

B：OK, I will do it.

A：我们的墨盒已经没墨了……您能订套新的吗？

B：我们办公室所有的打印机都需要新墨盒吗？那可是份不小的订单，很可能需要两三箱。我们通常去的办公用品商店可能不会有那么多存货。

A：你可以和总务部门确认一下，但是我非常确定我们所有的机器都要换新墨盒了。上次我们向供应商订购时，数量也是相当大的。他们已经习惯接受我们这么大的订单了。只要我们提前几天通知他们就行。

B：好的，我去打几个电话，先让总务部门核实一下，再续订单。还有什么东西需要我们一起下订单的？

A：我想只需要墨盒。去确认一下他们能否在明天下班之前送来。

B：好的，我会做好的。

四、翻译练习

1.订单数量巨大，卖方是否可以考虑给予优惠？

2.请告诉我们您大概要订多少。

3.供求不能保持一致就会导致市场失衡。

4. 我们的存货已经不多,请您尽快下单。

5. 我们很难说什么时候会进新货,请您耐心等待。

6. 由于存货短缺,很遗憾,我方无法供应贵方所需的货品。

7. 我们支持预付订单。

8. 我们保证认真执行贵方的订单,敬请放心。

第五节　付款

一、简介

目前,国际贸易中常用的付款方式有:汇付(remittance)、托收(collection)和信用证(letter of credit)三种方式。大金额交易时主要会用到信用证,小买卖可以用托收和汇付来完成。作为国际贸易结算的一个重要组成部分,对外贸易货款的支付一般是利用汇票这种支付凭据通过银行进行的。汇票中的跟单汇票(documentary draft)是对外贸易中最常用的一种支付工具。汇票按付款时间的不同,分为即期汇票(draft at sight)和远期汇票(usance draft)两种。

二、基本句型

Can I pay on an installment basis?

你们这里可以分期付款吗?

Do you accept payment by installments?

你接受分期付款吗?

How would you like payment be made?

你们倾向什么付款方式?

What are your terms of payment?

您的付款方式是什么?

Do you accept D/P payment terms?

你们接受付款交单这种方式吗?

Our usual terms of payment are by confirmed, irrevocable letter of credit in our favour, reaching us one month ahead of shipment.

我们通常的支付方式是以我方为抬头的、保兑的、不可撤销的信用证,并且必须在发货前一个月寄达我方。

The terms of payment we wish to adopt are confirmed and irrevocable letter of credit.

我们希望的付款方式是保兑的、不可撤销的信用证。

We can't accept D/P or D/A, we insist on payment by L/C.

我们不接受付款交单或承兑交单，我们只接受信用证。

We should like to advise you that payment by collection is acceptable.

我们想告诉您的是，以托收形式来支付货款，我方是可以接受的。

We would prefer you to pay in US dollars.

我方更希望贵方用美元支付。

We require immediate payment upon presentation of shipping documents.

我们要求贵方在收到货运单据后，即刻支付货款。

We will draw you a documentary draft at sight through our bank on collection basis.

我方将通过我方银行以托收的形式开出跟单即期汇票向贵方收款。

Our terms of payment are 30-day credit period, not 60-day credit. It's customary.

我方的付款期是 30 天，不是 60 天。这是惯例。

As usual, we should require of you an L/C to be issued through a first-rate bank.

同往常一样，我们要求贵方通过一流银行开出信用证。

It would be advisable for you to establish the covering L/C as early as possible enabling us to effect shipment in due time.

我方建议贵方尽早开立有关信用证，以便我方及时发货。

We propose paying by T/T when the shipment is ready.

我们建议在货物准备好待运时电汇付款。

We regret having to inform you that we cannot accept payment by D/P.

我方很遗憾地告诉贵方我方不能接受付款交单的付款方式。

We regret to say that we are unable to consider your request for payment under D/A terms.

我方遗憾地告诉贵方不能考虑你们用承兑交单的方式来支付货款的请求。

Since you are short of cash, we can arrange for your payment over 2 months without charges of any kind.

既然贵方目前缺少现金,我们可以安排你们两个月以后再付款,而不附加任何费用。

As a special case, we may consider accepting your payments by D/P.

作为特例,我方可以考虑贵方用付款交单的方式支付货款。

In view of the small amount of this transaction, we are prepared to accept payment by D/P at sight.

由于这次交易额不大,我方准备接受即期付款交单的付款方式。

We request a 10% payment at the time of ordering. The remaining amount must be paid within 60 days.

我方要求在下订单时先支付10%的货款,剩余货款必须在60天内付清。

If the payment is made by installments, the annual interest is calculated by 6% and paid off at the end of each year.

如果分期付款的话,每年利息为6%,每年年底之前付清。

Full payments must be made within 60 days.

所有货款必须在60天之内全部付清。

The telegraphic transfer shall reach the bank of China at least five days before the delivery date of vessel.

货款至少必须在货船抵达日之前的5天电汇到中国银行。

Advance payment of 25% of the contract value shall be paid within 30 days of the date of signing the contract.

合同签订之日起30天内预付合同价值的25%。

The payment shall be made by five annual installments of 20% each.

货款将在5年内付清,每年偿还货款的20%。

Please indicate that the L/C is negotiable in our country.

请注明信用证在我国可以议付。

We shall open an irrevocable letter of credit in your favor, payable in Hong Kong against shipping documents.

我方将开立以贵方为受益人的、不可撤销的信用证,可以凭装运单据在香港付款交单。

In order to conclude the business, I hope you'll meet me half way. What about 50% by L/C and 50% by D/P?

为了做成这批生意,希望双方都各让一步。50％以信用证付款,50％按付款交单怎么样?

For such a large amount, a L/C is costly. Besides, it ties up my money. All this adds to my cost.

开这样大数额的信用证费用很高,再说资金也要积压,这些都要使成本增加。

I'd like to discuss the terms of payment with you. I wonder if you would accept D/P.

我想同您讨论一下付款方式。不知您能否接受付款交单的方式?

Since we are old friends, I suppose D/P or D/A should be adopted this time as the mode of payment.

咱们是老朋友了,我建议这次用D/P或者D/A付款方式。

The total amount must be paid in full upon receipt of the shipping documents.

一收到货运单据,货款必须全数一次付清。

We require payment by L/C to reach us one month prior to the time of shipment.

我们要求以信用证支付,货款要在装运期前一个月抵达我方。

You are requested to pay ＄5 000 as a down payment.

我方要求贵方支付5 000美元作为定金。

Ten percent of the contract value shall be paid in advance by cash, and 90％ by sight draft drawn under an L/C.

合同金额的10％应预付现金,而其余90％凭信用证开出即期汇票支付。

We have instructed our bank to open an irrevocable documentary letter of credit in your favor. The amount is ＄1 300.

我们已经通知我方银行开立以贵方为受益人的、不可撤销的跟单信用证,其金额为1 300美元。

Payment by L/C is our method of trade in such commodities.

用信用证支付这种商品是我们常用的贸易方式。

We usually make payment by letters of credit or adopt some other modes of payment such as immediate payment, deferred payment and payment by installments.

我们的支付方式通常是信用证或其他的付款方式,如实时付款、延期付款或者分期付款。

We have opened an L/C in your favor through the Bank of China for an amount of £17 000 to cover the full CIF value of our order No. 754.

我方已通过中国银行开立以贵方为受益人的、数额为 17 000 英镑的信用证来支付编号为 754 的订单的所有到岸价的货款。

We will start the payment in half a year and all the amounts will be cleared off within 3 years by six installments.

半年后我方将开始支付货款,所有的货款将在 3 年内分 6 期全部付清。

Payments shall be made by us after receipt of the shipping documents specified in clause 10 of this contract.

我方将按本合同第 10 条的规定在收到货运单据之后付款。

We shall open a letter of credit in your favor to be settled in US dollars.

我们将开立以贵方为受益人的信用证,以美元结算。

Could you make an exception in our case and accept D/P or D/A?

对我方的这单生意贵方可否破例接受付款交单或承兑交单?

I hope you would leave us some leeway in terms of payment.

我希望在付款方式方面您能通融一些。

Your proposal for payment by time draft for Order No. 1 is acceptable to us.

对于贵方的一号订单,我们可以接受您用远期汇票支付的提议。

As we must adhere to our customary practice, we hope that you will not consider us unaccommodating.

我们必须坚持我们的一贯做法,希望您不要认为我们不肯通融。

We regret we cannot accept Cash Against Documents on Arrival of Goods at Destination.

非常遗憾,我们无法接受"货到目的地后凭单付款"这一付款方式。

Our terms of payment are by a confirmed irrevocable letter of credit by draft at sight.

我们的支付方式是保兑、不可撤销的、凭即期汇票支付的信用证。

Since the total amount is so large and the world monetary market is rather unstable at the moment, we can not accept any terms of payment other than a Letter of Credit.

因为这次交易额巨大,而且目前国际金融市场很不稳定,所以我们除了接受信用证付款外,不能接受别的付款方式。

We would suggest that for this particular order you let us have a D/D, on receipt of which we shall ship the goods on the first available steamer.

此次订货,我们建议您使用即期汇票。收到汇票后,我们将在第一时间将货物装船。

Your request for D/P payment has been considered and we agree to grant you this facility.

我们已经考虑过了贵方付款交单的要求,并同意给予贵方这个方便。

The time draft is to be countersigned by the Bank of Hong Kong, certifying that your signature is true and valid.

远期汇票需要香港银行会签,以证明贵方的签字是真实有效的。

Because of the financial difficulty, I hope that you can allow us to pay in installments with the first payment after delivery, then we'll pay the rest once a month.

由于我方有些财务上的困难,希望贵方能允许我方分期付款,在交货后支付第一笔款项,余下的货款每月一次支付。

We are having some trouble in receiving payment, so we want to ask if we could defer payment until the end of the month.

因为收款方面有点麻烦,可不可以将我方的货款延迟到月底再支付。

We prefer payment after delivery, because these goods are very expensive.

由于这批货物很昂贵,所以我方希望在交货后再付款。

We ask to put off the time of our payment 3 months later to facilitate the capital turnover.

我方要求延迟付款 3 个月,以便资金周转。

We require payment by a confirmed ,irrevocable letter of credit payable against presentation of shipping documents.

我们需要支付保兑的、不可撤销的信用证支付凭单。

As an exception,we may consider accepting payment by D/P.

作为一个特例,我们可以考虑接受付款交单。

If you fail to open the credit within the specific time agreed upon,it shall be viewed as a breach of contract.

如果您不在约定的时间内开立信用证,则视为违反合同。

If you fail to open the L/C within the time limit，we shall have the right to terminate the contract.

如果您不在规定的期限内开出信用证，我们有权终止合同。

I am sorry we can't agree to payment before shipment.

我很抱歉我们不能同意装船前付款。

It is not our practice to make a down payment.

支付定金不是我们的习惯做法。

三、对话

1. A：Well，we've settled the question of price，quality and quantity. Now what about the terms of payment?

B：We only accept payment by irrevocable letter of credit payable against shipping documents.

A：I see. Could you make an exception and accept D/A or D/P?

B：I'm afraid not. We insist on a letter of credit.

A：To tell you the truth, a letter of credit would increase the cost of my import. When I open a letter of credit with a bank, I have to pay a deposit. That'll tie up my money and increase my cost.

B：Consult your banks and see if they will reduce the required deposit to a minimum.

A：Still, there will be bank charges in connection with the credit. It would help me greatly if you would accept D/A or D/P. You can draw on me just as if there were a letter of credit. It makes no great difference to you, but it does to me.

B：Well, you must be aware that an irrevocable letter of credit gives the exporter the additional protection of the banker's guarantee. We always require L/C for our exports. And the other way round, we pay by L/C for our imports.

A：To meet you half way, what do you say if 50％ by L/C and the balance by D/P?

B：I'm very sorry, but I'm afraid I can't promise you even that. As I've said, we require payment by L/C.

A：好吧，既然价格、质量和数量问题都已谈妥，现在来谈谈付款方式怎么样？

B：我们只接受不可撤销的、凭装运单据付款的信用证。

A：我明白。你们能不能破例接受承兑交单或付款交单？

B：恐怕不行，我们坚决要求采用信用证付款。

A：老实说，信用证会增加我方进口的成本。要在银行开立信用证，我得付一笔押金。这样会占压我的资金，增加我的成本。

B：您和开证行商量一下，看他们能否把押金降低到最低限度。

A：即便那样，开立信用证还是要支付银行手续费的。假如您能接受承兑交单或付款交单，这就帮我大忙了。您就当作是信用证一样向我开汇票。这对您来说区别不大，但是对我来说就大不一样了。

B：您应该也知道，不可撤销的信用证为出口商增加了银行的担保。我们出口一向要求采用信用证；反过来讲，我们进口也是用信用证付款的。

A：我们都各让一步吧，货价的50％用信用证，其余的付款交单，您看怎么样？

B：对不起，即便是那样，我恐怕也不能答应。我都说过了，我们要求用信用证付款。

2. A：To get around your difficulty, I'd suggest that you reduce your order by half. You can send in an additional order later.

B：Well, I'll consider the possibility. By the way, when do I open the L/C if I want the goods to be delivered in June?

A：A month before the time you want the goods to be delivered.

B：Could you possibly effect shipment more promptly?

A：Getting the goods ready, making out the documents and booking the shipping space—all this takes time, you know. You cannot expect us to make delivery in less than a month.

B：Very well, I'll not reduce my order. I'll take the full quantity you offer. And I'll arrange for the Letter of Credit to be opened in your favor as soon as I get home.

A：When will that be?

B：Early next week. In the meantime, I should be very pleased if you would get everything ready. I hope that the goods can be dispatched promptly after you get my Letter of Credit.

A：You can rest assured of that. We'll book your order and inquire for the shipping space now, so that shipment can be effected within two or three weeks in receipt of your L/C.

B:That'll be fine. I appreciate your cooperation.

A:我建议您把订单数量削减一半以摆脱您的困境。您可以以后再下追加订单。

B:好的,我考虑一下这种可能性。顺便问一下,如果我想要您在六月份交货的话,我需要在什么时候开立信用证呢?

A:交货期前一个月。

B:你们能否再提前一点交货呢?

A:您瞧,备货、制单证、订舱位——所有这些都要花时间。您总不能要求我们在不到一个月的时间内交货吧。

B:好吧,我不打算减少订单的数量。您提供的数量我全部都要。我一回去马上着手办理开立以贵方为受益人的信用证。

A:那将是什么时候?

B:下周初。与此同时,如果您能将所有的事情准备好,我将感激不尽。我希望您在收到我的信用证后能马上发货。

A:这点我完全可以保证。我们这就下单生产、订舱位,这样在收到贵方信用证的两三星期内就能安排装运。

B:好的,谢谢您的合作。

四、翻译练习

1.应贵方的要求,我方已经通知中国银行上海分行在数日内开出以贵方为受益人的、不可撤销的跟单信用证。

2.鉴于我们长期的友好贸易关系,我方同意在付款条件上给您留些余地。

3.关于我们的资信情况,贵方可以向德意志银行查询。

4.我们将按托收方式向贵方开具即期汇票。

5.在这种情况下,我们希望贵方即期支付全额货款。

6.如果经销商拖欠付款,制造商有权撤销订货。

7.请问货款多久能够到账?

8.为了保证货款按时到账,我方需要征收 1 000 美元的定金。

9.我们不支持分期付款。

10.既然贵方目前缺少现金,我们可以安排贵方两个月之后再付款,而不附加任何费用。

第六节 运输

一、简介

在对外贸易中,按时装运进出口货物、及时将货物从厂方运至目的地,对完成进出口交易、满足市场需要、减少货物积压和提高商品的竞争力,有着极为重要的作用。特别是对某些鲜活商品或季节性商品的运输,更要抢时间、争速度,及时完成运输任务,以免造成经济上的损失和信誉上的不良影响。如果装卸不及时、运输拖延到货慢,就会影响商品的销路,甚至失去现有市场。

交货是指卖方按照同买方约定好的时间、地点和运输方式将合同规定的货物交付给买方或其代理人。装运一般是指将货物装上运输工具,它与交货是两个不同的概念,但是在国际商务中,由于采用了 FOB,CFR 和 CIF 三种价格术语,卖方只要根据合同的有关规定将货物装上船、取得提单,就算交货。提单签发日期即为交货日。因此,装运一词常常被用来代替交货的概念。这种凭单交货被称为象征性交货,而实际交货是指货物运抵目的地,因而,装运时间与交货时间并不一定是一致的。只有在凭单交货时,装运期和交货期才是一致的。在买卖合同中,合理地规定装运期与交货期是很重要的。装运期可分为三种:定期装运、近期装运和不定期装运。

二、基本句型

When can you make shipment carefully?

您什么时候可以装船?

Could you possibly advance shipment further more?

贵方能否再提前一点交货?

Can you effect shipment of the order in October?

我方所订货物能否在 10 月份发出?

When can you make the balance shipment?

您何时可以发余下的货呢?

I wonder if you could ship the order as soon as possible.

不知道您能否尽快装运订货?

How long does it usually take you to make a delivery?

通常您需要多长时间交货？

When can we collect the goods?

我们什么时候可以提货？

When is the earliest possible date you can ship the goods?

您最早什么时候可以装运？

Please effect shipment with the least possible delay upon receipt of the letter of credit in your favour established by us.

请贵方收到我方开立的以您为受益人的信用证之后立即发货。

We hope that you will make all the necessary arrangements to deliver the goods on time.

我方希望贵方能做好所有准备工作，及时发货。

Please ensure that we will get tight shipping documents before the arrival of the goods.

请确保在货物到达前我方可以拿到正确的装运单据。

We will get the goods dispatched within the stipulated time.

我们将按规定的时间发货。

As a rule, we deliver all our orders within three months after receipt of the covering L/C.

一般说来，我们在收到有关的信用证后三个月内即可交货。

I'm sorry, we can't advance the time of shipment.

很抱歉，我们不能提前交货。

We will do all we can to fill your order so that the goods will be shipped before October 15.

我方将尽全力履行此订单，将于 10 月 15 日之前安排这些货物装船。

We need the products in less than one month in order to get ready for the selling season.

为了做好迎接销售季节的准备，我方需要在不到一个月之内就能拿到货物。

Please send us the shipment by train.

请将这批货物交火车发送。

We require that transshipment be allowed.

我们要求允许转船。

Please ship the goods by the first available steamer early next month.

请在下个月初将货物装上第一艘可订到舱位的货船。

As we are in urgent need of the goods, we would like you to ship them by air freight.

由于我方急需这批货物,请贵方空运发货。

We are confident of being able to ship the goods to you by the end of next month.

我们相信能在下月底前将货物装运给您。

I hope that the goods can be shipped promptly after you get our L/C.

我希望贵方在收到我方信用证后能马上装运。

The order is so urgently required that we must ask you to expedite shipment.

我方迫切需要这批货物,故请贵方加快装运。

We should be obliged if you could arrange for the immediate shipment of this order.

如果贵方能马上安排发送我方所订的这批货物的话,我方会万分感激。

You should ship the goods within the time as stipulated in clause 9 of this contract. Transshipment en route is not allowed without our consent.

贵方必须在本合同第 9 款所规定的时间内发货,未经我方同意,中途不得转运。

The packing list should be indicated with shipping weight, number and date of corresponding invoice.

装箱单上应注明发货量及相应发票的编号和日期。

You should send one copy of the shipping documents to the port of destination together with the shipment.

装船时贵方应将货运单据副本寄送目的港。

When all of the details of the shipment finished, please send us the shipping documents that we will need to get the shipment.

在将装船的所有细节处理完之后,请将我方提货所需的货运单据邮寄给我们。

The delivery will be arranged and the shipping charges will be prepaid by you, we will repay the shipping charges against original receipt.

货物发运由贵方安排并预付运费,我方将会根据正本收据将运费付给贵方。

You should guarantee that the commodity is in conformity to all respects with the quality, specifications and performance as stipulated in this contract.

贵方应保证货物质量、规格和性能与本合同的规定相符。

We prefer direct sailings, as transshipment adds to the risk of damage and also delays arrival to some extent.

由于转运会增加货物遭损的风险,在某种程度上也会推迟货物抵达时间,所以我方倾向于直运。

Could you possibly make your delivery date no later than the end of October?

您能尽量使我们的货物在 10 月底之前到达吗?

The first lot will be delivered by September. You will receive the balance by the end of the year.

第一批货物将于 9 月份交付。您将在今年年底收到其余货物。

The goods will be shipped in four monthly installments of 100 tons, commencing in May.

100 吨货物将从 5 月份开始分 4 批装运。

We can't advance the time of delivery.

我们无法将交货时间提前。

Please take the matter up at once and see to it that the goods are delivered without further delay.

请即刻办理发货并确保货物能及时运达我处。

Please get the goods dispatched with the least possible delay.

请尽快发货。

Please do your utmost to hasten shipment.

请尽最大努力加速装运货物。

We are much in need of the goods. Please expedite shipment as soon as possible.

我方急需这批货物,请尽快将货物发出。

We wish to call your attention that up to the present moment no news has come from you about the shipment. Our users are in urgent need of the machines and are pressing us for an early delivery.

我方希望提请贵方注意,到目前为止,我方一直没有收到贵方关于货物运输的通知,我方客户急需这批机器,不断催促我方早日交货。

As our customers are in urgent need of the contracted machines, we hope you can assure us of an early shipment.

因我方用户急需所订机器,请贵方确保早日发货。

I want to know why our alloy inserts haven't arrived yet our customers are in urgent need of them.

我想知道为什么我们的金属插头到现在还没有到货,我方客户急等着用呢。

We hope that there will be no delay in shipment any longer.

我们希望这批货物不要再推迟装运了。

This order is so urgently required that we must ask you, to make the earliest possible shipment.

我方急需这批货物,务请尽早装运。

We shall appreciate it very much if you will effect shipment as soon as possible, thus enabling the goods to arrive here in time to catch the brisk demand.

如果贵方能尽快将货物发出的话,我方会非常感激的,这样的话,货物就能及时运达,赶上旺销季节。

The goods we ordered are seasonal goods, so it will be better to ship them all at once.

我方所订货物属季节性货物,因此最好能立刻装运发货。

We might refuse the shipment if it doesn't arrive on time.

如果货物不能准时运送的话,我方可能会拒收这批货物。

We must insist on delivery within the time contracted and reserve the right to reject the goods if we fail to receive the goods before this week.

我方坚持贵方在合同规定时间内装运,如果在本周以前我方仍未能收到这批货物,我方将保留退货的权利。

We regret to say that unless you are able to give us an assurance of delivery within the next two weeks, we shall be obliged to cancel the order.

我方很遗憾地告诉贵方,如果贵方不能保证在两周内发货的话,我们将不得不取消订单。

If shipment is too late, we'll be forced to withdraw the contract.

如果发货太迟的话,我方将被迫撤销合同。

If you still delay delivery, I'll have to cancel the order.

如果您再迟迟不发货,我将不得不取消订单。

If you can't effect delivery within the stipulated time, we will have to lodge a claim against you for the loss and reserve the right to cancel the contract.

如果贵方不能在规定的时间内发货的话,我方将不得不提出索赔并保留取消合同的权利。

If you fail to deliver the goods according to the agreed time, you should indemnify us for all the losses and corresponding expenses.

如果贵方不能在商定的时间内交货的话,贵方应该赔偿我方所有的损失和相关费用。

If there is still no information from you about the expedition of shipment by the end of this month, we'll be forced to cancel the contract and reserve the right to lodge a claim against you for the loss.

在本月底以前如果仍没有发货的消息,我们将不得不取消合同并保留向您索取赔偿我方损失的权利。

We wish to point out that if you fail to effect shipment within the time specified, we shall not be able to fulfill the contract with our client.

我方想指出的是,如果贵方不能在规定的时间内发货的话,我方将无法履行同我方客户的合同。

We would like to emphasize that any delay in shipping our booked order will undoubtedly involve us in no small difficulty.

我方想要强调的是,如果我方所订货物的运输有任何延误的话,肯定会给我方带来不少困难。

Your failure to deliver the goods within the stipulated time has greatly inconvenienced us.

贵方未能在规定的时间内发货已经给我方带来了极大的不便。

Any delay in shipment would be detrimental to our future business.

延迟发货一定会给我们将来的业务带来不利的影响。

We trust you will see to it that the order is shipped within the stipulated time, as any delay would cause us no little financial loss.

我方相信,贵方会注意规定的时间内将我方所订的货物发出,因为任何延误都会给我方造成很大的经济损失。

三、对话

1. A:Now we have settled the terms of payment. Is it possible to effect shipment during September?

B:I don't think we can.

A:Then when is the earliest time we can expect shipment?

B:By the middle of October, I think.

A:That's too late. You see, November is the season for this commodity in our market, and our Customs formalities are rather complicated.

B:I understand.

A:Besides, the flow through the marketing channels and the red tape involved take at least a couple of weeks. Thus, after shipment it will be four to five weeks altogether before the goods can reach our retailers. The goods must therefore be shipped before October, otherwise we won't be in time for the selling season.

A:现在我们已经谈妥了付款方式,您能否在 9 月份装船呢?

B:恐怕不行。

A:那么最早什么时候可以装船呢?

B:恐怕要在 10 月中旬。

A:那太迟了。您知道,在我方市场上,11 月份是这种商品的上市季节,而我们的海关手续又相当复杂。

B:我明白。

A:另外,通过销售渠道以及烦琐的公文程序起码要花上好几个星期。这样从装船到我们的零售商收到货物,总共要等四五个星期。因此,10 月份以前货物必须装船,否则我们就赶不上销售季节了。

2. A:Could you do something to advance your time of shipment?

B:Well, our manufacturers are fully committed at the moment. I'm afraid it's very difficult to improve any further on the time.

A:I hope you'll try to convince them to step up production.

B:We check their production schedule against our orders almost every day. As new orders keep coming in, they are working three shifts to step up production. I'm sorry, but we simply cannot commit ourselves beyond what the production schedule can fulfill.

A：Well，in that case，there is nothing more to be said. What's your last word as to the date then?

B：I said by the middle of October. This is the best we can promise.

A：All right then. May I suggest that you put down in the contract shipment on October 15th or earlier? Our letter of credit will be opened early September.

B：Good. Let's call it a deal. We'll do our best to advance the shipment to September. The chances are that some of the other orders may be cancelled. But of course you cannot count on that. In any case，we'll let you know by email.

A：您能否想些办法提前交货?

B：但我们的厂家眼前都很忙,要再提前恐怕很难。

A：希望您能设法说服他们加速生产。

B：我们几乎每天都核对他们的生产进度并跟进订单。由于接连不断地收到新订单,他们现在一天三班倒来加快生产。很抱歉,我们实在不能把生产计划排得更满。

A：如果是这样,多说也无益。那么您能不能最后确定一下什么时候交货呢?

B：要到 10 月中旬,这是我们能够答应的最早的时间了。

A：那好吧。我建议您在合同里写上"10 月 15 日或之前交货",可以吗?我们在 9 月初就能开立信用证。

B：好! 就这样决定吧! 我们尽力把交货期提前到 9 月份。有可能其他一些订单会被取消,不过当然还不确定。不管怎样,我们会发电子邮件告知您的。

四、翻译练习

1.请在合同规定的日期之前装运货物。

2.要是实在不行,我们只能把装船期推迟到下个月了。

3.由于罢工,承德港口拥塞,装运被迫推迟到 7 月份。

4.根据工厂的计划,最早能够装船的日期是 12 月初。

5.我们会在 10 月中旬装运 40％的货物,其余的分两次装运。

6.我们希望尽早装船。

7.我们要求商品货物在热卖季节之前到达。

8.我们保证您上月订的货物会准时装运。

9. 8 月份的山体滑坡影响了运输,致使我方不能按期交货,我们很抱歉,但也确实无能为力。

10. 受天气因素影响,货物不能按时出厂运输。

第七节　索赔

一、简介

在执行合同的过程中,签约双方都应该严格履行合同义务。任何一方如果不能严格履行义务,就会给另一方带来麻烦。在这种情况下,受损失的一方有权根据合同的规定要求责任方赔偿损失或者采取其他补救措施。我们将受损失的一方采取的这种行动称之为"索赔",而责任方就受损失一方提出的要求进行处理,叫做"理赔"。

在业务中常见的是买方向卖方提出索赔,比方说卖方因为拒不交货、逾期装运、数量短缺、货物品质、规格与合同不符、错发错运、包装不妥、随船单证不全或漏填错发等致使买方遭受损失时,买方可以向卖方提出索赔。但是在某些情况下,卖方也可以向买方提出索赔要求,比如买方拒开或迟开信用证、不按时派船、无理由毁约致使卖方遭受损失时,卖方也可以向买方提出索赔。

二、基本句型

(一)索赔理由以及依据

If you fail to make the shipment soon, we will cancel the order.

如果您不能尽快发货,我们将取消订单。

I'd like to complain of the damaged goods.

我方由于货物被损向贵方投诉。

We are sorry to say that we are dissatisfied with the state of the goods.

很遗憾,我们对商品状况不满。

The landed goods were quite different from what expected.

卸下的货物同我们所期望的大不相同。

This consignment is not up to the standard stipulated in the contract.

We are now lodging a claim against you for £2 000.

这批货的质量低于合同规定的标准,我们现向贵方提出索赔,赔偿我方

2 000英镑。

The quality of your shipment for our order is not in conformity with the specifications，we must therefore lodge a claim against you for the amount of ￡280 000.

贵方所运输的货物与我方订购的货物质量与规格不符,因此我方必须向贵方提出索赔,赔偿我方 280 000 英镑。

Our customers complain that the goods are much inferior in quality to the samples.

我方客户抱怨说与样品相比,货物的质量要差得多。

The quality of the goods you shipped last week is much interior to that of the goods of our last order.

您上周发运的货物质量与我方上次所订的货物质量相比要低劣得多。

The inspection reveals that both the quantity and quality of the wheat delivered are not in conformity with those stipulated in the contract，though the packing is all in good condition.

尽管包装完好,但检验表明,这批小麦的数量与质量都不符合合同的规定。

There are too many defective items in this shipment.

这批货里次品太多了。

We have a complaint about quality.

我们要投诉质量问题。

The quality of the goods you sent us last week is too poor to suit the requirements of this market.

您上周发送的货物的质量实在太差,根本就无法达到市场的要求。

The quality of your shipment for the order No. 346 is far from the agreed specifications.

贵方发送的我方第 346 号订单的货物质量与我方认可的规格不符。

The goods were packed loose inside the case without sufficient padding within it.

货物包装松散,在箱子里面没有足够的填充物。

The package is not compact and the contents leak out considerably.

货物包装不紧凑,有大量东西漏出来了。

The loss was due to the use of substandard bags for which you should be responsible.

该损失是由于包装不合标准所致,所以应由贵公司为这一损失负责。

We find that the quality, quantity and weight of the goods are not in conformity with those stipulated in this contract after reinspection by the China Commodity Inspection Bureau. We are now returning the goods to you and lodge claims against you for compensation of losses.

我方发现货物的质量、数量和重量均与合同所规定的条款不符,在中国商检局复验之后,现将商品退回,并向贵方提出索赔,要求赔偿损失。

We have to put in a claim against you for all the losses sustained.

鉴于我方所遭受的一切损失,我们不得不向贵方提出索赔。

According to the contract, you are responsible to compensate us for the loss we have suffered.

按照合同规定,您应负责赔偿我方所遭受的损失。

We have suffered a loss of 20% on the selling price because of the inferior quality of the products you sent us. You must compensate us for all this.

由于贵方运送货物的质量问题,我方在售价上损失了 20%,贵方必须对此作出赔偿。

All expenses including inspection fee and losses arising from the return of the goods and claims should be borne by you.

所有费用,包括商检费和因退货和索赔而造成的损失均应由贵方承担。

You must hold responsible for all the losses caused by the delay in delivery of the goods.

贵方必须对因延迟交货而给我方造成的一切损失负责。

We have the right to claim against you for compensation of all losses.

我方有权向贵方提出索赔,赔偿我方的所有损失。

The products we received last Monday didn't agree with the samples and we feel that you should make it up.

我方上星期一收到的货物与样品不符,我方认为贵方应该为此作出赔偿。

This is the survey report issued by CCIB in support of our claim.

这是一份中国商检局签发的检验报告,可以作为我方索赔的依据。

Please give our claim your favorable consideration.

请认真考虑我们的索赔要求。

Please examine the matter and send us the goods to meet the shortage as soon as possible.

请调查此事,并尽快将货物发给我们以弥补数量上的不足。

We shall lodge a claim for all the losses incurred as a consequence of your failure to ship our order in time.

由于贵方未能及时交货,我方将向贵方提出由此而遭受的全部损失的索赔。

Any complaint about the quality of the products should be lodged within 15 days after their arrival.

任何有关该产品质量问题的申诉应该在货物到达后的 15 天内提出。

Our customers are complaining of the inferior quality of our products.

我们的客户投诉我们的产品质量低劣。

This seems to be a very clear case and we hope you will see your way to make a prompt settlement.

看来情况已经十分清楚,我们希望您能够设法尽快解决问题。

Our investigation shows that improper packing caused the damage. Therefore, we have to refer this matter to you.

我方检验证实,货物受损是由于包装不当造成的。因此,我们不得不将此事提交贵方解决。

(二)索赔内容及金额

You should make amends for the losses by replacing all the detective products, and paying for the business we have lost.

贵方应该更换所有的瑕疵品,赔偿我们这一次丢掉的生意,以弥补我们的损失。

We have to ask for compensation of the loss incurred as a result of the inferior quality of the goods concerned.

我方不得不向贵方提出索赔,赔偿劣质货给我方造成的损失。

We hope indemnification will be made for all the expenses incurred.

我方希望贵方赔偿所有相关损失。

On the basis of the survey report, we register our claim with you for $ 3 000.

根据商检报告,我方向您索赔 3 000 美元。

This is a statement of loss and you should indemnify us $ 2 450.

这是一张损失清单,您应赔付我方 2 450 美元。

We are compelled to claim on you to compensate us for the loss，$ 27 500，which we have sustained by the damage to the goods.

我方不得不向贵方提出索赔，要求贵方赔偿我方因货物受损带来的损失 27 500美元。

We claim an allowance of £230 on account of the quality of this shipment.

由于这批货物的质量问题，我方向贵方索赔 230 英镑。

We hope you will settle this claim as soon as possible.

希望贵方能尽快理赔。

As regards inferior quality of your goods，we claim a compensation of $ 10 000.

鉴于贵方产品的低劣质量，我方要求贵方赔偿 10 000 美元。

As the goods are inferior in quality，we are returning the whole of the 20 cases and must ask you to replace them.

由于这些产品质量低劣，所以我方把 20 箱全部退回，请贵方务必更换这些产品。

Kindly remit us the amount of claim at an early date.

请早日将赔偿金汇给我方。

We insist that you send perfect goods to replace the defective goods.

我方坚持认为贵方应该用好货来调换次货。

(三)对索赔要求的回应

I don't think the responsibility should rest with us.

我认为责任不在我方。

We can only take on so much.

我们只能承受这么多。

We cannot hold ourselves responsible for it.

我们不认为我们应该承担责任。

We are not liable for the damage.

我们不应该为损失负责。

We accept the claim，but can you tell me how much you want us to compensate you for the loss?

我方同意理赔，希望贵方告诉我们，您想要我们赔偿多少损失？

We will give your request for claims immediate attention.

我方会立刻处理贵方提出的索赔要求。

In view of the long business relations between us, we wish to meet you half way to settle the claim.

考虑到我们之间长期的业务关系,我们愿意各让一步解决索赔问题。

We will get this matter resolved as soon as possible and hope to compensate you for your loss to your satisfaction.

我方将尽快解决该问题,并赔偿贵公司的损失,保证让您满意。

We'd like to express our sincere apologies for the poor quality of the products.

对于货物的质量问题,我方向贵方表示诚挚的歉意。

We are sorry that the quality of our goods did not turn out to your satisfaction.

我们很抱歉我们货物的质量没能让您满意。

We can assure you that such a thing will not happen again in future deliveries.

我们保证在以后的交货过程中不会出现类似的事。

We regret to hear that the goods you received are not of the quality expected.

我方很遗憾地获悉,贵方收到的货物质量与你们的期望不符。

We are very sorry for the trouble caused by this delay.

对于这批货物的迟运给你们带来的麻烦,我方深感抱歉。

We agree to accept all your claim.

我方同意接受贵方的所有索赔要求。

I'll go to your company tomorrow in person to talk about the claim.

明天我会亲自去贵公司洽谈赔偿一事。

We hope this unfortunate incident will not affect the relationship between us.

我们希望这一不幸事件不会影响到我们双方的关系。

You would better take measures to make the matter up.

你们最好采取措施进行弥补。

We can assure you that we will take precautions to prevent such a thing from occurring again.

我们保证我们会采取措施以防类似的事情再次发生。

We can assure you that we will make the necessary improvement in our packing to avoid such recurrence in future.

我们保证会在我们的包装上做出必要的改进,保证下不为例。

三、对话

1. A:I have to remind you that our terms are C. I. F. port of London. While we have full confidence in your Commodities Inspection Bureau, this is a case that occurred after their sampling and analysis at the factory. And the tins broke through careless handling and the deterioration of the contents en route is brought about by this state of affairs.

Now, Mr. Brown, you are well aware that our business has just started this branch of activities and the loses thus sustained will be a blow to this department. I am sure you will think it fair on our part when we suggest that the total value of the parcel should be reduced by 50% and that you should give us an allowance by way of credit for the amount to be set against our future purchases of canned fruits from you.

B: To be fair to your company, I am directed by my Sydney branch to settle this issue with you amicably on the condition that you give us a certificate issued by your Health Department. Now that this is available, I think everything will be in order.

A:I am so glad to hear of your ready agreement. Your fairness in business dealing is unsurpassed. Shall we send you a letter confirming this?

B:As soon as you send us a letter confirming this conversation, we'll send you a reply immediately.

A:Thanks ever so much for your cooperation. Goodbye.

B:Goodbye.

A:我不得不提醒您,我们的条款是伦敦到岸价。虽然我们很信赖你们的商品检验局,可是损坏是在工厂抽样化验之后发生的,是由于搬运不慎导致锡罐破裂、食品中途变质造成的。

布朗先生,您很清楚,我们才开始经营这项业务,蒙受的损失对于业务部门将会是一个很大的打击。我们建议这批货从总价中削减50%,并给予我们补偿,该款项就用于将来向你们订购罐头水果时冲销,我相信您会认为这样对我们才是公平的。

B:悉尼分公司派我来和你们公平友好地解决这件事,前提条件就是把你们卫生部签发的证书给我们看一下。现在证书已经有了,我想事情都会得到很好的解决的。

A:听到您这么痛快地同意了,我很高兴。业务处理得这么好,真是无与伦比啊。我们寄信让您确认好吗?

B:我们一旦收到您的信确认此次谈话,就会立即回复。

A:万分感谢您的合作。再见。

B:再见。

2. A:Though everything may be as you say, there are many factors involved. What's more, your surveyors have not mentioned any cause for the damage.

A:The mushrooms were packed in small one pound plastic bags, sixty of these bags to a carton. It is stated on the surveyor's report that external conditions of goods at the time of survey are all sound and intact. So it is obvious the cause of the damage is that the mushrooms were not completely dried before packing.

B:As you know, before shipment, the Commodity Inspection Bureau inspected the goods in question. They concluded that the goods were well dehydrated from fresh and choice material and up to standard for export.

A:I think the Inspection Bureau at your end, when effecting inspection, only selected a few package at random—these happened to be up to the standard. The part that was not dried properly, most probably, escaped their attention. As the amount in question is only 20% of the whole shipment, I think it is only reasonable that you compensate us for the loss.

A:虽然事情可能像您所说的那样,但还会牵涉到很多其他因素。况且,贵方检验员并没有提及造成损坏的原因。

B:蘑菇每磅装一小塑料袋,每60袋装进一只木箱。检验员的报告中说,检验时货物的外包装都是完好无缺的。所以很明显,造成损坏的原因是蘑菇在包装前没有彻底干透。

A:如您所知,这批货在装船前由商品检验局检验过。他们的结论是,此货品已经很好地去除了水分、质量上乘,达到了出口的标准。

B:我想贵方商检局在进行检验时,可能只随机地挑了几包,而这几包又恰巧达到了标准,而没达到干燥程度的那部分可能没有被他们抽到。由于涉及的数量只占整批货的 20%，我想贵方应该赔偿我们相应的损失。

四、翻译练习

1. 货到上海后我们进行了复验，发现品质与合同规定不符。
2. 有 20% 的包装都破了，包内的货物严重污损。
3. 这项索赔属于保险公司的责任范围，我们不能对此负责。
4. 我们就这批货的数量短缺向您提出索赔。
5. 令我们不满意的是，我们发现您的产品有色差。
6. 我们一调查完就会来谈赔偿的事情。
7. 我们一直向客户提供最优质的售后服务。
8. 如果货到后发现品质不合格或者数量短缺，我们是否有权提出索赔？
9. 从发展长期关系的目的出发，大多数争议都能以好的方式得到解决。
10. 仲裁通常是解决问题的下策。

第八节　代理

一、简介

　　代理是国际贸易采用的贸易方式之一。所谓代理就是由进出口公司给予代理商在特定地区和一定期限内享有代销指定商品和收取佣金的权利。双方属于一种委托与被委托的代销关系，而不是买卖关系。代理商应积极推销代理商品。由于对代理权限的委托不一，代理可分为独家代理、一般代理和总代理。

　　独家代理指委托人在一定时期内，在特定地区给予代理人推销指定商品的专营权。委托人承担经营风险，向代理人支付佣金，而且一般不再向该地区其他商家销售该种商品。即使是直接销售，也要按协议规定给独家代理应得的佣金，这种佣金叫做隐佣（sleeping commission）。独家代理则是代理商代表委托人与买主洽谈交易，并以委托人的名义或由委托人自己与买主签订合同。

　　一般代理不享有对某种商品的专营权，但其他权利、义务和独家代理是一样的。在同一地区、同一时期，委托人可以选定一家或者几家客户作为一般代理商，并根据其销售商品的金额支付佣金。委托人可以直接与其他买主成交，无须另给代理商佣金。

总代理是指代理商在指定地区内不仅有权独家代销其指定商品,而且还有权代表委托人办理一些其他非商业性的事务。

二、基本句型

We can't give you exclusive agency of the whole European market without having the slightest idea of your possible annual marketing turnover.

在一点都不了解贵方能达到的年销售额的情况下,我方无法给您整个欧洲市场的独家代理权。

Before we know your sales volume, your plan for promotion and import license's conditions, it is rather difficult for us to consider your proposal.

在了解贵方的销售额、促销计划以及进口许可的情况之前,我方很难考虑贵方的建议。

We have noted your quest to act as our agent in your district, but before going further into the matter, we should like to know more about your market.

我方已经获悉贵方想在贵地做我方代理的请求,但在进一步研究此事之前,我方想更多地了解贵方的市场情况。

To enable us to make further study of your proposal, would you please let us know as early as possible the sales prospects of the item in your market, your program in detail, your business organizations in various districts and their activities.

为了使我方更好地进一步研究贵方的建议,请贵方尽快告诉我方该产品在贵方市场上的销售前景、详细计划、各地区的销售组织及其工作情况。

Unless you increase the turnover, we can hardly appoint you as our sole agent.

如果贵方不提高营业额的话,我方很难委托贵方作为我方的独家代理。

If you can push the sales successfully for the next six months, we may appoint you as our agent.

如果下半年贵方能成功地推销我方产品的话,我方也许可以委托贵方做我方的代理。

We feel it would be better to consider the matter of agency after you've done more business with us.

我方认为最好在贵方同我方增加业务往来以后再考虑代理的问题。

To be our agent you are requested to push your sales of our product effectively.

要做我方的代理,请贵方有效地推销我方的产品。

To facilitate the extension of sales, you must advertise our products by means of TV and newspapers.

为了增加销售量,贵方必须通过电视和报纸为我们的产品做广告。

We hope that you will redouble your efforts in your sales pushing.

希望贵方在推销方面能加倍努力。

To be our agent, your minimum annual turnover should be at least 8 million dollars.

要做我方的代理,贵方每年的营业额至少要在 800 万美元。

If you could agree to terms, we would appoint you as our sole agent.

如果贵方同意我方条款,我方将指定贵方为我方的独家代理。

If terms are workable, we think you will be just the firm we would like to have to represent us.

如果条款可行的话,我方认为贵方就是我方要委托的代理公司。

If you wish to work for other firms as well, you must obtain our permission first.

如果贵方希望能同时成为其他公司代理的话,必须事先获得我方的许可。

To be our sole agent, you should not sell similar products from other manufacturers without our prior approval.

作为我方的独家代理,未经我方事先同意,贵方不可以同时经销其他厂商的同类产品。

As our agent, you should not sell products of similar characteristic from other makers. We must make that very clear.

作为我方的代理,贵方不可以经销其他厂商的同类产品,这一点我方必须得说清楚。

As our sole distributor, you will neither handle the same or similar products of other regions nor re-export our goods to any other region outside your own.

作为我方的独家经销商,贵方既不可以经销其他货源地的同类或类似产品,也不可以将我方产品重新出口到其他地区。

During the validity of the agency agreement you should not handle any other foreign products of the same line and competitive types.

在代理有效期内，贵方不得经营任何其他同类和具有竞争性的国外产品。

Every six months, we'd like to receive from you a detailed report on current market conditions and user's comments on our products.

我方希望每六个月收到贵方一份关于当前市场状况和客户对我方产品评价的详细报告。

Your market report should show how big demands for our products are in your market.

贵方的市场报告应该显示我方产品在贵方市场上有多大的需求量。

The market report should include the trend of the development of the market, upward or downward.

市场报告应该包括市场发展的升降趋势。

We'd like you to send us your sale's statistics every six months instead of every year.

我方希望贵方能够每半年向我方通报一次贵方的销售统计数字，而不是一年通报一次。

As our agent, you should send us your market report regularly at least once every three months.

作为我方的代理，贵方应该经常向我方通报市场情况，至少每季度通报一次。

At the beginning of the sales promotion, you have to try every means to overcome sales difficulties.

在促销初期，贵方一定要用尽一切办法克服销售方面的困难。

To effectively promote sales, your way of doing business should always comply with the constantly changing circumstances.

为了有效地促销，贵方应该随着不断变化的市场环境来调整经营策略。

During the duration of the agency, please pay close attention to the consumers' comments on our products.

在代理阶段，请贵方密切关注消费者对我方产品的评价。

You are under obligation to display optimum samples of the products during the duration of the agency.

在代理期间，贵方有责任陈列适当的产品样品。

We hope that you will strictly observe all the terms and conditions of the agency agreement.

希望贵方能够严格遵守代理合同中的所有条款。

I would like to discuss with you the problem of agency for your electric fans.

我想同贵方商谈电风扇的代理问题。

I wonder whether your firm is represented in our country.

我想知道贵公司在我国是否有代理商。

We should be glad if you would consider our application to act as agent for the sales of your products in our country.

如果贵方能考虑我们的申请,使我们成为贵公司产品在我国市场的销售代理的话,我们会万分高兴的。

We are pleased to offer you a sole agency for the sale of our products in your country.

我们很乐意指定您成为我方产品在贵国的独家代理。

We are pleased that you are prepared to appoint us as your sole agent for your products.

贵方有意指定我们成为贵方产品的独家代理,我们感到十分高兴。

We're favorably impressed by your proposal for a sole distributor.

对于贵方建议由我方担任独家经销商一事,我们颇感兴趣。

Thank you for offering us the agency for your products and appreciate the confidence you have placed in us.

谢谢贵方提出让我们代理您的产品,我们很感激贵方对我们的信心。

If you give us the agency, we should spare no efforts to further your interests.

如果贵方给予我们代理权,我们将不遗余力为贵方争取利益。

As your agent, we'll make greater efforts to push the sale of your products.

作为贵方的代理,我们将会更加努力地推销贵方的产品。

We appreciate your efforts in pushing the sale of our electric fans.

我们很感激贵方在推销我方电扇方面所做的努力。

I'm afraid we can't agree to appoint you as our sole agent because the annual turnover you promised is too low.

恐怕我们不能同意指定贵方作为我们的独家代理,因为贵方所承诺的年销售量太少了。

We will increase our turnover if you appoint us as your sole agent.

如果贵方指定我们作为独家代理,我们将增加我们的销售量。

We'd like to sign a sole agency agreement with you on your electric fans for a period of three years.

我们想同贵方签订一项为期三年的专营电扇的独家代理协议。

I think you know already that I want to discuss the representation for your alarm clocks.

想必您已经知道,我想和贵方商谈闹钟的代理事宜。

We usually get a 10% commission of the amount on every deal.

通常我们取得的佣金是每笔成交额的10%。

According to your estimate, what is the maximum annual turnover you could fulfill?

据您估计,贵方能完成的最大年销售量是多少?

三、对话

1. A:First of all, I would like to thank you for your kind invitation to visit your beautiful country. I hope my visit will help to promote a friendly relationship between us.

B:We've been looking forward to your visit. It is a great pleasure for us to have you as our guest. It is always more convenient to discuss things face to face.

A:I would like to tell you that my clients are very satisfied with the last delivery of your slippers. The styles and colors are very much to the taste of our market.

B:We've received some similar comments from other Australian firms too.

A:I understand you are selling the same products to some other Australian importers. This tends to complicate my business. As you know, I am experienced in the business of slippers and enjoy a good business relationship with all the leading wholesalers and retailers in that line. I have a mind to expand this business in the years to come. One of the reasons of my visit here is to sign a sole agency agreement with you on these items for a period of 3 years. As it is to our mutual interests and profit, I am sure you'll have no objection to it.

B: We appreciate your good intention and your effort in pushing the sale of our slippers. As you know, the demand for this item in your market is quite substantial. However, according to our records, the total amount of your order last year was moderate, which does not warrant an agency appointment. Unless you increase the turnover we can hardly appoint you our sole agent.

A: 首先,我想感谢您盛情邀请我访问你们美丽的国家。我希望这次访问将有助于促进我们之间的友好关系。

B: 我们一直在盼着您的到来。有您来做客,真是我们的荣幸。面对面的谈判总是比较方便的。

A: 我想告诉您,我们的客户对贵方最后一批拖鞋非常满意。拖鞋的式样和颜色很符合我们市场的需要。

B: 我们从其他澳大利亚公司那里也听到了类似的反映。

A: 我知道你们也向其他澳大利亚进口商出售同样的产品。这使我们的生意很难做。您知道,我方在经营拖鞋业务方面很有经验,而且和这一行业中的所有大批发商和零售商有很好的业务关系。我打算将来扩大这项业务。我这次来访的原因之一就是想和你们签订一项为期三年的独家代理协议。这符合我们双方的利益,我确信贵方不会有任何反对意见。

B: 谢谢贵方的好意和在推销我方拖鞋上所做的努力。但是您知道贵方市场对这一商品的需求很大。然而根据我们的记录,贵方去年的订货总量并不大,不够资格做代理。除非贵方增加营业额,我们无法指定贵方为我们的独家代理。

2. A: I'll come to that. My proposal is: Plastic slippers of all sizes. 50 000 pairs annually within the area of the whole Australian market. We expect a 5% commission, of course.

B: As far as I remember, we sold about 40 000 pairs last year to you alone. Don't you think this annual turnover is rather conservative for a sole agent?

A: Well, I admit I always do business on the safe side. Could you let me know your proposal then?

B: Let's put it this way. I propose a sole agency agreement for children's slippers for a duration of 3 years, 60 000 pairs to be sold in the first year, 70 000 pairs in the second year, and 80 000 pairs in the third year, the area is to be within the continent of Australia (excluding any neighboring island), commission 5%.

A: You certainly drive a hard bargain.

B: On the contrary, we value your friendship more than anything else. We both understand our slippers are very popular in your market on account of their superior quality and competitive price. And with the sole agency in your hand, there will be no competition and you can easily control the market, which would naturally result in bigger sales. I'm sure you can fulfill the agreement without much difficulty.

A: Well, if you put it this way, I'll have to comply. When shall we sign the contract?

B: Tomorrow afternoon.

A: Tomorrow afternoon will be fine.

A: 我就要谈这一点。我的建议是:在整个澳大利亚市场各种尺寸的塑料拖鞋每年销售 50 000 双。当然,我们希望有 5% 的佣金。

B: 我记得,光去年我们就向你们出售了大约 40 000 双拖鞋。对独家代理来讲,您不认为这个年销售量数字太过保守了吗?

A: 是,我承认我做生意从来谨慎从事,那么我听听您的建议,好吗?

B: 这样说吧,我建议订一个专销男、女塑料拖鞋(不包括童鞋)的为期三年的独家代理协议,第一年销售 60 000 双,第二年销售 70 000 双,第三年销售 80 000 双,地区是整个澳大利亚(不包括任何邻近岛屿),佣金是 5%。

A: 您真会还价。

B: 恰恰相反,我们很珍惜与贵方的友谊。我们双方都知道我们的拖鞋价廉物美而畅销于贵方市场。您取得了独家代理权之后就可以轻而易举地控制市场,而没有其他竞争,其结果自然是销售量大增。我确信您完成这一协议不会有任何困难。

A: 好吧,如果您这么说,我只好同意了。我们什么时候签协议?

B: 明天下午。

A: 行,明天下午。

3. A: Do you mean to say you refuse us the agency?

B: You leave us no alternative. We cannot give you an exclusive agency of the whole European market without having the slightest idea of your possible annual marketing turnover. Besides, our price is worked out according to the cost. A 10% commission means an increase in our price. We must have the reaction of the buyers in this respect.

A:Oh, that's just too bad. I intended to make great efforts in selling your products.

B:Well, we can still carry on our business relationship without the agreement. To start the ball rolling, we will provide you with price lists, catalogues and some samples. Only when you have a thorough knowledge of the marketing possibilities of our products, can we then discuss further details.

A:Ah, but in this case am I covered?

B:Oh, yes. We will give you a 5% commission on every transaction.

A:All right, but I'll be back again for the Autumn Fair. And then I hope we can see eye to eye about our commission and the terms of the agency.

B:Very good. We will discuss the matter again at the next fair.

A:您的意思是说,您拒绝我们做代理?

B:您让我们没有选择了。我们不能连贵方每年可能销售多少都不知道就给予你们整个欧洲市场的独家代理权。而且我方价格是根据成本而定的。给予10%的佣金就意味着我们的价格要提高。我们必须知道买主在这方面有什么反应。

A:那太糟糕了,我本想努力推销你们的产品。

B:不过,即使没有这个协议,我们仍然可以继续发展我们之间的业务关系。作为开始,我们愿意给贵方提供价目单、目录册和一些样品。等你们全面了解我们产品销售可能性后,我们才能进一步商谈。

A:好吧,那么我们有没有佣金呢?

B:当然有,每笔交易我们会给您5%的佣金。

A:行,我到秋季交易会再来谈。我希望到那时候我们能在佣金和代理协议的条款上取得一致意见。

B:好,我们下次交易会再谈。

四、翻译练习

1.你们能保证的每年的最低销售额是多少?

2.做我们的独家代理就不能销售其他厂商的同类产品。

3.我们所有做这类商品的代理就只拿 5％的佣金。

4.如果情况令双方满意,协议有效期可以延长。

5.我们与这一行业主要的批发商及零售商有着广泛的业务联系。

6.我想了解一下你们以前有没有在这一行业为其他供货商做过代理。

7.我们想将业务扩展到俄罗斯,所以希望在那里找到一个代理,能够销售我们的商品。

8.我们很欣赏贵方做我们代理的想法,但我们还是建议你们先对市场做一番仔细的调研。

9.我方希望代理商能够完全地履行自己的责任。

10.我们可以保证帮助厂商开拓新的市场。

附录一 英语习语

英语作为全世界最广泛使用的语言,理所当然也成为国际谈判中最常用的语言。在长期的使用中,经过人们的不断简化、分析,精炼形成了一些英语习语,以下就是在谈判中会涉及的习语。在谈判中广泛地运用这些习语,可以在很大程度上简化谈判的语言并明确地表明自己的意思,使谈判能够更加顺利地进行。

1. beat around the bush

Meaning:talk about things without giving a clear answer 绕弯子

Example:The manager spent the meeting beating around the bush and never really said anything important.

2. bog down

Meaning:slow to a stop 停顿、卡壳

Example:The negotiations bogged down when the union said they would not negotiate with the part-time workers.

3. bone of contention

Meaning:the subject or reason for a fight 争论的焦点

Example:The length of the project was a major bone of contention during the talks between the city and the developer.

4. break down

Meaning:fail, stop 破裂

Example:The negotiations broke down late last night when both sides refused to compromise.

5. break off

Meaning:stop or end suddenly 中断

Example:The government decided to break off talks about extending the free trade agreement.

6. breakthrough

Meaning：be successful after overcoming a difficulty 突破

Example：Finally there was a breakthrough in the talks aimed at ending the school teacher's strike.

7. bring off

Meaning：perform successfully 完成

Example：We were unable to bring off the deal to buy the new computer system for our company.

8. bring to terms

Meaning：make someone agree or do something 说服对方同意

Example：At first it seemed impossible for the two sides to settle their dispute but we were finally able to bring them to terms.

9. bring up

Meaning：begin a discussion of or mention something 提及

Example：I tried hard not to bring up the subject of sales commissions during the meeting.

10. call off

Meaning：stop，quit，cancel 停止、取消

Example：The meeting was called off because everybody was busy dealing with urgent business.

11. call the shots

Meaning：be in charge 主持、掌握

Example：During the meeting it looked like the vice-president was calling the shots.

12. card up one's sleeve

Meaning：another plan or argument saved for later 秘而不宣的备用方案

Example：I thought that the negotiations would be unsuccessful but my boss had another card up his sleeve.

13. cave in

Meaning：weaken and be forced to give up 被迫放弃

Example：The company was forced to cave in to the demands of the workers for more money.

14. lose ranks

Meaning：unite and fight together 步调一致

Example：During the meeting the opposite side closed ranks and refused to compromise on any issue.

15. come to terms

Meaning：reach an agreement 达成一致

Example：After negotiating all night the government and the company came to terms on a new arrangement for sharing the costs of the water system.

16. come up

Meaning：become a subject for discussions or decision 出现

Example：Nothing related to the problems of quality came up during the meeting.

17. come up with

Meaning：produce or find a thought，idea or answer 提出

Example：I was praised by my boss when I came up with so many good ideas during the meeting.

18. common ground

Meaning：shared beliefs or interests 共同点

Example：There was little common ground between the two sides and the negotiations for the new machinery did not go well.

19. cover ground

Meaning：talk about the important facts and details of something 应对涉及的问题

Example：The number of questions seemed endless and we were unable to cover much ground during the meeting.

20. cut a deal

Meaning：arrange a deal，make an agreement 达成协议

Example：We were able to cut a deal and left the meeting in a positive mood.

21. cut（someone）off

Meaning：stop someone from saying something 打断发言

Example：We tried to outline our proposal but we were constantly cut off by our noisy opponents.

22. down to the wire

Meaning：running out of time，nearing a deadline 所剩时间不多

Example：The negotiations continued down to the wire but finally they ended successfully.

23. drag on

Meaning：prolong, make longer 拖延,持续

Example：The talks between the company and the lawyers dragged on for three weeks.

附录二　常用国际商务谈判词汇

1. 谈判(negotiation)：是指参与各方基于某种需要，彼此进行信息交流，磋商协议，旨在协调其相互关系，赢得或维护各自利益的行为过程。

2. 商务谈判(business negotiation)：主要集中在经济领域，指参与各方为了协调、改善彼此间的经济关系，满足贸易的需求，围绕标的物的交易条件，彼此通过信息交流、磋商协议达到交易目的的行为过程。

3. 国际商务谈判(international business negotiation)：是指在国际商务活动中，处于不同国家或不同地区的商务活动当事人为了达成某笔交易，彼此通过信息的交流，就交易的各项要件进行协商的行为过程。

4. 国际贸易惯例(international trade custom)：是指在国际贸易实践中逐渐自发形成的某一地区或某一行业中普遍接受和经常遵守的任意性行为规范。

5. 谈判风格(negotiation style)：主要是指在谈判过程中谈判人员所表现出来的言谈举止、处事方式以及习惯爱好等特点。

6. 互惠式谈判(reciprocal negotiation)：是谈判双方都要认定自身需要和对方的需要，然后双方共同探讨满足彼此需要的一切有效的途径和办法。

7. 立场式谈判(stand-taking negotiation)：是指谈判者竭力谋求己方的最大利益，坚持对抗的强硬立场，以迫使对方做出较大让步为直接目标的谈判方式。

8. 合作式谈判(cooperative neogotiation)：指信奉"化干戈为玉帛"，坚持平等互利，求同存异，变消极为积极，互谅互让，相互尊重，力求谈判能够融洽、友好、富于创造性的一种谈判方式。

9. 原则型谈判法(principle-unholding negotiation)：是指要求谈判双方尊重双方的基本需求，寻求双方利益上的共同点，使双方各有所获的方案。

10. 让步型谈判法(concession-making negotiation)：是指希望避免冲突，随时准备为达成协议而让步，希望通过谈判签订一个皆大欢喜的协议，把对方当做朋友而不是敌人的一种谈判方法。

11.投资谈判(investment negotiation):是指谈判的双方就双方共同参与或涉及的某项投资活动所涉及的投资周期、投资方向、投资方式、投资内容与条件、投资项目的经营及管理,以及投资者在投资活动中的权利、义务、责任和相互关系所进行的谈判。

12.技术贸易谈判(technological trade negotiation):是指技术的接受方与技术的转让方就技术转让的形式、内容、质量规定、使用范围、价格条件、支付方式及双方在技术转让中的权利、责任和义务关系等问题进行的谈判。

13.谈判信息(negotiation information):与谈判活动有密切联系的条件、情况及其属性的一种客观描述,是一种特殊的人工信息。

14.市场信息(market information):反映市场经济活动特征及其发展变化的各种消息、资料、数据、情报的统称。

15.谈判实力(negotiation capabilities):影响双方在谈判过程中的相互关系、地位和谈判最终结果的各种因素的总和。

16.谈判方案(negotiation scheme):是指谈判人员在谈判前预先对谈判目标等具体内容和步骤所做的安排,是谈判者行动的指针和方向。

17.最低可接纳水平(least acceptable level):是指最差的但却可以勉强接纳的最终谈判结果。

18.谈判主体的资格问题(the qualification of the subject of negotiation):是指法律意义上的资格问题,即对方公司的签约能力和履约能力。

19.谈判信息的最佳传递时间(the optimum time of the transmission of information):是指谈判者在充分考虑到各方的相互关系、谈判的环境条件、谈判信息的传递方式的情况下,准确把握能积极调动各相关因素的谈判信息传递的最佳时间。

20.横向谈判(lateral negotiation):是当谈判遇到难题时暂时放下,进行下一项谈判或者当某一项目不得不做退让时,设法从其他项目中得到补偿的谈判方法。

21.仲裁协议(arbitration agreement):是指合同当事人在合同中订立的仲裁条款,或者以其他方式达成的将争议提交仲裁的书面协议。

22.价格解释(prices explanation):是指对价格的构成、报价依据、计算的基础以及方式方法等作出详细的解释。

23.一揽子交易(package deal):主要是指美国商人在谈判一个项目时,不是孤立地谈其生产或销售,而是将该项目从设计、开发、生产、工程、销售到价格等一起商谈,最终达成全盘方案。

24. 个人决策(personal choice):是指在谈判遇到问题时,由谈判群体中的负责人在未征求群体内其他成员的意见,或虽有征求群体内其他成员意见的形式,但并未重视大多数成员意见的情形下独立做出的决策。

25. 群体决策(group decision):是指群体负责人在决策之前,广泛征求群体内部成员的意见,在进行充分讨论的基础上,由负责人权衡利弊后做出的决策。

26. 模拟谈判(stimulated negotiation):是指在谈判正式开始前提出各种设想和臆测,进行谈判的想象练习和实际演习。

27. 沙龙式模拟(salon type analog):是指把谈判者聚集在一起充分讨论,自由发表意见,共同想象谈判全过程。

28. 产品因素(product element):主要是指产品的声誉及产品本身的特点对价格的影响。

29. 诉讼(lawsuit):是经济纠纷的一方当事人到法院起诉,控告另一方当事人有违约行为,要求法院给予救济或惩处另一方当事人的法律制度。

30. 仲裁(arbitration):是指发生争议的各方当事人自愿达成协议,将他们之间发生的争议提交一定仲裁机构裁决、解决的一种办法,裁决结果对各方当事人均具有约束力。

31. 交叉式让步(intersection concession):是促使双方总体利益弥合的一种做法,要求一方在这一问题上让步,另一方在其他问题上让步;一方在这一问题上让步的损失,可以从另一方在其他问题的让步中得到弥补。

32. 市场信息(market information):是反映市场经济活动特征及其发展变化的各种消息、资料、数据和情报的系统。

33. 可接受目标(acceptable target):是指在谈判中可努力争取或作出让步的范围。

34. 技术风险(technological risk):是指谈判中由于过分奢求以及合作伙伴选择不当和强迫性要求所造成的风险等。

35. 最优期望目标(the optimal expected goals):是己方在商务谈判中所追求的最高目标,往往也是对方所能忍受的最大限度。

36. 最低接受目标(the least acceptable target):是商务谈判必须实现的目标,是谈判的最低要求,若不能实现,宁愿谈判破裂也没有讨价还价、妥协让步的可能。

37. 实际需求目标(actual demand goal):是谈判各方根据主观因素,考虑各方面情况,经过科学论证、预测和核算后,纳入谈判计划的谈判目标。

38.开局阶段(starting stage):主要是指谈判双方见面后,在讨论具体实质性的交易内容前,相互介绍寒暄及就谈判内容以外的话题进行交谈的那段时间。

39.开场陈述(opening statement):双方分别阐明自己对有关问题的看法和原则,开场陈述的重点是己方的原则性利益。

40.主场谈判(negotiation of home field):指对谈判的某一方来讲,谈判是在其所在地进行的谈判。

41.客场谈判(negotiation of visiting field):指对谈判的某一方来讲,谈判是在谈判另一方所在地进行的谈判。

42.中立的谈判(neutral negotiation):是指在谈判双方所在地以外的其他地点进行的谈判。

43.权利型(谈判)对手(right-claiming opponent):是指以取得成功为满足、对权利与成功的期望很高、对友好关系期望很低的谈判对手。

44.进取型(谈判)对手(aggressive opponent):是指以对别人和对谈判局势施加影响为满足的谈判对手。

45.关系型(谈判)对手(relational opponent):是指以与别人保持良好关系而感到满足的谈判对手。

46.日式报价(战术)(Japanese-style quotation):是指将最低价格列在价格表上,以求首先引起买主兴趣的报价(战术)。

47.西欧式报价(战术)(western-style quotation):是指首先提出含有较大虚头的价格,然后根据买卖双方的实力对比和该笔交易的外部竞争情况,通过给予各种优惠来逐步软化和接近买方的市场条件,而最终达成交易的报价(战术)。

48.实质性分歧(the substantial difference):是原则性的根本利益的分歧。

49.假性分歧(pseudo difference):是由于谈判中的一方或双方为了达到某种目的而人为设置的难题或障碍,是人为制造的分歧。

50.封闭式发问(closed question):指在特定的领域中能带出特定的答复(如"是"或"否")的问句。

51.澄清式发问(clarifying questions):指针对对方的答复重新提出问题,以使对方进一步澄清或补充其原先答复的一种问句。

52.强调式发问(exaggerating question):指在强调自己的观点和己方的

立场的发问方式。

53. 探索式发问(exploratory question)：指针对对方答复要求引申或举例说明，以便探索新问题、找出新方法的一种发问方式。

54. 借助式发问(question drawing support)：是一种借助第三者的意见来影响或改变对方意见的发问方式。

55. 强迫选择式发问(compulsive choice-making question)：是指将己方的意见抛给对方，让对方在一个规定的范围内进行选择回答。

56. 证明式发问(testifying questions)：是指通过己方的提问，使对方对问题作出证明或理解。

57. 多层次式发问(multilayer question)：是指含有多种问题、主题的问句，即每一个问句中包含多种内容。

58. 诱导式发问(inductive question)：旨在抛砖引玉，对对方的答案给予强烈的暗示，使对方的回答符合己方的预期目的。

59. 协商式发问(consultative questions)：是指为使对方同意自己的观点，采用商量的口吻向对方发问。

60. 谈判僵局(the deadlock)：是指谈判进入实质的谈判阶段以后，各方往往由于某种原因相持不下，陷入进退两难的境地。

61. 协议期(谈判)僵局(deadlock in agreement period)：是指双方在磋商阶段意见产生分歧而形成的僵持局面。

62. 执行期(谈判)僵局(deadlock in designating period)：是指在执行合同过程中双方对合同条款理解不同而产生的僵持局面。

63. 模拟谈判(stimulated negotiation)：是指在正式谈判开始前提出各种设想和臆测，进行谈判的想象练习与实际演习。

64. 租赁谈判(leasing negotiation)：是指我国企业从国外租用机器和设备而进行的谈判。它涉及机器设备的选定、交货、维修保养、到期后的处理、租金的计算及支付、在租赁期内租赁公司与承租企业双方的责任。

65. 货物买卖谈判(negotiation on transaction of goods)：一般商品的买卖谈判，它主要是指买卖双方就买卖货物本身的有关内容进行谈判，它是谈判中数量最多的一种。

66. 劳务买卖谈判：是劳务买卖双方就劳务提供的形式、内容、时间、劳务的价格、计算方法及劳务费的支付方式等有关双方的权利、责任和义务关系等问题进行的谈判。

67. 违约(default)：是指由于非不可抗力引起的合同一方的当事人不履约

或违反合同的行为。

68. 平等互利原则(principle of equality and reciprocity)：在商务活动中，双方的实力不分强弱，在相互关系中应处于平等的地位；在商品交换中，自愿让渡商品，等价交换；谈判双方应根据需要与可能，互通有无，做到双方互利。

69. 国际法(international law)：主要指与国际商务相关的国际商法所营造的国际法律环境，主要表现形式是条约。

70. 国内法(internal law)：主要指一国国内的商务法律环境。

71. 法人(juridical person)：拥有独立的财产、能够以自己的名义享受民事权利和承担民事义务，并按照法定程序成立的法律实体。

72. 法律行为：当事人间为了发生司法上的效果而进行的一种合法行为。

73. 仲裁协议(arbitration agreement)：合同当事人在合同中订立的仲裁条款或者以其他方式达成的将争议提交仲裁的书面协议。

74. 个性(character)：人的心理特征和品质的总和，具体表现为人的性格、能力和素质。

75. 配额制度(quota system)：一个国家在一定时期内，对某些商品的进口数量或金额事先规定一个限额，从而起到限制某些商品的进口数量的作用。

76. 明示(express explicitly)：谈判者在有关的、恰当的场合明确地提出谈判的条件和要求，阐明谈判的立场、观点，表明自己的态度。

77. 暗示(hint)：谈判者在有关的、恰当的场合，用含蓄、简洁的方法向对方表示自己的意图、要求、条件和立场等。

78. 谈判的主题(negotiation theme)：就是参加谈判的目的、主题的具体化，即制定出谈判目标。

79. 人员素质风险(risk of personnel quality)：指在国际谈判中参与者由于素质低下给谈判造成的不必要的损失。

80. 非人员风险(non-personnel risk)：某些谈判是谈判人员无法控制的，既难以预测又难以防范，使谈判人员陷入被动的境地。如政治风险、市场风险、技术风险、合同风险、自然风险等。

81. 政治风险(political risk)：由于政治局势的变化或国际冲突给有关商务活动的参与者带来的危害和损失，也包括由于商务合作的不当或者误会给国家间的政治关系蒙上的阴影。

82. 汇率风险(exchange rate risk)：在较长付款期间，由于汇率变动而造成结汇损失的风险；或指一个组织、经济实体或个人的资产与负债由于汇率的变化引起的价值上涨或下降的可能。

83. 利率风险(interest rate)：国际金融市场上由于各种商业贷款利率的变动而可能给当事人带来损益的风险。

84. 价格风险(price risk)：是指产品或服务未来价格变动不确定带来的风险，它的产生是对于筹资规模较大、延续时间较长的项目而言的。

85. 交货风险(delivery risk)：指安全发货和收货所面临的风险，主要包括国际货物运输和保险两个方面。

86. 风险规避(risk aversion)：降低风险损失发生的概率和风险损失的程度。

87. 完全回避风险(complete risk aversion)：通过放弃或拒绝合作、停止业务活动来回避风险源。

88. 风险损失的控制(control of risk of loss)：通过减少损失发生的机会，降低损失发生的严重性来对付风险。

89. 转移风险(risk transfer)：是指将自身可能要承受的潜在损失以一定的方式转移给第三者，包括保险与非保险两种方式。

90. 自留风险(risk retention)：建立一笔专项基金的做法，一次性弥补可能遭遇的不测事件所带来的损失。

附录三 国际商务谈判术语

1. 出口信贷(export credit)：是一种国际信贷方式，它是一国政府为支持和扩大本国大型设备等产品的出口，增强国际竞争力，对出口产品给予利息补贴、提供出口信用保险及信贷担保，鼓励本国的银行或非银行金融机构对本国的出口商或外国的进口商(或其银行)提供利率较低的贷款，以解决本国出口商资金周转的困难，或满足国外进口商对本国出口商支付货款需要的一种国际信贷方式。

2. 出口津贴(export subsidy)：

直接津贴：出口某种商品时，直接付给出口厂商的现金补贴。

间接津贴：政府对某些出口商品给予财政上的优惠待遇，如对出口商给予减免出口税或国内税的优待，对出口商品实行延期付税、降低运费、提供低息贷款等。

3. 优惠关税(preferential tariff)：又称优惠税率，是指对来自特定受惠国的进口货物征收的低于普通税率的优惠税率关税。优惠关税一般是互惠的，通过国际贸易或关税协定，协定双方相互给予优惠的关税待遇。

4. 保税仓库(bonded warehouse)：是指经海关批准设立的专门存放保税货物及其他未办结海关手续货物的仓库。

5. 贸易顺差(favorable balance of trade)：所谓贸易顺差是指在特定年度一国出口贸易总额大于进口贸易总额，又称"出超"，表示该国当年对外贸易处于有利地位。贸易顺差的大小在很大程度上反映了一国在特定年份对外贸易的活动状况。通常情况下，一国不宜长期大量出现对外贸易顺差，因为此举很容易引起与有关贸易伙伴国的摩擦。例如，美、日两国双边关系市场发生波动，主要原因之一就是日方长期处于巨额顺差状况。与此同时，大量外汇盈余通常会致使一国市场上本币投放量随之增长，因而很可能引起通货膨胀压力，不利于国民经济持续、健康发展。

6. 贸易逆差(the trade deficit)：当一个国家出现贸易逆差时，即表示该国外汇储备减少,其商品的国际竞争力削弱,该国在该时期内的对外贸易处于不利地位。大量的贸易逆差将使国内资源外流加剧,外债增加,影响国民经济正常有效运行。因此,政府应该设法避免出现长期的贸易逆差。

7. 进口配额制(import quotas):又称进口限额制。它是直接限制进口的一种重要措施。进口配额制是指一国政府在一定时期内(如一季度、半年或一年内)对某些商品的进口数量或金额规定一个数额加以直接的限制,在规定时限内,配额以内的货物可以进口,超过配额则不准进口,或者征收较高的关税、附加税或罚款后才能进口。

8. 对外贸易值(value of foreign trade):是以货币表示的贸易金额。一定时期内一国从国外进口的商品的全部价值,称为进口贸易总额或进口总额;一定时期内一国向国外出口的商品的全部价值,称为出口贸易总额或出口总额。两者相加为进出口贸易总额或进出口总额,是反映一个国家对外贸易规模的重要指标。一般用本国货币表示,也有用国际上习惯使用的货币表示。联合国编制和发表的世界各国对外贸易值的统计资料,是以美元表示的。

9. 最惠国待遇(most-favored-nation treatment):是指在国际贸易中缔约国一方现在和将来给予任何第三国在贸易、关税、航运、公民法律地位等优惠和豁免,也都会给予缔约国对方国家。享有最惠国待遇的国家称为受惠国,依据多是一项双边或多边条约的规定。需要注意的是,优惠是相对于一般关税税率而言的,因此最惠国待遇往往不是最优惠税率,在最惠国待遇之外,还有更低的税率。

10. 普遍优惠制(generalized system of preference):简称普惠制,它是发达国家对发展中国家出口产品给予的普遍的、非歧视的、非互惠的优惠关税,是在最惠国关税基础上进一步减税以至免税的一种特惠关税。

11. 关税(tariffs):是指一国政府对进出海关的商品和服务征收的税。关税往往是国家税收乃至国家财政的主要收入。

12. 印花税(stamp duty):是税的一种,是对合同、凭证、书据、账簿及权利许可证等文件征收的税种。纳税人通过在文件上加贴印花税票,或者盖章来履行纳税义务。现行印花税只对印花税条例列举的凭证征税,具体有五类:合同或者具有合同性质的凭证、产权转移单据、营业账簿权利、许可证照和经财政部确定征税的其他凭证。

13. 进口许可证(the import license):是指由一国有关部门签发的准许进口的证件。通过对进口商品实行许可证管理,可以调节国家进口商品结构,稳定国内市场,但是,当进口许可程序透明度不强或签发过程产生不必要的延误时,它又成为贸易保护的工具。

14.出口许可证(the export license):是指在国际贸易中,根据一国出口商品管制的法令规定,由有关当局签发的准许出口的证件。是由国家对外经贸行政管理部门代表国家统一签发的、批准某项商品出口的具有法律效力的证明文件,也是海关查验放行出口货物和银行办理结汇的依据。

15.现货价格(the spot price):是指商品在现货交易中的成交价格。现货交易是一经成交立即交换的买卖行为,一般是买主即时付款,但也可以采取分期付款和延期交付的方式。由于付款方式的不同,同一现货在同一时期往往可能出现不同的价格。

16.期货价格(the futures price):是指期货市场上通过公开竞价方式形成的期货合约标的物的价格。

17.托运人(the shipper):在货物运输合同中,将货物托付承运人按照合同约定的时间运送到指定地点,向承运人支付相应报酬的一方当事人称为托运人。

18.驳船(barge):因其船型小、载重吨位小、平底,主要用于内河浅狭航道的货物运输。属于航运中的支线运输。其作用是将小批量几十吨的货物,从内河码头驳运到深水港,再安排上干线船、货柜轮船等远洋船。由于集装箱运输的普及,现在很多驳船都可以散杂混运。香港很多船务公司就是做这样的服务。

19.报关(entry):是指进出境运输工具的负责人、货物和物品的收发货人或其代理人在通过海关监管口岸时,依法进行申报并办理有关手续的过程,包括向海关申报、交验单据证件,并接受海关的监管和检查等。报关是履行海关进出境手续的必要环节之一。

20.递盘(bid):是指在国际贸易中,出口商按进口商的询价或为推销其产品主动向进口商提出愿意按照一定条件出售商品的行为。

21.还盘(counter offer):受盘人不同意发盘中的交易条件而提出修改或变更的意见,称为还盘。在法律上叫反要约。还盘实际上是受盘人以发盘人的身份发出的一个新盘。原发盘人成为新盘的受盘人。

22.发盘(offer):在国际贸易实务中,发盘也称报盘、发价、报价。法律上称之为"要约"。发盘可以是应对方询盘的要求发出,也可以是在没有询盘的情况下,直接向对方发出。发盘一般是由卖方发出的,但也可以由买方发出,业务上称其为"递盘"。

23.寄售(consignment sales):顾名思义,就是委托代理销售的意思,是现在网络上出现最多的词之一。这种交易方式可以说对交易的各方都有好处，它的特点是：寄售是先出运、后成交的贸易方式；出口商与寄售商之间是委托代销关系；寄售不是出售，在寄售商未将商品出售以前，商品的所有权仍属委托人（出口商）。

24.招标（invite bids）：是一种市场交易、搜寻商业对象的行为。招标指在一定范围内公开货物、工程或服务、采购的条件和要求，并邀请众多投标人参加投标，之后按照原先规定的程序，从中选择合适者作为交易对象。

25.独家代理（the sole agency）：是指在指定地区和一定的期限内，由该独家代理人单独代表委托人从事有关的商业活动，委托人在该地区内不得再委派第二个代理人。

26.不可抗力（force majeure）：是法律术语，是一项免责条款，解作一种人们不能预见、不可避免、不能克服的自然、社会现象。自然现象包括但不限于天灾人祸如地震、台风、洪水和海啸；社会现象则包括但不限于战争、市政工程建设和其他政府政策。在很多情况中，合约中也会列明如因不可抗力的发生而阻碍卖方的交货义务或履行合约，违约方可部分或者全部免除违约责任。

27.产地证明书（certificate of origin）：即"原产地证明书"，是出口商应进口商要求而提供的、由公证机构或政府或出口商出具的证明货物原产地或制造地的一种证明文件。产地证书是贸易关系人交接货物、结算货款、索赔理赔、进口国通关验收、征收关税的有效凭证，它还是出口国享受配额待遇、进口国对不同出口国实行不同贸易政策的凭证。

28.进口国完税后交货 DDP（Delivered Duty Paid）：是指卖方将货物运至进口国指定地点，将在交货运输工具上尚未卸下的货物交付给买方，卖方负责办理进口报关手续，交付在需要办理海关手续时在目的地应缴纳的任何进口"税费"。卖方负责将货物交付给买方前的一切费用和风险。如卖方无法直接或间接取得进口许可证时不宜采用该术语。

29.法定贬值（devalue）：是指政府主动降低本国货币的币值，以提高外汇汇率。

30.法定升值（revaluation）：是指一国政府正式宣布提高本国货币的币值，或者提高本国货币与外国货币的基础汇率、降低外汇汇率。

31.硬通货（hard currency）：是指国际信用较好、币值稳定、汇价呈坚挺状态的货币。由于各国的通货膨胀程度不同，国际收支状况以及外汇管制程度不同，当一国通货膨胀率较低、国际收支顺差时，该国货币币值相对稳定，汇价坚挺。在国际金融市场上，习惯称其为硬通货。

32.软通货(soft currency):是指币值不稳、汇价呈疲软状态的货币。由于货币发行过度,纸币购买力不断下降,与其他国家货币的比价也会不断下降。此外国际收支出现大量逆差,也会使一国货币与其他国家货币的比价不断下降。在国际金融市场上,通常把这种币值不断下降、汇价呈疲软状态的货币称为软通货。

33.提单(bill of lading):运输公司所签发的收到承运货物的依据,是发货人与运输公司之间所签订的运货契约,同时也是代表货物所有权的凭证。收货人或提单的合法持有人有权凭借提单向运输公司提取货物。

34.散装货物(bulk cargo):有些货物可不加包装而散装在船上,或专载于船舱之中,在形态上又不能自称件数,这种货物就被称为"散装货",以区别于"裸装货"(nude cargo)及"包装货"(packed cargo)。散装货大多是不需要包装或不值得包装的,散装可以节省费用,散装货也可称为"cargo in bulk",如煤炭、矿砂、汽油等。

35.产地说明书(certificate of origin):证明货物原产地或制造地的文件。产地说明书通常用于进口过海关,凭借此说明书确定对货物应征税的税率。

36.租船(charter):进口商如有大量货物待运,可租船装运。租费的计算方法有两种,一种是按时间计费(charter by time),另一种是按航次计费(charter by voyage)。

37.索赔(claim):贸易合同签订之后,买卖双方中的任何一方如果不能够履行或不能够完全履行合同中所规定的需承担的义务,则构成违约。索赔就是指受损方要求赔偿的行为。

38.佣金(commission):佣金也称为"手续费"。经营国际贸易的商人代理性质居多,以代理服务取得的佣金作为报酬。佣金通常按照交易额的百分比计算,也有按照交易的数量计算的。

39.领事发票(consular invoice):领事发票是进口国住在出口国的领事馆所签发的以特定格式制作的一种单据。一些国家法令规定,在进口时必须提供这种发票,通常供海关核税即统计之用。

40.消费包装(consumer packs):消费包装除了有保护商品的作用外,还具有美化商品、宣传推广、便于销售和使用等作用。所以,它是随着商品进入零售环节与消费者直接见面的包装,即零售包装。

41.cost,insurance and freight(简称 C.I.F)(成本加保险费、运费):使用这一价格术语时,要注明目的地。所谓成本,就是指离岸价格(F.O.B)。按照成本加保险费、运费条件成交是指卖方负责租船订舱,在合同规定的日期或期限内,在装运港将货物装上船,承担装船前发生的风险,支付装船前一切费用和运费,办理保险和支付保险费。

42. 合同(contract):一方发出实盘经另一方接受后,交易即为成立,买卖双方也就构成了合同关系,接着就签订书面合同。合同的内容除了包括交易的主要条件,如品名、规格、数量、包装、价格、交货、支付外,还包括保险、商品检验、索赔、仲裁、不可抗力等条款。合同一经签约,在法律上即对对方都具有约束力,必须严格遵守,不得任意违约或擅自变更。否则,对方有权向违约一方提出控诉。

43. 甲板货物(deck cargo):运输时装在甲板上的货物就被称为"甲板货物",如铜铁、橡胶等。由于甲板货物可能遇到的自然风险比较大,除非另有规定,买方和银行一般不接受此类货物的提单。

44. 转船(transshipment):指在远洋运输中,货物装船后允许在中途港换装其他船舶转运至目的港。按照《跟单信用证统一惯例》的规定,如果信用证未明确规定禁止转船,则视为可以转船。

45. 样品(sample):能够代表商品品质的少量实物。它或者是从整批商品中抽取出来作为对外展示模型和产品质量检测所需;或者在大批量生产前根据商品设计而先行由生产者制作、加工而成,并将生产出的样品标准作为买卖交易中商品的交付标准。

46. 有效期(validity):凡不可撤销的信用证,除注明装运期外,还应注明有效期,也就是议付货款的最后日期。按我国目前一般惯例,信用证的有效期一般比装运期长 10～21 天,以便在装船后准备单证,议付货款。

47. 非定期轮船(tramp):非定期轮船无固定航线和预订的船期。哪儿能揽到货运,就往哪航行,或供包租。

48. 交易条件(trading terms/conditions):通常"terms"指交易货物的价格、数量及付款条件,"conditions"则指其他条件。这两个通常连用。

49. 付款(payment):付款条件与品质条件、数量条件、价格条件、包装条件、交货条件同为国际贸易买卖合约上应具备的主要交易条件。付款条件包括使用的货币、付款时间、地点以及支付方式等问题。

50. 品质(quality):指商品的内在质量和外观形态的综合,如化学成分、物理和机械性能、生物学特征以及造型、结构、色泽、味觉等指标或特性。在国际贸易上表示商品品质的方法一般有下列四种:(1)凭样品;(2)凭规格、等级、标准;(3)凭牌名或商标;(4)凭说明书和图样。

51. 包装(packing):包装的主要目的是在节省费用的前提下,求取货物安全运到,达到无损、无毁、无漏、无耗的目的。进入国际贸易的商品,其包装可以分为三类,即裸装货(nude-cargo)、散装货(bulk cargo)和包装货(packed cargo)。包装费用一般包括在货价内,不另计价。如买方提出特殊要求,卖方也可以要求另收包装费,但应在合约中注明。

52. 订单(order):买方所发出的订购货物的通知。订单一般包括商品名称、规格数量及交货期等主要交易条件。

53. 任意港(optional port):国际贸易中货物运输的目的港并不限定一个。除价格条件中规定的目的港外,买方还可以指定第二目的港、第三目的港,此种港口,国际贸易术语称"任意港"。任意港必须是原定航线沿途必经的寄航港(port of call)。

54. 提成费(royalty):引进技术时,对贸易项目先不做价,等将来生产后,再按年产量、年产值、销售额或利润,逐年提取一定比例的提成费,作为转让技术的代价。使用这种支付方式,技术输入方可以减轻先付的费用的负担,技术输出方可以由于生产的增加而收取较多的费用。但是,必须首先规定提成费的基价、提成率和偿付期限。

55. 规格(specifications):为了使某商品满足生产或消费的需要,在挑选、分类、加工制造等过程中,必须使这种商品品质符合一定的条件,构成这种条件的具体指标就是商品的规格。

56. 集装箱(container):又称货柜,是一种巨型的长方形货箱,可将货物集装在这种箱子内作为一个运送单元进行运输。它的结构强度足以保护内部所装货物。利用集装箱运输具有很多优点:便利货运、简化手续、提高卸载效率、扩大港口吞吐能力、加速船舶周转、降低运营成本、加快货运速度、缩短货运时间、提高货运质量、减少货损货差、节省包装用料、减少运杂费用。

57. 承兑交单(D/A):跟单汇票的付款人在承兑汇票之后,即可以取得汇票所附的货运单证。按承兑交单条件成交时,买方可有种种便利,即在未付款前就可以取得提单,获得货物的所有权;对卖方则有很大的风险。

58. 付款交单(payment by D/P):跟单汇票的付款人必须先交清票款,才可取得货运单据。按付款交单条件成交时,对出口商较为安全。

59. 汇票(draft):汇票是出票人以书面形式命令受票人立即或在一定时间内无条件支付一定金额给指定的收款人或持票人的一种凭证。

60. 工业产权(industrial property rights):即国家依法对发明、实用新型、外观设计和商标等所授予的独占权,这些权利受到法律的保护,他人不得侵犯。如果他人要使用,必须取得权利人的同意和许可,并支付一定数额的使用费,但这种保护具有严格的时间性和地域性。

61.入门费(initial fee):在达成协议后,先支付一笔费用,称为入门费,或称初付费(initial payment)。有时可以把这笔费用看成是最低限度的付款,或定金,或预付,以后再按照规定,分年支付提成费。使用这种支付方式,技术输出方往往要求技术引进方给予检查账目的机会,以便核对提成费的计算是否准确。

62.不可撤销信用证(irrevocable L/C):指开证行对它所开立的信用证,未经受益人的同意,不得撤销信用证或修改信用证的内容。如果开证申请人破产,无力付款,但只要出口商履行信用证规定的条件,银行就必须按规定支付货款,所以支取货款是有保障的。信用证在国际贸易中使用得最频繁。

63.专有技术(proprietary technology):一种可以转让和传授的公众所不知的并且未取得专利权的技术知识。专有技术不像专利权那样有有效期的限制,它是靠保密手段来进行垄断的。其内容一般包括图纸(drawing)、设计方案(designs)、技术说明书(instructions)、技术示范(show-how)、具体指导(how-to)等。

64.班轮(liner):海洋运输中,在一个固定的航线上要按照预定日期,经常来往于若干个港口之间,承运旅客以及货物的轮船。这种轮船又分为定期货轮(cargo liner)、定期客轮(passenger liner)和定期客货轮(combined passenger-cargo liner)。定期轮船有固定的运费率,承运货物一般包括一般货物(general cargo)、散装货物、冷冻易腐货物。货物运输量无限制,大宗的和零星的货物都可以接受。定期轮船对承运的货物负责装卸,承运条件以提单条款为准。

65.邮寄订单商行(mail order business):由邮政寄送的订单称为邮寄订单。凡使用这种方法经营订购货物业务的商号称为订单邮寄商行,或称邮购商行。

66.边际利润(marginal profit):售货利润是商品的售价减去商品成本的实际盈利。

67.预约保单(reservation policy):保险公司承保投保人在一定时期内,分批发运的货物所出立的保险总合同。在预约保单内,注明保险货物的类型、险别、保险费率、每批运输货物的最高保险金额以及保险费的结算办法。应用预约保单的优点是凡属预约保险范围内的进出口货物,一经起运,即自动按保单所列条件保险,保险人可不再签发每批货物的保险单,而投保人可在获悉该批货物的详细情况后再通知保险人。

68. 鉴定报告(appraisal report)：是鉴定人对被鉴定货物的鉴定结果所作出的一种报告书。

69. 技术转让(technology transfer)：指技术供应方通过各种方法，把生产技术、管理技术或销售技术有关的权利，让与技术受让方的行为。技术转让中的技术费分为两类，一类是工业产权技术，如专利等，这类技术是受有关国家的工业产权法所保护的；另一类是非工业产权技术，主要是指"专有技术"(know-how)。

70. 工厂交货(EXW)：是指卖方将货物从工厂(或仓库)交付给买方，除非另有规定，卖方不负责将货物装上买方安排的车或船上，也不办理出口报关手续。买方负担自卖方工厂交付后至最终目的地的一切费用和风险。

71. 交至承运人 FCA (free carrier)：此术语是指卖方必须在合同规定的交货期内在指定地点将货物交给买方指定的承运人监管，并负担货物交由承运人监管前的一切费用和货物灭失或损坏的风险。

72. 船边交货 FAS(free alongside ship)：是指卖方将货物运至指定装运港的船边或驳船内交货，并在需要办理海关手续时，办理货物出口所需的一切海关手续，买方承担自装运港船边(或驳船)起的一切费用和风险。

73. 船上交货 FOB(free on board)：该术语规定卖方必须在合同规定的装运期内在指定的装运港将货物交至买方指定的船上，并负担货物越过船舷以前为止的一切费用和货物灭失或损坏的风险。

74. 成本加运费 CFR (cost and freight)：是指卖方必须在合同规定的装运期内，在装运港将货物交至运往指定目的港的船上，负担货物越过船舷以前为止的一切费用和货物灭失或损坏的风险，并负责租船订舱，支付至目的港的正常运费。

75. 运费付至 CPT(carriage paid to)：是指卖方支付货物运至指定目的地的运费，在货物被交由承运人保管时，货物灭失或损坏的风险，以及由于在货物交给承运人后发生的事件而引起的额外费用，即从卖方转移至买方。

76. 运费、保险费付至 CIP(carriage and insurance paid to)：是指卖方支付货物运至目的地的运费，并对货物在运输途中灭失或损坏的买方风险取得货物保险，订立保险合同，支付保险费用，在货物被交由承运人保管时，货物灭失或损坏的风险，以及由于在货物交给承运人后发生的事件而引起的额外费用，即从卖方转移至买方。

77. 边境交货 DAF (delivered at frontier)：是指卖方将货物运至买方指定的边境地点，将仍处于交货的运输工具上尚未卸下的货物交付买方，并办妥货物出口清关手续,承担将货物运抵边境上的指定地点所需的一切费用和风险,此地点为毗邻边境的海关前,包括出口国在内的任何国家边境(含过境国)。进口清关手续则由买方办理。

78. 目的港船上交货 DES(delivered EX ship):是指卖方将货物运至买方指定目的港的船上,并交给买方,但不办理进口清关手续,卖方负担将货物运抵指定卸货港为止的一切费用和风险,买方负担货物从船上开始卸货起的一切费用和风险。

79. 目的港码头交货 DEQ(delivered EX quay):是指将货物交付给买方,但不办理货物进口清关手续,卖方负担将货物运抵卸货港并卸至码头为止的一切费用与风险。买方则负担随后的一切费用和风险。

80. 未完税交货 DDU(delivered duty unpaid):是指卖方将货物运至进口国指定的目的地交付给买方,不办理进口手续,也不从交货的运输工具上将货物卸下,即完成交货。卖方应该承担货物运至指定目的地为止的一切费用与风险,不包括在需要办理海关手续时在目的地进口应缴纳的任何"税费"(包括办理海关手续的责任和风险,以及交纳手续费、关税、税款和其他费用)。买方必须承担此项"税费"和因其未能及时办理货物进口清关手续而引起的费用和风险。

附录四 《国际商务谈判》模拟试题与参考答案

一、单项选择题

1.美国一公司与德国一公司在德国进行谈判,对于美国公司来说,这场谈判属于(　　)。

A.中立地谈判　　B.主场谈判　　C.让步型谈判　　D.客场谈判

2.(　　)是双方下决心按磋商达成的最终交易条件成交的阶段。

A.报价阶段　　B.开局阶段　　C.成交阶段　　D.磋商阶段

3.国际商务谈判必须实现的目标是谈判的(　　)。

A.最低目标　　　　　　　B.可接受的目标

C.最高目标　　　　　　　D.实际需求目标

4.下列哪个不是谈判终结的方式(　　)。

A.成交　　B.终止　　C.破裂　　D.僵持

5.在国际商务谈判中,最好的提问技巧是提一些(　　)。

A.使对方捉摸不透的问题　　B.对方敏感而且难以回答的问题

C.使对方感兴趣的问题　　　D.对方能回答的问题

6.在国际商务谈判中,热情直率、有一定冒险精神、精力旺盛、易感情冲动的谈判者,属于(　　)。

A.多血质型　　B.黏液质型　　C.胆汁质型　　D.抑郁质型

7.国际商务谈判前,主要迎送人的身份、地位与来者应该(　　)。

A.略低　　B.略高　　C.对等　　D.无所谓

8.由国际商务谈判买方主动作出的发盘,国际上称为(　　)。

A.递盘　　B.还盘　　C.复盘　　D.询盘

9.国际谈判中表达难以接受或不满时,通常用(　　)。

A.正调　　B.降调　　C.升调　　D.反调

10.预见风险和控制风险两者关系是(　　)。

A. 成正比　　　　　B. 成反比　　　　　C. 不相关　　　　　D. 正反比都有

11. 当国际商务谈判遇到僵局时,可运用(　　)请出地位较高的上司出席,或是运用明星效应,向对方介绍社会知名人士,表明对处理僵局问题的关心和重视,使对方"不看僧面看佛面",放弃原先较高的要求。

A. 权威影响技巧　　　　　　　　　B. 让步技巧

C. 改变谈判成员构成技巧　　　　　D. 调节和协商技巧

12. 商品的价格是商务谈判中十分重要的内容,它的高低直接影响着贸易双方的经济利益,(　　)是价格谈判中最常用的方法。

A. 讨价还价　　　B. 最高报价法　　　C. 按质论价　　　D. 最低报价法

13. 权利有限策略是指谈判者为了达到降低对方条件、迫使对方让步或修改承诺条文的目的,采取转移(　　),假借其上司或委托人等第三者之名,故意将谈判工作搁浅,让对方心中无数地等待,再趁机反攻的一种策略。

A. 视线　　　　B. 目标　　　　C. 话题　　　　D. 矛盾

14. 休会技巧,即(　　)的技巧。当谈判进行到一定阶段或遇到某种障碍时,由谈判一方或双方提出中断会谈,以便使双方谈判人员都有机会重新研究、调整对策和恢复体力。

A. 场外沟通技巧　　　　　　　　　B. 推延答复技巧

C. 暂停谈判技巧　　　　　　　　　D. 终止谈判技巧

15. (　　)最有可能成为无效的信息传递方式。

A. 明示　　　　B. 意会　　　　C. 暗示　　　　D. 手势

16. 在国际商务谈判中,要想做到说服对方,应当(　　)。

A. 在必要时采取强硬手段

B. 使对方明白己方从谈判中获利很小

C. 使对方明白其从谈判中获利很大

D. 寻找双方利益的一致性

17. 在国际商务谈判中,人为制造的分歧是指(　　)。

A. 核心内容的分歧　　　　　　　　B. 主要分歧

C. 实质性分歧　　　　　　　　　　D. 假性分歧

18. (　　)的核心是国际商务谈判的双方既要考虑自己的利益,也要兼顾对方的利益,是平等式的谈判。

A. 让步型谈判　　B. 立场型谈判　　C. 互惠型谈判　　D. 原则型谈判

19. 作为买方,报价起点(　　)。

A. 要低　　　　　　　　　　　　　B. 既要低又要接近对方底线

C. 要高   D. 既要高又要接近对方底线

20. 在价格谈判中,买方与卖方讨价还价范围的左、右两端分别是(   )。

A. 买方的初始报价、买方的最高买价

B. 卖方的最低卖价、买方的最高买价

C. 买方的初始报价、卖方的初始报价

D. 卖方的初始报价、买方的初始报价

21. 下列(   )项是国际商务谈判中的讨价技巧。

A. 积少成多   B. 最大预算   C. 以理服人   D. 善于提问

22. 谈判中最为纷繁多变,也是经常发生破裂的阶段是谈判(   )。

A. 初期   B. 中期   C. 协议期   D. 后期

23. 利益诱导策略最适合在国际商务谈判(   )使用。

A. 国际谈判开局阶段   B. 国际谈判磋商阶段

C. 国际谈判结束阶段   D. 缔约阶段

24. 按谈判中双方所采取的态度,可以将谈判分为立场型谈判、原则型谈判和(   )。

A. 软式谈判   B. 集体谈判   C. 横向谈判   D. 投资谈判

25. 下列选项中(   )项自我介绍符合规范。

A. 我叫查理。

B. 我的名字叫查理,是井田商社总经理的侄子。

C. 我叫查理,是井田商社出口部经理。

D. 我在井田商社出口部工作。

26. 投石问路策略最适合在国际商务谈判的(   )使用。

A. 谈判开局阶段   B. 谈判磋商阶段

C. 谈判结束阶段   D. 缔约阶段

27. 谈判学家尼尔伦伯格认为,成功的、合作的谈判中要善于利用(   )。

A. 需要   B. 僵局   C. 争辩   D. 讨价还价

28. 在见面握手的时候,(   )项做法是失礼的。

A. 身份低者先伸出手与身份高者握手

B. 年长者先伸出手与年轻者握手

C. 主人先伸出手与宾客握手

D. 女士先伸出手与男士握手

29. 根据谈判者让步的程度,谈判风格可分为软弱型模式、强有力模式和(   )。

A. 合作型模式　　B. 对立型模式　　C. 温和型模式　　D. 中立型模式

30. 在国际商务谈判中,有两种典型的报价战术,即西欧式报价和( )。

A. 中国式报价　　B. 日本式报价　　C. 东欧式报价　　D. 中东式报价

31. 还价起点的总体要求是( )。

A. 起点要低,接近目标　　　　　B. 起点要低,高于目标

C. 起点要高,接近目标　　　　　D. 起点要高,低于目标

32. 国际商务谈判人员精力和注意力的变化是( )。

A. 有规律性的　　B. 不可控的　　C. 有次序性的　　D. 无规律性的

33. ( )通常只限于合作关系良好,并有长期业务往来关系的双方之间。

A. 价值型谈判　　B. 让步型谈判　　C. 原则型谈判　　D. 立场型谈判

34. 所有导致国际商务谈判僵局的谈判主题中,( )是最为敏感的一种。

A. 关系　　　　　B. 付款　　　　　C. 立场　　　　　D. 价格

35. 国际商务谈判中的( )具有明确、单一、规范、简洁的特征。

A. 军事语言　　B. 法律语言　　C. 专业语言　　D. 外交语言

36. 一般情况下,( )是国际商务谈判中可以公开的观点。

A. 最优期望目标　　　　　　　B. 谈判主题

C. 己方的最后谈判期限　　　　D. 实际期望目标

37. 在国际商务谈判中,双方地位平等是指双方在( )上的平等。

A. 法律　　　　B. 经济利益　　C. 实力　　　　D. 级别

38. 模拟谈判是在( )中进行的。

A. 重大国际商务谈判准备阶段　　B. 国际商务谈判磋商阶段

C. 国际商务谈判过程　　　　　　D. 国际商务合同条款谈判阶段

39. 合同磋商的过程从法律上讲,要经过( )和承诺两个步骤。

A. 要约　　　　B. 谈判　　　　C. 协商　　　　D. 草拟合同

40. 改变国际商务谈判环境是一种比较好的( )策略。

A. 摸底　　　　B. 打破僵局　　C. 让步　　　　D. 讨价还价

41. 价格条款的谈判应由( )承担。

A. 商务人员　　B. 法律人员　　C. 财务人员　　D. 技术人员

42. 国际商务谈判中日本人如果不断点头并说"哈依!",这通常表示( )。

A. 你好　　　　B. 谢谢　　　　C. 同意　　　　D. 在听

43.（　　）既能获得新的国际商务谈判信息，又能证实己方以往判断。

　　A.只听不说　　　B.多听少说　　　C.巧提问题　　　D.有问必答

44.国际商务谈判中对方坚持不合理要求，进而导致僵局出现时，应作出（　　）。

　　A.拒绝对方要求、放任谈判破裂的决定

　　B.明确并且坚决地反击，使对方知道施加压力无效

　　C.重大让步，以利于协议达成的决定

　　D.进一步让步表示诚意，使国际商务谈判继续进行的决定

45.交锋阶段包括摸底、（　　）、洽谈方针、报价和还价、谈判议程控制等几个阶段。

　　A.整理材料　　　B.拟谈判大纲　　　C.重新审查　　　D.讨论

46.预见风险和控制风险两者关系是（　　）。

　　A.成反比　　　　B.成正比　　　　C.不相关　　　　D.正反比都有

47.国际市场信息的语言组织结构包括文字式结构和（　　）结构。

　　A.数据式　　　　B.图形式　　　　C.表格式　　　　D.组合式

48.从总体上讲，国际商务谈判的信息在国际商务谈判中（　　）。

　　A.起间接作用

　　B.直接决定国际商务谈判的成败

　　C.成为控制国际商务谈判过程的手段

　　D.无作用

49.所有国际商务谈判主体的共同谈判目标是（　　）。

　　A.谈清楚　　　　B.谈出结果　　　　C.划分责、权、利　　D.明确谈判标的

50.对重要的国际商务问题应争取在（　　）进行谈判。

　　A.主场　　　　　B.客场　　　　　C.中立场地　　　　D.无所谓

51."你看给我方的佣金率定为5％是否妥当"这句话属于（　　）发问。

　　A.借助式　　　　B.协商式　　　　C.诱导式　　　　D.探索式

51.（　　）是谈判的指导思想、基本准则，决定了谈判者将采用什么谈判策略和谈判技巧，以及如何运用这些谈判策略和技巧。

　　A.谈判思想　　　B.谈判策略　　　C.谈判方针　　　D.谈判的原则

52.根据国际商务谈判者让步的程度，谈判风格可分为软弱型、强有力型和（　　）。

　　A.合作型　　　　B.对立型　　　　C.温和型　　　　D.中立型

53.能否成功运用不开先例谈判技巧，取决于国际商务谈判者所采用的先

例的力量大小和提出交易条件的( )。

A. 巧妙性 B. 合乎国际惯例

C. 合法性 D. 适度性

54. 国际商务谈判结果的决定因素在于( )。

A. 与谈判对方的友谊 B. 团队主谈人员的经验

C. 国际商务谈判人员的综合素质 D. 国际商务谈判人员的酬劳

55. ( )是国际商务谈判中最艰巨、复杂和富有技巧性的工作。

A. 陈述 B. 说明 C. 辩论 D. 提问

56. 在一方报完价格之后,另一方比较策略的做法是( )。

A. 亮出己方的价格条件 B. 置之不理、转移话题

C. 请对方作出价格解释 D. 马上还价

57. 英国人的谈判风格一般表现为( )。

A. 守信用 B. 讲效率 C. 按部就班 D. 有优越感

58. 在国际商务谈判的内部环境中,起决定作用的是( )。

A. 国际商务谈判氛围

B. 国际商务谈判双方的实力对比

C. 国际商务谈判双方的谈判作风

D. 国际商务谈判双方的关系

59. 在国际商务谈判中,人为制造的分歧是指( )。

A. 核心内容的分歧 B. 主要分歧

C. 实质性分歧 D. 假性分歧

60. 一开始就让出全部可让利益的让步方式是( )。

A. 坚定的让步方式 B. 一次性让步方式

C. 初始让步方式 D. 果断的让步方式

61. 国际商务谈判中,群体效能与个体效能的关系是( )。

A. 群体效能小于个体效能的累加

B. 群体效能大于个体效能的累加

C. 群体效能等于个体效能的累加

D. 群体效能有时大于个体效能的简单累加,有时小于个体效能的累加

62. 在缺乏谈判经验的情况下,进行一些较为陌生的国际商务谈判,国际商务谈判人员应采取( )的让步方式。

A. 坚定 B. 等额 C. 风险性 D. 不平衡

63. 在国际商务谈判中,要想做到说服对方,应当( )。

A. 在必要时采取强硬手段

B. 使对方明白其从谈判中获利很大

C. 使对方明白己方从谈判中获利很小

D. 寻找双方利益的一致性

64. 价格性质主要指(　　)。

A. 可接受还是不可成交价　　　　B. 交易价格便宜还是贵

C. 交易价格是固定价还是浮动价　D. 不可接受的可成交价

65. 国际商务谈判必须实现的目标是谈判的(　　)。

A. 最低目标　　　B. 最高目标　　　C. 可接受的目标　D. 实际需求目标

66. 国际商务谈判中,一方首先报价之后,另一方会对报价做出适当反应的行为被称作(　　)。

A. 讨价　　　　　B. 还价　　　　　C. 要价　　　　　D. 议价

67. 国际商务谈判中,作为摸清对方需要,掌握对方心理的手段是(　　)。

A. 问　　　　　　B. 看　　　　　　C. 听　　　　　　D. 说

68. 探询工作的成败取决于国际商务谈判人员是否遵循探询的(　　)。

A. 严谨性、回旋性、亲和性和策略性

B. 策略性、广泛性、重复性和亲和性

C. 敞开性、友好性、坚韧性和策略性

D. 敞开型、广泛性、亲和性和友好性

69. 国际商务谈判中的讨价还价主要体现在(　　)上。

A. 答　　　　　　B. 叙　　　　　　C. 问　　　　　　D. 辩

70. 国际商务谈判中,双方互赠礼品时,西方人较为重视礼品的意义和(　　)。

A. 礼品价值　　　B. 礼品包装　　　C. 礼品类型　　　D. 感情价值

71. 开局阶段奠定国际商务谈判成功基础的关键是(　　)。

A. 合理的报价　　　　　　　　　B. 良好的谈判气氛

C. 反复磋商　　　　　　　　　　D. 确定谈判目标

72. 报价阶段的国际商务谈判策略主要体现在(　　)。

A. 把价格压得越低越好　　　　　B. 如何报价

C. 场外交易　　　　　　　　　　D. 把价格抬得越高越好

73. 下列(　　)项是讨价技巧。

A. 最大预算　　　B. 积少成多　　　C. 以理服人　　　D. 善于提问

74. 投石问路策略最适合在国际商务谈判的(　　)使用。

A. 开局阶段　　　　B. 磋商阶段　　　　C. 结束阶段　　　　D. 缔约阶段

75. 国际商务谈判人员感情表现形式可以分为(　　)。

A. 面部表现、身体表达、言语表达　　　B. 眼神、动作、腔调

C. 面部肌肉、手势、态度　　　　　　　D. 身体表达、手势、行为

76. 价格解释是(　　)。

A. 买方还价　　　　　　　　　　　B. 买方对报价所进行的解释

C. 卖方对报价所进行的解释　　　　D. 卖方报价

77. 日本人的谈判风格一般表现为(　　)。

A. 等级观念弱　　　B. 不讲面子　　　C. 直截了当　　　D. 集团意识强

78. 国际商务谈判主谈人的职责要求是(　　)。

A. 要追求最大利益,更要追求妥协的满足

B. 因势利导,把握全局

C. 把握谈判主要要素,达成谈判标的

D. 因势利导,追求妥协

79. 国际商务谈判中以与谈判对方保持良好关系为满足的谈判心理属于(　　)。

A. 权力型　　　　　B. 关系型　　　　C. 进取型　　　　D. 自我型

80. 负责品质条款、价格条款、数量条款、包装条款等方面谈判内容的人员,是国际商务谈判小组中的(　　)。

A. 管理人员　　　B. 技术人员　　　C. 商务人员　　　D. 法律人员

81. 双方抱着寸土不让的态度进行国际商务谈判,这时候的洽商氛围是(　　)。

A. 热烈的　　　　　B. 对立的　　　　C. 严肃的　　　　D. 亲切的

82. 对国际商务谈判进行评价最主要的方面是(　　)。

A. 经济利益　　　　　　　　　　B. 稳定的交易关系

C. 信誉　　　　　　　　　　　　D. 拥有信息

83. 国际商务谈判中,安排谈判人员应根据(　　)。

A. 谈判的时间　　　　　　　　　B. 谈判的地点

C. 谈判的目标和对象　　　　　　D. 对方的社会制度

84. (　　)最有可能成为无效的信息传递方式。

A. 明示　　　　　B. 意会　　　　C. 暗示　　　　　D. 手势

85. 第三层次的国际商务谈判人员是(　　)。

A. 速记员　　　B. 商务人员　　　C. 法律人员　　　D. 专业人员

86. 下列方法中属于间接处理潜在国际商务谈判僵局的是（　　）。

A. 场外沟通

B. 反问劝导法

C. 站在对方立场上说服对方

D. 先重复对方的意见,然后再削弱对方

87. （　　）型谈判者不把对方当作敌人,而是看作朋友。

A. 让步　　　　　B. 立场　　　　　C. 原则　　　　　D. 价值

88. 要使国际商务谈判小组成员合理分工、配合默契,就要确定不同情况下的（　　）,并明确各自位置与职责以及配合关系。

A. 阶段性计划和实现该计划的谈判人员

B. 主谈判人和辅谈判人

C. 谈判组长和组员

D. 主要负责人和辅助人员

89. 通过己方的提问,使国际商务谈判对方对问题作出证明或理解的发问方式是（　　）。

A. 封闭式发问　　B. 证明式发问　　C. 诱导式发问　　D. 协商式发问

90. 国际商务谈判中,非人员风险主要有政治风险、自然风险和（　　）。

A. 技术风险　　　B. 市场风险　　　C. 经济风险　　　D. 素质风险

91. （　　）是双方下决心按磋商达成的最终交易条件成交的阶段。

A. 报价阶段　　　B. 开局阶段　　　C. 成交阶段　　　D. 磋商阶段

92. 当国际商务谈判进行到一定阶段或遇到某种障碍时,可以运用（　　）,由国际商务谈判一方或双方提出中断会谈,使双方有机会重新研究、调整对策和恢复体力。

A. 推延答复技巧　　　　　　　　B. 场外沟通技巧

C. 暂停谈判技巧　　　　　　　　D. 终止谈判技巧

93. 若对方对本次交易的行情不了解,则我方可选择（　　）。

A. 后报价　　　　B. 先报价　　　　C. 难以确定　　　D. 无所谓顺序

94. 根据国际商务谈判地域的不同,可以划分为主座谈判、客座谈判和（　　）。

A. 仲裁方谈判　　　　　　　　　B. 第三方谈判

C. 主客座轮流谈判　　　　　　　D. 法定地谈判

95. 商品的价格是国际商务谈判中最重要的内容,它的高低直接影响着双方的经济利益。（　　）是价格谈判中最常用的方法。

A. 经验还价　　　B. 就地还价　　　C. 按质论价　　　D. 策略还价

96. 按照国际商务谈判双方的接触方式划分,可分为直接谈判和(　　)。

A. 第三方谈判　　B. 非直接谈判　　C. 媒介谈判　　D. 间接谈判

97. 模拟谈判是在(　　)中进行的。

A. 经济谈判磋商阶段　　　　　　　B. 国际商务谈判过程

C. 重大谈判准备阶段　　　　　　　D. 合同条款谈判阶段

98. 必须选择全能型国际商务谈判人员的谈判类型是(　　)。

A. 个体谈判　　B. 多边谈判　　C. 双边谈判　　D. 集体谈判

99. (　　)不是发问的技巧。

A. 领导性提问　　B. 坦诚性提问　　C. 借助式提问　　D. 一般性提问

100. (　　)的谈判策略通过踊跃提问来理解对方的态度。

A. 终场陈述打算策略　　　　　　　B. 建立融洽气氛策略

C. 交换见解策略　　　　　　　　　D. 结束策略

101. 在收场阶段,国际谈判一方(　　)容易给对方的心理造成不良影响。

A. 回顾、检查已经开展过的国际谈判活动

B. 加强自我控制,保持轻松的姿态

C. 对已取得的谈判成果作出客观、公正的评价

D. 重述国际商务谈判过程的细节

102. (　　)不是价格谈判技巧。

A. 报价技巧　　B. 私下接触　　C. 让步技巧　　D. 抬价技巧

103. 预备会议的内容一般是国际商务谈判双方就洽谈目标、计划、进度和(　　)等内容进行洽商。

A. 人员　　　　B. 合同　　　　C. 行动方案　　D. 总体规划

104. 选择国际商务谈判信息传递方式是(　　)。

A. 主观的　　　B. 有目的的　　C. 单一的　　　D. 随意的

105. 国际商务谈判(　　)纷繁多变,也是经常发生破裂的阶段。

A. 初期　　　　B. 中期　　　　C. 协议期　　　D. 后期

106. 当国际商务谈判出现严重对峙,其他方法均不奏效时,可运用调解和(　　)。

A. 终止　　　　B. 仲裁　　　　C. 法律　　　　D. 强制执行

107. 从(　　)、情绪、误解这三个方面着手,有利于在国际商务谈判中做到把人与问题分开处理。

A. 看法　　　　B. 目标　　　　C. 心理　　　　D. 思想

108.(　　)不是还价技巧。

A. 吹毛求疵　　B. 投石问路　　C. 感情投资　　D. 最后通牒

109.国际商务谈判中,法律人员主要负责(　　)。

A. 交货　　　　　　　　　　B. 合同权利与义务的平衡

C. 产品性能　　　　　　　　D. 风险划分

110.国际商务谈判中,一方首先报价之后,另一方(　　),即,要求报价方改善报价。

A. 要价　　　B. 还价　　　C. 讨价　　　D. 议价

111.(　　)是谈判人员必须具备的首要条件。

A. 遵纪守法、廉洁奉公、忠于国家和组织

B. 平等互惠的观念

C. 团队精神

D. 专业知识扎实

112.确定了己方的国际商务谈判目标之后,应根据(　　)选择确定国际商务谈判对象。

A. 对方产品质量的好坏　　　B. 对方条件与己方目标的匹配程度

C. 对方联系己方的先后次序　　D. 对方条件的优惠程度

113.国际商务合同附件的选择具有一定规律,主要取决于(　　)。

A. 交易内容和谈判风格　　　B. 交易规模和谈判原则

C. 交易内容和正文书写格式　　D. 交易标的和谈判策略

114.国际商务谈判过程中发现对方蓄意营造低调气氛,若不扭转会损害己方利益,因此可以采用(　　)。

A. 协调式开局策略　　　　　B. 保留式开局策略

C. 坦诚式开局策略　　　　　D. 进攻式开局策略

115.按语言的表达方式可以将国际商务谈判语言分为有声语言和(　　)。

A. 文字表述　　B. 形体语言　　C. 无声语言　　D. 手语

116.国际商务谈判策略是谈判者在谈判过程中为了达到己方某种预期目标所采取的行动方案和(　　)。

A. 策略　　　B. 对策　　　C. 方针　　　D. 计划

117.改变营销组合策略是指改变国际商务谈判双方对(　　)、价格、渠道、促销四个方面的组合内容。

A. 条约　　　B. 产品　　　C. 利润　　　D. 地点

118.(　　)又被称为原则型谈判。

A. 让步型谈判　　B. 立场谈判　　　C. 硬式谈判　　　D. 价值型谈判

119.(　　)符合国际商务谈判让步原则。

A. 让步节奏要快　　　　　　　B. 让步要果断

C. 让步幅度要大　　　　　　　D. 让步要让在关键环节上

120. 倾听对方谈话时,几乎不看国际商务谈判对方是表示(　　)。

A. 赞同对方　　　　　　　　　B. 试图掩饰什么

C. 对谈话不感兴趣　　　　　　D. 积极、自信

121.(　　)属于潜在僵局的直接处理方法。

A. 先肯定局部,后全盘否定

B. 归纳概括法

C. 以提问的方式促使对方自我否定

D. 用对方的意见去说服对方

122. 在配备国际商务谈判成员时,(　　)。

A. 对方是年轻化群体,己方应组织年老有经验群体

B. 应配置单一化的群体结构

C. 应配置多元化的群体结构

D. 如果谈判内容是技术性的,就应组合技术性谈判群体

123. 对重要的问题应争取在(　　)进行。

A. 主场　　　B. 客场　　　　C. 中立场地　　　D. 无所谓

124. 与德国商人洽谈生意时,严禁过多地谈论(　　)。

A. 德国的艺术　　　　　　　　B. 德国的建筑

C. 德国的历史　　　　　　　　D. 个人私事

125.(　　)性格谈判对手对成功期望高、关系要求高、权力要求低。

A. 进取型　　　B. 关系型　　　C. 权力型　　　D. 保守型

126. 国际商务谈判客观存在的基础和动力是(　　)。

A. 目标　　　B. 关系　　　　C. 合作　　　　D. 需要

127. 选择自己所在单位作为国际商务谈判地点的优势有(　　)。

A. 容易寻找借口　　　　　　　B. 便于侦察对方

C. 易向上级请示汇报　　　　　D. 方便查找资料与信息

128.(　　)是国际商务谈判的基本原则。

A. 全盘让步　　　B. 坚守立场　　　C. 平等互利　　　D. 唯利是图

129. 在国际商务谈判现场的布置与安排中,采用圆形谈判桌(　　)。

A. 比较正规

B. 比较随便

C. 符合国际惯例

D. 使双方谈判人员有一种和谐一致的感觉

130.若对方对本次国际商务谈判交易的行情不了解,则我方可选择( )。

A. 后报价   B. 先报价   C. 难以确定   D. 无所谓顺序

131.法律条款的国际商务谈判应由( )承担。

A. 财务人员   B. 商务人员   C. 法律人员   D. 技术人员

132.( )的提问方式易引起他人的焦虑。

A. 归纳成结论   B. 获取情报

C. 引起他人的注意   D. 让对方好好地思考

133.( )不是国际商务谈判签约前合同审核的内容。

A. 合法性审核   B. 有效性审核   C. 公平性审核   D. 一致性审核

134.从总体上讲,国际商务谈判的信息在谈判中( )。

A. 直接决定谈判的成败   B. 间接作用

C. 成为控制谈判过程的手段   D. 无作用

135.运用步步为营策略时,主要突出( )。

A. 顽强   B. 利益   C. 说理   D. 探询

136.国际商务谈判组织涉及谈判的( )、一般与特殊谈判的主持规范等三部分。

A. 管理人员   B. 班子构成   C. 人员分工   D. 人事管理

137.在对方所在地进行的国际商务谈判,叫做( )。

A. 主场谈判   B. 客场谈判

C. 中立场谈判   D. 非正式场合谈判

138.利益诱导策略最适合在商务谈判的( )使用。

A. 开局阶段   B. 磋商阶段

C. 结束阶段   D. 缔约阶段

139.论证一般由( )三个因素组成。

A. 论题、论据、论证方式   B. 引子、理由、收尾

C. 论题、论述、结论   D. 论题、论证、结论

140.下列( )是谈判做戏的原则。

A. 讲力度、讲环境、讲策略、讲效果

B. 讲对象、讲场合、讲时机、讲影响

C. 讲力度、讲场合、讲背景、讲逻辑性

D. 讲对象、讲环境、讲情义、讲实力

141. 国际商务谈判过程中产生的分歧大致可以分为真正的分歧、人为的分歧和（　　　）。

　　A. 事实的分歧　　B. 表达的分歧　　C. 方法的分歧　　D. 想象的分歧

142. 国际商务谈判中讨价的力度规则具体表现为（　　　）。

　　A. 绝不留情、要求苛刻、次数多　　　　B. 虚者以紧、蛮者以硬、善者以温

　　C. 狠挤油水、不怕对抗、力求多得　　　D. 善者以温、要求苛刻、不怕对抗

143. 旨在达到用普通、正常的做法而达不到的（　　　），属于国际商务谈判策略的作用。

　　A. 效果和作用　　B. 作用和目的　　C. 效果和目的　　D. 作用和意义

144. 随谈随写的原则反映在（　　　）和文字完成及时方面，并要求坚持随着国际商务谈判议题的完成将结果写成文章，纳入条文之中。

　　A. 无论什么都记录在案　　　　　　　B. 口头协议变文字协议

　　C. 配备专门的笔录员　　　　　　　　D. 拒绝任何形式的口头约定

145. （　　　）是双方下决心按磋商达成的最终交易条件成交的阶段。

　　A. 报价阶段　　　B. 开局阶段　　　C. 成交阶段　　　D. 磋商阶段

146. 国际商务谈判报价阶段的策略主要体现在（　　　）。

　　A. 把价格压得越低越好　　　　　　　B. 如何报价

　　C. 把价格抬得越高越好　　　　　　　D. 场外交易

147. 国际商务谈判必须实现的目标是谈判的（　　　）。

　　A. 最低目标　　　　　　　　　　　　B. 可接受的目标

　　C. 最高目标　　　　　　　　　　　　D. 实际需求目标

148. （　　　）是国际商务谈判中的价格解释。

　　A. 买方还价　　　　　　　　　　　　B. 卖方报价

　　C. 卖方对报价所进行的解释　　　　　D. 买方对报价所进行的解释

149. 国际商务谈判是（　　　）的过程。

　　A. 追求自身利益

　　B. 追求双方利益

　　C. 双方不断调整自身需要，最终达成一致

　　D. 双方为维护自身利益而进行的智力较量

150. 先例的力量不仅来源于先例类比性，还来自对方的习惯心理和对方对先例的（　　　）。

A. 心理约束　　　B. 迷信　　　　　C. 无知　　　　　　D. 崇拜

151. 在国际商务谈判的议价阶段,需要(　　)才能使交易达成。

A. 探明对方报价的依据、互为让步磋商、对谈判形势作出判断、打破僵局

B. 对谈判形势作出判断、互为让步磋商、打破僵局、探明对方报价的依据

C. 探明对方报价的依据、对谈判形势作出判断、互为让步磋商、打破僵局

D. 对谈判形势作出判断、探明对方报价的依据、打破僵局、互为让步磋商

152. (　　)是原则式谈判的协议阶段。

A. 一再让步达成结果　　　　　　B. 达成双方都有利的协议结果

C. 最大利益满足的结果　　　　　D. 屈服于对方压力的结果

153. (　　)是判定国际谈判成功与否的价值标准。

A. 目标实现标准、成本优化标准、人际关系标准

B. 利益满足标准、最高利润标准、人际关系标准

C. 实现目标标准、最大利益标准、人际关系标准

D. 目标实现标准、共同利益标准、冲突和合作统一标准

154. (　　)是硬式谈判者的目标。

A. 达成协议　　　B. 解决问题　　　C. 赢得胜利　　　D. 施加压力

155. 根据谈判地点的不同,可将谈判分为(　　)。

A. 技术谈判、贸易谈判、价格谈判

B. 价格谈判、外交谈判、军事谈判

C. 国际谈判、国内谈判、中立地谈判

D. 主场谈判、客场谈判、中立地谈判

156. 国际商务谈判准备过程中必须进行的情况分析有(　　)。

A. 自身分析、对手分析　　　　　B. 自身分析、市场分析

C. 市场分析、环境分析　　　　　D. 环境分析、对手分析

157. (　　)的价格是指国际商务谈判中所谓合理价格。

A. 价廉物美　　　　　　　　　　B. 货真价实

C. 市场通行　　　　　　　　　　D. 体现双方共同利益

158. 寻找替代打破国际商务谈判僵局的做法是指(　　)。

A. 创造性地提出既有效地维护自身利益,又兼顾对方要求的方案

B. 寻找第三者来参与谈判的方案

C. 提出对方要求以外能体现对方利益的方案

D. 更换谈判小组成员

159. 外交用语具有(　　)的特征。

A. 重礼性、圆滑性、缓冲性　　　　B. 重礼性、通用性、严谨性

C. 重礼性、圆滑性、通用性　　　　D. 重礼性、通用性、诙谐

160. 国际商务谈判人员在谈判过程中的感情有（　　）两个方面的作用。

A. 自我发泄和自我满足　　　　　B. 控制过程和达到目的

C. 影响对手和感化对手　　　　　D. 自我发泄和影响对手

161. 谈判的基点是（　　）。

A. 价格　　　　B. 双方的利益　　　C. 一方的利益　　　D. 立场

162. 下列（　　）项表述正确。

A. 产品结构、性能越复杂，其价格越低。

B. 产品附带的条件和服务对其价格没有影响。

C. 通常，"二手货"比新产品的价格高。

D. 由于谈判者的利益需求不同，其对价格的理解就不同。

163. 在国际商务谈判中，国际商务谈判双方以（　　）为谈判的核心。

A. 需求　　　　　B. 利益　　　　　C. 价格　　　　　D. 价值

164. 科学的国际商务谈判思维是基于正确对待谈判对手所属的民族文化习俗，以及正确运用（　　）和思维艺术。

A. 谈判要领　　　B. 谈判技巧　　　C. 条理规则　　　D. 辨证逻辑学

165.（　　）属于探测接近法。

A. 心理观察　　　B. 求教咨询　　　C. 行为观察　　　D. 倾听探测

166. 损害及违约赔偿谈判首先必须根据事实和合同规定分清（　　）。

A. 损害的程度　　B. 责任的归属　　C. 赔偿范围　　　D. 赔偿的金额

167. 由公司高级决策人支配整个国际商务谈判，这属于（　　）谈判风格。

A. 民主型　　　　B. 专断型　　　　C. 官僚型　　　　D. 个性型

168.（　　）策略最容易导致谈判成功。

A. 谈判者同时服从对方和自己的需要

B. 谈判者顺从对方的需要

C. 谈判者违背自己的需要

D. 谈判者同时损害对方和自己的需要

169.（　　）是让步的基本规则。

A. 以诚换利　　　B. 求同存异　　　C. 予近谋远　　　D. 以小换大

170. 当己方在国际商务谈判中占有较大优势且希望尽快与对方达成协议时，可营造（　　）。

A.自然气氛　　　B.高调气氛　　　C.低调气氛　　　D.和谐气氛

171.（　　）是国际商务谈判开局阶段最常用的话题。

A.技术话题　　　B.业务话题　　　C.中性话题　　　D.交易话题

二、简答题

1.简述国际商务谈判的基本原则。

2.国际商务谈判方案应包括哪些内容？

3.国际商务谈判的先期探询时，如何制造"冷与热"？

4.国际商务谈判中说服的技巧有哪些？

5.国际商务谈判中运用权力有限策略可以达到的作用及相应对策是什么？

6.为避免僵局的形成，在国际商务谈判过程中谈判者应持怎样的态度？

7.谈判中面对别人的价格陷阱技巧，如何破解？

8.简述国际商务谈判策略的含义及构成要素。

9.简述国际商务谈判中见面礼仪三要素。

10.在国际商务谈判的开局阶段，国际商务谈判人员的主要任务是什么？

11.国际商务谈判的目标层次是怎样的？

三、论述

试述构成国际商务谈判实力的因素。

四、案例分析

1.1968 年 8 月 6 日，美国彼得逊公司的总裁带领生产技术、财务等各部门的副总裁及其夫人组成的高级代表团去日本井田商社进行一次为期 7 天的国际商务谈判。他们刚下飞机便受到了日本井田商社的热情迎接。在盛情款待中，美国彼得逊公司总裁的夫人告诉了日本井田商社公关部经理回程机票的日期。日本井田商社随即安排了活动让美国谈判代表团到处参观、游览，领略日本各地的风光，直到最后两天，才提出一揽子谈判议题进行磋商。由于回程期限临近，美国彼得逊公司谈判代表团无奈作出了诸多让步。问题：

（1）日本井田商社在此次国际商务谈判中使用了哪些策略和技巧？

（2）该案例对国际商务谈判人员有什么启示？

2.2006 年广交会期间，在一项中日生产设备采购洽谈交易中，日本井田商社的出价是 100 万美元。对此，美乐公司营销部的张总和成本会计等管理人员都深信对方的产品只要 78 万美元就可以成功进口。1 个月后，张总和日本井田商社谈判人员开始交易磋商。日本客商突然提出，他原来的出价有错，现在合理的开价应该是 120 万美元。对此，张总不禁对自己原先的估价产生了怀疑,其至认为原来的估价有错误。120万美元的出价的真实与虚假张总也一时无法确定,最后以100万美元的价格和日本井田商社成交,并感到比较满意。问题:

(1)日本井田商社用了什么策略与技巧?

(2)美乐公司如何应对这种策略与技巧?

3.2009年有一家电子加工贸易企业进出口部经理在召开年度订货会时向来自各地的客商宣称:"本企业的'三来一补'贸易产品,品质经国家级质量监督部门鉴定为免检产品,由于人民币升值、劳动力成本上涨、原材料涨价等因素,导致成本飙升,但为了照顾新老客户的利益,决定凡在本次订货会上签订订货合同的,＊＊规格的产品单价定为2 500美元。在此会后订货者,产品单价上涨15％。"结果,与会代表纷纷签订交易合同,唯恐错过时机,公司销售业绩直线上升。在这个案例中,该电子加工贸易企业的销售业绩依据的是什么策略与技巧?

4.在一场涉及机械设备进出口的国际商务谈判中,进出口交易双方在价格谈判问题上出现分歧,进口商代表提出出口商所提供的机械设备价格比国际市场上越南、马来西亚等其他国家的同类产品价格要高出近15％。对于进口商对价格的不同意见,出口商代表应如何应对?

5.中方升茂国际贸易公司与法国拉丰机械公司就某项交易条款进行磋商谈判。由于法国拉丰机械公司就该项条款与中方升茂国际贸易公司始终未达成协议,且始终不愿作出进一步的让步,因此,在进一步的谈判中,中方升茂国际贸易公司谈判人员虽然耐心地重申了己方的有关要求,并希望谈判双方都能在互利互惠的基础上做出进一步的让步,但法国拉丰机械公司人员却闪烁其词,一会儿说对中方升茂国际贸易公司的有关要求还是不够明确,一会儿又借口有紧急事务需要处理,希望双方的谈判能够继续拖延,要么就是将谈判委托给无实际决策权的人员来进行。问题:

(1)法国拉丰机械公司的所作所为有何不妥之处?

(2)中方升茂国际贸易公司与法国拉丰机械公司的谈判结果将如何?

6.按照中方升茂国际贸易公司(出口商)与南非拉丰机械公司(进口商)的协议,南非拉丰机械公司(进口商)应在2009年12月25日之前交付40％货款,但南非拉丰机械公司(进口商)并未履约。3天后,中方升茂国际贸易公司(出口商)代表联系到南非拉丰机械公司(进口商)副总询问货款一事,该副总称此事须由公司总裁麦克恩亲自处理,但公司总裁麦克恩在阿根廷出差,半个月之后才回。中方升茂国际贸易公司(出口商)代表只好耐心等待,但公司急需流动资金,公司刘总一天打几个国际长途电话询问此事。到第五天,在公司刘总的授权下,中方升茂国际贸易公司(出口商)代表承诺只要南非拉丰机械公司(进口商)马上交付 50％货款,可以给予其 5％的价格折扣。问题:

(1)南非拉丰机械公司(进口商)采用的是何种国际商务谈判策略?

(2)该策略的作用是什么?

(3)应如何应对这种策略?

7.背景材料:中方升茂国际贸易公司(出口商)与南非拉丰机械公司(进口商)双方已就有关的交易条件磋商长达 3 个月之久,基本形成了许多一致的意见,但还有一两个问题需要进一步讨论。此时中方升茂国际贸易公司(出口商)提议到本地一风景点游船上边游览边协商。结果双方很快签订了合同。问题:

(1)中方升茂国际贸易公司(出口商)提议是一种什么样的国际商务谈判策略?

(2)这一策略主要用在国际商务谈判的什么过程中?

(3)使用这一国际商务谈判策略会带来哪些好处?

(4)使用这一国际商务谈判策略要注意什么问题?

8.某乡镇一加工贸易企业欲购买德国装备机械的生产技术与设备。派往德国的谈判小组包括以下四名核心成员:该厂厂长、该乡镇主管工业的副镇长、镇经贸办公室主任和镇财政所负责人。问题:

(1)这样安排国际商务谈判人员说明了什么问题?

(2)这样安排国际商务谈判人员理论上会导致什么样的后果?

(3)我们应如何调整国际商务谈判人员?

(4)作上述调整的主要国际商务谈判理论依据是什么?

《国际商务谈判》模拟试题参考答案

一、单项选择题

1. D	2. C	3. A	4. D	5. C	6. C
7. C	8. A	9. C	10. A	11. A	12. C
13. D	14. C	15. B	16. D	17. D	18. D
19. B	20. C	21. C	22. B	23. C	24. A
25. C	26. B	27. B	28. A	29. A	30. B
31. A	32. A	33. B	34. B	35. C	36. B
37. A	38. A	39. A	40. B	41. A	42. D
43. C	44. B	45. C	46. B	47. A	48. C
49. C	50. B	51. D	52. A	53. D	54. C
55. B	56. C	57. C	58. B	59. D	60. B
61. D	62. B	63. D	64. C	65. A	66. B
67. A	68. A	69. D	70. D	71. B	72. B
73. C	74. B	75. A	76. C	77. D	78. A
79. B	80. C	81. B	82. A	83. C	84. B
85. A	86. D	87. A	88. B	89. B	90. B
91. C	92. C	93. A	94. C	95. C	96. D
97. C	98. A	99. D	100. A	101. D	102. B
103. A	104. B	105. B	106. B	107. A	108. B
109. B	110. B	111. A	112. B	113. C	114. D
115. C	116. B	117. B	118. B	119. D	120. B
121. B	122. D	123. A	124. D	125. B	126. D
127. C	128. C	129. D	130. B	131. C	132. A
133. C	134. C	135. B	136. D	137. B	138. C
139. A	140. C	141. D	142. B	143. C	144. B

145. C	146. B	147. A	148. C	149. C	150. C
151. C	152. B	153. A	154. C	155. D	156. D
157. D	158. D	159. A	160. D	161. B	162. D
163. D	164. D	165. B	166. B	167. B	168. B
169. D	170. B	171. C			

二、简答题

1. 简述国际商务谈判的基本原则。

答:(1)平等互利的国际商务谈判原则。

(2)灵活机动的国际商务谈判原则。

(3)友好协商的国际商务谈判原则。

(4)依法办事的国际商务谈判原则。

(5)原则和策略相结合的国际商务谈判原则。

2. 国际商务谈判方案应包括哪些内容?

答:(1)确定国际商务谈判主题和国际商务谈判目标。

(2)确定国际商务谈判地点。

(3)确定国际商务谈判议程。

(4)规划国际商务谈判策略。

(5)明确国际商务谈判人员的分工及其职责。

(6)规定国际商务谈判联络通讯方式及汇报制。

3. 国际商务谈判的先期探询时,如何制造"冷与热"?

答:(1)国际商务谈判先期探询时"冷"与"热"的控制点是探询方式的用语及次数,不同的方式可以表示不同的"急度",可以取得不同的探询效应。

(2)就先期探询用语问题,需要关注保持平衡。

(3)此外,把握好国际商务谈判探询的次数也不容忽视。

4. 国际商务谈判中说服的技巧有哪些?

答:(1)国际商务谈判说服技巧的环节:

①建立良好的国际商务谈判人际关系,取得他人的信任;

②分析己方的意见可能导致的影响;

②简化国际商务谈判中对方接受说服的程序;

(2)国际商务谈判说服技巧的要点:

①站在国际商务谈判中他人的角度设身处地谈问题,不要只说自己的理由;

②消除国际商务谈判对方的戒心,创造良好的氛围。

5.国际商务谈判中运用权力有限策略可以达到的作用及相应对策是什么？

答:国际商务谈判中权力有限策略是指谈判者为了达到降低对方条件、迫使国际商务谈判对方让步或修改承诺条文的目的,采取转移矛盾的方法,假借其上司或委托人等三者之名,同意将谈判工作搁浅,让对方心中无数地等待,再趁机反攻的一种策略。权力有限策略可以起到有效地保护自己的作用。谈判者的权利受到限制,也就是给谈判者规定了一个由有限权力制约的最低限度的目标。权力有限可使谈判者立场更加坚定。权力有限,可以作为对抗对方的盾牌。

作为一种策略,有些是真正的权力有限,有些则不完全属实。有时国际商务谈判者本来有作出让步的权力,反而宣称没有被授予做出这种让步的权力,这实际上是一种对抗对方的盾牌。通常这一"盾牌"难以辨别真伪,对方只好凭自己的"底牌"来决定是否改变要求,作出让步。有限制才有权力,谈判者欢迎这些限制,因为受到限制的权力往往能够出乎意料地成功。其对策是凭自己的"底牌"来决定是否改变要求,作出让步。

6.为避免僵局的形成,在国际商务谈判过程中谈判者应持怎样的态度?

答:为避免僵局的形成,在国际商务谈判过程中谈判者应持:

(1)欢迎国际商务谈判反对意见的态度;

(2)保持冷静的态度;

(3)遵循国际商务谈判平等互利的原则;

(4)持有欣赏国际商务谈判对手的态度;

(5)敢于承认错误的态度;

(6)国际商务谈判语言要适中,语气要谦和;

(7)积极探寻国际商务谈判对手的"价值";

(8)抛弃成见,正视国际商务谈判冲突的态度;

(9)认真倾听国际商务谈判对手的态度。

7.国际商务谈判中面对别人的价格陷阱技巧,如何破解?

答:面对国际商务谈判的价格陷阱技巧,破解的方法有:

(1)不要轻信国际商务谈判对手的宣传,应在冷静、全面考虑之后再采取行动,切忌被国际商务谈判对手价格上的优惠所迷惑。

(2)不要轻易改变自己确定的国际商务谈判目标、计划和具体步骤,要相信自己的判断力,排除外界环境的干扰,该讨价还价就讨价还价,该反击就要果断反击,绝不手软。

(3)不要在时间上受国际商务谈判对手所提期限的约束而匆忙地做出决定。良好的心理素质、耐心、遇事从容不迫,对国际商务谈判者来讲是很重要的。

8.简述国际商务谈判策略的含义及构成要素。

答:国际商务谈判策略是对国际商务谈判人员在国际商务谈判过程中,为实现特定的国际商务谈判目标而采取的各种方式、措施、技巧、战术、手段及其反向与组合运用的总称。

其构成要素包括:

(1)国际商务谈判策略的内容;

(2)国际商务谈判策略的要点;

(3)国际商务谈判策略的方式;

(4)国际商务谈判策略运用的具体条件和时机。

9.简述国际商务谈判中见面礼仪三要素。

答:(1)握手:通常年长(尊)者先伸手后,另一方及时呼应。来访时,主人先伸手表示欢迎。告辞时,待客人先伸手后,主人再相握。握手的力度以不握疼对方的手为限度。初次见面时握手时间一般控制在3秒钟内。

(2)介绍:介绍时应把身份、地位较低的一方介绍给相对而言身份、地位较为尊贵的一方。介绍时陈述的时间宜短不宜长,内容宜简不宜繁。同时注意避免给任何一方厚此薄彼的感觉。

(3)名片:初次相识,要互呈名片。呈名片可在交流前或交流结束、临别之际,可视具体情况而定。递接名片时最好用双手,名片的正面应朝着对方,接过对方的名片后应致谢。一般不要伸手向别人讨名片,必须讨名片时应以请求的口气,如"贵方便的话,请给我一张名片,以便日后联系。"

10.在国际商务谈判的开局阶段,国际商务谈判人员的主要任务是什么?

答:谈判的开局是国际商务谈判的起点。一个良好开局能为国际商务谈判的成功奠定良好的基础。在此阶段,国际商务谈判人员的主要任务有三:

(1)创造良好的国际商务谈判气氛;

(2)交换意见,就国际商务谈判目标、计划、进度和人员组成等方面充分交流意见,达成一致。

(3)进行国际商务谈判开场陈述。

11.国际商务谈判的目标层次是怎样的?

答:国际商务谈判的目标层次可以分为三个层次:

(1)最高目标,是己方在国际商务谈判中所追求的最高目标;

(2)可接受目标,是指在国际谈判中可努力争取或作出让步的范围;

(3)最低目标,是国际商务谈判必须实现的目标,是谈判的最低要求。

三、论述

试述构成国际商务谈判实力的因素。

答:(1)交易内容对双方的重要程度。谈判的成功标志着谈判双方都得到了一定的好处,但这并不说明交易内容本身对各方的重要程度相同。实际上,交易内容本身对双方来讲,其重要程度往往各不相同,这就决定了双方谈判实力上的差异。一般说来,交易对某一方越是重要,也就是说该方越希望成交,那么该方在谈判中的实力就越弱,反之越强。

(2)看各方对交易内容与交易条件的满意程度。招商引资谈判双方对交易内容与交易条件的满足程度是存在差异的。某一方对交易内容与交易条件的满足程度越高,那么该方在谈判中就越占优势,也就是说该方的谈判实力越强。谈判中,要向对方阐述自己的实施方案、方法、立场等观点,表达要清楚,应使对方听懂;不谈与主题关系不大的事情;所说内容要与资料相符合;数字的表达要确切,不要使用"大概、可能、也许"等词语。

(3)看双方竞争的形势。在业务往来中,很少出现一个买主或一个投资人对应一个卖主或一个引资人的一对一现象,经常是存在多个对应多个的情况。很显然,如果多个卖主或投资人对应较少的买主或引资人时,即形成了买方或引资人市场,这时无疑会使买方和引资人谈判实力增强,而使卖方或投资人谈判实力减弱;反之,如果多个买主或引资人对应较少的卖主或投资人时,即形成了卖方市场,在这种情况下,显然卖方谈判实力会增强,而买方谈判实力会减弱。

(4)看双方对商业行情的了解程度。谈判的一方对交易本身的行情了解得越多、越详细,那么该方在谈判中就越是处于有利地位,也就相应地提高了自身的谈判实力。反之,如果对商业行情了解甚少,其谈判实力显然较弱。我们知道,商业行情是极为宝贵的资源,它可以转化为财富,这在业务洽谈进程中是非常明显的。或者说,我们只有在掌握了充分的市场信息行情的前提下,才有可能制定出有针对性的谈判战略和战术。

(5)看双方所在企业的信誉和影响力。企业的商业信誉越高,社会影响越大,该企业的谈判实力就越强;反之,就越弱。在谈判中,问话可以引转对方思路,引起对方注意,控制谈判的方向。对听不清或模棱两可的话,可以用反问的方式使对方重新解释;探听对方的内心思想时,可采用引导性问话以吸引对方思考你的语言;选择性问话可使对方被套入圈套,被迫产生选择意愿。

(6)看双方对谈判时间因素的反应。在谈判过程中:一方如果特别希望早日结束谈判,达成协议,那么时间因素的限制就大大削弱了该方的谈判实力。由于时间限制,该方就不得不作出某些对其不利的让步,导致不利的结果。

成功的谈判要牢记价格并不是成交的真正障碍,要克服畏惧、恐慌的心理。同时,还要认识到学习谈判技巧、策略,并非是指欺骗、欺诈对方。相反,要做到真正的游刃有余,必须建立在诚信的基础上合作。

(7)看双方谈判艺术与技巧的运用。在谈判实践中,经常出现这种现象,即一方原来在该项目谈判中并不占优势,反而出乎意料地取得了很好的谈判效果,这是由于该方在洽谈艺术与技巧方面运用得当,从而取胜。事实上,谈判人员如能充分地调动有利于己方的因素,尽可能地避免不利的因素,那么己方的谈判实力就会增强。谈判艺术和技巧越是高超,谈判实力就越强。

说服对方使其改变原来的想法或打算,而甘愿接受自己的意见与建议。要向对方阐明,一旦接纳了自己的意见,将会有什么样的利弊得失;要向对方讲明双方合作的必要性和共同的利益,说服是为了尊重与成交;要讲明意见被采纳后各方从中得到的好处;要强调双方立场的一致性及合作后的双方益处,给对方以鼓励和信心。

四、案例分析

1.答:

(1)日本井田商社主要使用了最后期限策略、润滑策略、声东击西策略,以及拖延战术。

(2)对国际商务谈判人员的启示:

①事先严肃纪律,谈判小组要信守谈判规则,熟知谈判方法,坚持谈判原则,恪守谈判纪律,严格按成交标准进行客观公正的评判,以取得富有成效的谈判结果。严禁泄露归国日程等谈判机密。

②要求到日本后第二天便开始谈判,正式谈判前与日本井田商社协商好议程安排,并要求严格按议程办事;谈判议程安排可以紧凑缩短。第一天:价格谈判和交货条件谈判;第二天:结算时间和结算方式谈判;第三天:产品生产质量与材料供应、利润分配谈判;第四天:定金支付、违约赔偿谈判;第五天:签订合同;第六、七天:参观、宴会及活动。

③美国彼得逊公司国际商务谈判人员应警惕日本井田商社盛情款待的企图,谢绝或调整日本井田商社参观游览的时间安排;保持清醒头脑,力争在双方谈判中掌握主动。

2.答:

(1)日本井田商社在销售中运用了抬价策略。抬价能否成功奏效,要看对方是否接受抬价的理由及抬价的幅度。抬价策略不可随意使用。

(2)①美乐公司如果能够看穿对方的诡计,可以直接指出日本井田商社运用了该策略。

②美乐公司既然订下了一个不能超越的预算金额,就应努力争取实现。

③使对方在合同上签字的人数越多越好。

④反抬价:卖方急于出售时,就不特别注重价格,主要关心的可能不是价格而是交货期。产品愈高级,价格影响愈小。企业在销售高档耐用品、高级工艺品,或能满足用户某种特殊需要,或主要满足高层次需要的产品,价格问题就显得微不足道。凡是为用户专门定做的产品,其价格一般来说对销售方也都是很有利的。

(5)美乐公司可以召开小组会议,群策群力共同应对日本井田商社的抬价策略。

(6)在合同没有签好以前,美乐公司应要求日本井田商社作出某种承诺,以防对方反悔。

(7)美乐公司可以考虑退出洽谈谈判。

3.答:

电子加工贸易企业成功的销售业绩主要来自成功运用了价格陷阱技巧。价格陷阱技巧表现为卖方利用传递商品价格上涨信息和人们对涨价持有的不安情绪秘设的诱饵,诱使买方的注意力集中于价格上而忽略了其他条款。谈判者一般都将交易价格作为商务谈判中最重要的条款,因为它是涉及双方利益的关键问题。价格在交易中的这种重要性往往使人产生一种"价格中心"的心理定势,认为只要在价格上取得了优惠就等于整个谈判大功告成。因为价格是商务谈判中最重要的条款,因为它是涉及双方利益的关键问题。对此,不要轻信卖方的营销宣传,应在冷静、全面考虑之后再采取行动,切忌被对方价格上的优惠所迷惑。

4.答:

(1)在既定收入和各种商品价格的限制下选购一定数量的各种商品,以达到最满意的程度,即经济学解释下的"一分钱,一分货"。要运用相关的资料、数据向对方表明"一分钱,一分货"。

(2)优质的商品成本明显很高,优质的面料、精湛的工艺,自然价格也会高于一般的商品,但同时吸引的也是懂货的顾客。强调我方产品能给对方带来的好处和利益,充分调动起对方的交易兴趣。想买便宜商品的顾客只会永远想着怎样才能更便宜,但是如果降低成本,质量便无法得到保证,俗话说"便宜没好货",就是这个道理。

（3）对方若有交易诚意,可以考虑在交货期、包装条件、运输、保险等方面先作出让步。

5.答:

（1）法国拉丰机械公司人员若是对进一步的谈判失去兴趣,应该选择比较礼貌的方式向中方茂升国际贸易公司以适当方式提出,以求选择妥善的解决方式。

而此题中法国拉丰机械公司的态度则会使中方茂升国际贸易公司觉得法国拉丰机械公司对自己不够尊重,这样有可能激怒中方茂升国际贸易公司,给谈判带来不利影响。也就是说,法国拉丰机械公司这种软磨硬泡式的拖延很可能会使对方产生反感情绪,甚至导致谈判陷入僵局。

（2）若法国拉丰机械公司不改变谈判方式,继续这样拖延谈判,当双方对所谈问题的利益要求差距较大、各方又都不肯作出让步时,就会导致双方因暂时不可调和的矛盾而形成对峙,最终使谈判陷入僵局,从而影响双方以后进一步的合作。谈判僵局出现后对谈判双方的利益和情绪都会产生不良影响。

6.答:

（1）南非拉丰机械公司（进口商）采用的是失踪策略。

（2）该策略的作用:

①使商谈永远破裂。谈判人员的意志就好似一块钢板,在一定的重压下,最初可能还会保持原状,但一段时间以后,就会慢慢弯曲下来。拖延战术就是对谈判者意志施压的一种最常用的办法。突然的中止、没有答复（或是含糊不清的答复）往往比破口大骂、暴跳如雷更令人不能忍受。

②趁机打探对方情况,同时保留是否结束交易的选择权。一些公司常以一个职权较低的谈判者为先锋,在细节问题上和对方反复纠缠,或许可以让一两次步,但每一次让步都要让对方付出代价。虽然双方协议大体清晰,但总有一两个关键点达不成一致,这个过程往往要拖到对方无可奈何。这时上级出场,说一些"不能再拖下去,我们再让一点,成交吧!"此时对方已经无力坚持,这个方案只要在可接受范围内,往往就会成交。

③伺机寻找更好的交易。拖延战术还有一种恶意的运用,即通过拖延时间,静待法规、行情、汇率等情况的变动,掌握主动,要挟对方作出让步。一般来说,可分为两种方式:一是拖延谈判时间,稳住对方。二是在谈判议程中留

下漏洞,拖延交货(款)时间。

④推延最后协定的达成,降低对方期望。

(3)应对方法:

①一开始就小心防备。在商务谈判前,先了解对方公司组织的结构,同时请他写下每个主管的权力范围。在谈判之前设法打消买方的这种策略,迫使买方当即做出决定。比如在正式谈判前你可以询问对方被授权的范围和管理级别、有没有做决定的权力,如果对方权限范围大,那么你要在谈判结束前请他做决定,如果对方没有决定的权力,你可以请买方同级别的负责人谈判。

②直接去找"失踪"人员公司的上级,向其提出抗议。在你确定无法阻止对方时,可以积极地建议他们回去同领导商量。不论对方如何回复,你都会赢得很好的形象,他们同意当然更好,如果不同意他们也会认为你的谈判风格非常坦诚,和你方合作是令人放心的,有机会他们还会同你坐在谈判桌前。

③多方寻找"失踪"人员是否就在附近,或者打听如果没有此人的同意合同是否可以达成。本策略并不一定必须请示上级领导,下属的意见也很重要,关键要看你如何有效地使用,如何做到既合情又合理,使对方信服你的说法。

7.答:(1)中方升茂国际贸易公司(出口商)使用的是改变谈判环境策略,从而达到打破僵局的目的。

(2)中方升茂国际贸易公司(出口商)与南非拉丰机械公司(进口商)谈判磋商阶段。

(3)好处体现在:

①通过游玩、休息、私下接触,中方升茂国际贸易公司(出口商)与南非拉丰机械公司(进口商)双方可以进一步增进了解,清除彼此间的隔阂,增进友谊。

②中方升茂国际贸易公司(出口商)与南非拉丰机械公司(进口商)双方可以不拘形式地就僵持的问题继续交换意见,寓严肃的讨论于轻松活泼、融洽愉快的气氛之中。

③良好的环境使彼此心情愉快,人也变得慷慨大方,中方升茂国际贸易公司(出口商)与南非拉丰机械公司(进口商)谈判桌上争论已久的问题,在这儿就会迎刃而解了。

(4)注意的问题:

①中方升茂国际贸易公司(出口商)提出的时机要恰当。

②中方升茂国际贸易公司(出口商)针对地点的选择要慎重。

③环境的布置要协调。

8.答:

(1)说明该国际商务谈判团队组成具有官僚行政管理特征。

(2)根据马克斯·韦伯的官僚行政管理理论,该团队行使国家行政权力、管理国家行政事务和社会公共事务的机构体系将会对该国际商务谈判项目的规则和程序、等级层次、分工、调动等方面产生影响。

(3)应该指派具有相应专业知识和能力的国际商务人员、生产技术人员和国际法务人员替换原小组中的 3 名行政官员参与谈判。

(4)是国际商务谈判中有关根据谈判对象确定组织规模的理论。

谈判队伍的具体人数如何确定,并没有统一的模式。一般商品的买卖谈判只需三四个人就行了。如果谈判涉及项目多、内容较复杂,则可分为若干项目小组进行谈判,可适当增加人员,但最多不超过 8 人。

致 谢

　　本书旨在通过简单易懂的语言为广大读者解释、阐明中西方文化差异与国际商务谈判的相关知识,给读者一个更好的阅读和学习平台。

　　本书的创作历经 12 个月左右,作者通过阅读大量的相关书籍、期刊、网上的文库资料及相关英语学习资料,同时结合对文化差异与国际商务谈判的理解,完成此书。

　　在本书的写作过程中,得到了许多人的帮助及支持,从而使这本书能够顺利面世。以下人员参与了本书的编写:第一章:曹广晔、罗睿,第二章:李欣月、王婧婷,第三章:曹广晔、谭慧敏,第四章:罗睿、曾卓然,第五、六章:曹广晔、贺子伽、岳娅娉,附录:曹广晔、罗睿,排版、整理由罗睿、曹广晔完成。

　　感谢广大同仁对本书的帮助,若其中出现错误和不当之处,还请多提出宝贵意见。

2013 年 12 月

参考文献

1.白远.国际商务谈判:理论、案例分析与实践(英文版·第 3 版)[M].北京:中国人民大学出版社,2012.6

2.程大为.商务外交应用与案例[M].北京:中国人民大学出版社,2011.10

3.韩玉珍.国际商务谈判实务[M].北京:北京大学出版社,2006.6

4.张丽娟,秦凤鸣.商务外交经典案例[M].北京:经济科学出版社,2003.1

5.严成根.高职经管类精品教材·商务谈判[M].北京:中国科学技术大学出版社,2010.8

6.罗伊·J.列维奇,戴维·M.桑德斯,布鲁斯·巴里,方萍.国际商务谈判(第 5 版)[M].北京:中国人民大学出版社,2008.11

7.卡瑞,史兴松.简明商务英语系列教程10:国际商务谈判[M].上海:上海外语教育出版社,2009.1

8.刘园.国际商务谈判(第 2 版)[M].北京:中国人民大学出版社,2011.8

9.刘园.国际商务谈判(第 4 版)[M].北京:对外经济贸易大学出版社,2012.6

10.陈双喜,巴丽,杨爱兰.国际商务谈判[M].北京:中国对外经济贸易出版社,2006.8

11.汪飞燕.国际商务谈判[M].北京:中国科学技术大学出版社,2013.8

12.于国庆.国际商务谈判[M].大连:大连理工大学出版社,2012.1

13.徐行言.中西文化比较[M].北京:北京大学出版社,2004.1

14.胡超.跨文化交际实用教程(语言文化类)[M].北京:外语教学与研究出版社,2006.6

15.翁凤翔.当代国际商务英语教材系列·当代国际商务英语翻译[M].上海:上海交通大学出版社,2007.1

16.冷柏军.国际贸易系列:国际贸易实务(第 2 版)[M].北京:中国人民大学出版社,2012.11

17. 方丽.商务谈判理论与实务[M].上海:上海交通大学出版社,2002.7

18. 刘向丽.国际商务谈判[M].北京:机械工业出版社,2009.5

19. 华生.FBI教你攻心术[M].北京:中央编译出版社,2012.1

20. 杨树国.中西方文化差异在语言交流中的体现[J].太原:山西师大学报(社会科学版),2010.3

21. 黄耘.中西方文化差异对跨文化交际的影响[J].南方论刊,2010.3

22. 王峻.中西方文化差异对日常交际的影响[J].科技信息,2010.10

24. 魏华.中西方文化差异对英汉语言的主要影响[J].考试周刊,2011.3

25. 范双莉.非语言交际的中西方文化差异[J].赤峰学院学报(汉文哲学社会科学版),2009.5

26. 谢亚平.中西方文化差异与思维表达方式[J].天津成人高等学校联合学报,2003.5

27. 李楠楠.中西方禁忌文化差异及其造成的跨文化交际失误[D].黑龙江大学,2012.3

28. 叶琼.中西方商务谈判中的文化差异及对策探究[J].宁波职业技术学院学报,2011.4

29. 孙越.基于案例分析的中西方文化背景下企业并购后整合节奏研究[D].北京交通大学硕士学位论文,2012.6

30. 张继培.禁忌语在中西方文化中的差异[J].考试周刊,2011.9

31. 冯涛.中西方文化差异对国际商务谈判的影响[J].哈尔滨商业大学学报(社会科学版),2013.1

32. 崔月玲.英语交际语中折射出的中西方文化差异[J].哈尔滨:哈尔滨职业技术学院学报,2010.3

33. 陈海花.国际商务谈判中的跨文化因素分析[J].江西社会科学,2007.1

34. 邱天河.语用策略在国际商务谈判中的运用[J].外语与外语教学,2000.4

35. 王便芳.国际商务谈判中的文化因素研究[D].华东师范大学硕士学位论文,2006.10

36. 胡璇,张维维.论国际商务谈判中文化差异的影响及其对策[J].黑河学刊,2008.11

37. 刘婷.国际商务谈判中中西方文化差异问题探析[J].商场现代化,2008.2

38. 缪国毅.中美商业谈判风格比较[J].华东经济管理,1993.6

39.杨伶俐,张焊.从跨文化视角分析中美商务谈判风格差异[J].国际商务(对外经济贸易大学学报),2012.8

40.蒋丽萍.浅议不同国家商务人员的谈判风格[J].辽宁财专学报,2003.3

41.张曦凤.国际商务谈判中三大常见模式的对比及其应用研究[J].山西财经大学学报,2009.11

42.陈晓燕.对外商务谈判中的沟通障碍与技巧[J].对外经贸实务,2004.9

图书在版编目(CIP)数据

国际商务谈判/王威,李莉主编. —厦门:厦门大学出版社,2014.8
高等院校国际贸易专业精品系列教材
ISBN 978-7-5615-5177-6

Ⅰ.①国⋯　Ⅱ.①王⋯②李⋯　Ⅲ.①国际商务-商务谈判-高等学校-教材
Ⅳ.①F740.41

中国版本图书馆 CIP 数据核字(2014)第 172673 号

厦门大学出版社出版发行
(地址:厦门市软件园二期望海路 39 号　邮编:361008)
http://www.xmupress.com
xmup @ xmupress.com
厦门市明亮彩印有限公司印刷
2014 年 8 月第 1 版　2014 年 8 月第 1 次印刷
开本:720×970　1/16　印张:16.75
字数:275 千字　印数:1~3 000 册
定价:29.00 元
如有印装质量问题请寄本社营销中心调换